城 市 停 车

阮金梅 编著

中国建筑工业出版社

图书在版编目(CIP)数据

城市停车/阮金梅编著. —北京：中国建筑工业出版社，2012.5
ISBN 978-7-112-14045-9

Ⅰ.①城… Ⅱ.①阮… Ⅲ.①城市-停车场-规划 Ⅳ.①U491.7

中国版本图书馆 CIP 数据核字(2012)第 021347 号

该书在借鉴国内外大城市机动化进程与停车政策、停车对策、停车场布局规划等方面经验与教训的基础上，对国内外停车供给与需求的量化指标与方法进行了分析研究，总结概括了目前广泛应用的城市停车需求预测方法的适用特点。同时也对比分析了目前国内外停车配建指标的差异性。通过对北京市中心城现状停车场进行抽样调查分析，解析了北京市中心城不同类型停车场的停车特征，运用 Logistic 模型确定了停车行为的主要影响因素。结合停车场运营特征与停车场使用者的停车意向指标，创新性地建立了停车设施服务水平评价方法与评价体系。该评价方法将北京市停车场需求的紧缺程度进行量化，结合北京市交通发展策略，可以用于社会公共停车场规划与建设的序列化研究。

本书可供城市和区域规划、交通规划等领域的设计、研究人员阅读，也可作为城市规划、交通规划学科的教学参考用书。

* * *

责任编辑：李玲洁　王　磊
责任设计：张　虹
责任校对：刘梦然　刘　钰

城　市　停　车
阮金梅　编著
*
中国建筑工业出版社出版、发行(北京西郊百万庄)
各地新华书店、建筑书店经销
北京天成排版公司制版
北京世知印务有限公司印刷
*
开本：787×1092 毫米　1/16　印张：11½　字数：278 千字
2012 年 8 月第一版　2012 年 8 月第一次印刷
定价：**35.00** 元
ISBN 978-7-112-14045-9
(22095)

版权所有　翻印必究
如有印装质量问题，可寄本社退换
(邮政编码　100037)

前　言

随着我国国民经济的持续稳定发展，城市机动车保有量增长迅速。截至 2011 年 11 月，全国机动车保有量达 2.23 亿辆，汽车保有量超过 1 亿辆，许多城市已经进入汽车社会。北京市 2011 年机动车保有量已接近 500 万辆。东京的机动车保有量从 300 万辆增长到 400 万辆的时间跨度为 12 年，而北京市在 2.7 年的时间内就实现了这一跨越。人们在享受小汽车带来便捷与舒适的同时，也感受到了随之而来的交通拥堵和停车难等问题，并且停车难已经成为困扰我国多数城市的重要问题。

由于历史和其他原因，我国停车设施的建设未能及早受到社会关注，目前仍存在城市停车设施的建设与配建标准滞后于停车需求的现象。如何缓解城市停车供给与需求的矛盾，合理规划城市停车设施，加快规划停车场的建设实施，保障既有停车设施的公共性，是解决城市停车问题的关键所在，同时，停车设施的供给也是调节城市交通出行结构的重要手段之一。目前这种状况也引起了北京市委、市政府甚至国家相关部委的重视。2010 年 5 月，住房和城乡建设部、公安部及国家发展和改革委员会联合发布了《关于城市停车设施规划建设及管理的指导意见》，明确了城市停车设施建设在城市综合交通体系中的重要地位，并要求各地坚持以节约利用资源、符合道路交通安全畅通、设施差别供给、停车需求调控管理以及高新技术引领为原则，在近期着力解决停车设施供应不足、挪用停车设施和停车管理滞后的问题。

本书在借鉴国内外大城市机动化进程与停车政策、停车对策、停车场布局规划等方面经验与教训的基础上，对国内外停车供给与需求的量化指标与方法进行了分析，总结了目前广泛应用的城市停车需求预测方法的适用特点，同时对比分析了目前国内外停车配建指标的差异性。针对公配建停车场不足的现状，分别对公共停车场和换乘停车场的国内外规划依据、原则和布局方法进行了分析比较。在上述理论与国内外经验总结的基础上，对北京市中心城现状停车场进行了抽样现状调查分析，解析了北京市中心城不同类型停车场的停车特征，运用 Logistic 模型确定了停车行为的主要影响因素；结合停车场运营特征与停车场使用者的停车意向指标，创新性地建立了停车设施服务水平评价方法与评价体系，将北京市停车场服务水平划分为 A、B、C 三级，该评价方法将北京市停车场需求的紧缺程度进行量化，结合北京市交通发展策略，可以用于社会公共停车场规划与建设的序列化研究中。

本书共计九章，由阮金梅主编，第一章概述由阮金梅执笔；第二章国内外城市停车管理由阮金梅、熊辉、郭雪东执笔；第三章停车调查由阮金梅、贺玉龙执笔；第四章停车场特征量化解析分析由贺玉龙执笔；第五章停车场停车行为分析由阮金梅、贺玉龙执笔；第六章停车设施与停车行为关系由贺玉龙、阮金梅执笔；第七章停车需求预测由郭雪东、阮金梅执笔；第八章停车场服务水平评价体系研究由阮金梅、贺玉龙执笔；第九章停车配建指标由郭雪东、阮金梅、高小菁执笔。

由于水平有限，书中存在一些不足与错误之处，敬请读者批评指正。在书稿完成的过程中，参考了大量国内外的研究成果，囿于时间限制没能全部检索至原文，引用不当之处敬请谅解。

目 录

第一章 概述 ... 1
- 第一节 停车场地概念 ... 1
- 第二节 停车场属性 ... 1
- 第三节 停车场分类 ... 3
- 第四节 停车基本特征参数 ... 6
- 第五节 城市停车规划主要内容 ... 7

第二章 国内外城市停车管理 ... 9
- 第一节 国内外大城市停车管理策略分析 ... 9
  - 一、引导小汽车出行向其他方式转变 ... 9
  - 二、改变路外停车管理规定 ... 19
  - 三、停车收费政策 ... 22
  - 四、停车财政政策 ... 27
  - 五、路侧停车管理 ... 30
  - 六、社会公共停车场规划建设——以纽约为例 ... 34
- 第二节 国外城市停车案例分析 ... 36
  - 一、英国伦敦的停车政策与执法 ... 36
  - 二、日本东京的停车管理 ... 39
  - 三、法国巴黎的停车管理 ... 43
- 第三节 国内城市及地区停车案例分析 ... 47
  - 一、香港特区 ... 47
  - 二、台湾 ... 53
  - 三、北京 ... 55
  - 四、上海 ... 58
- 第四节 国外停车管理政策对国内的指导作用 ... 60

第三章 停车调查 ... 63
- 第一节 停车调查概述 ... 63
  - 一、停车调查的内容 ... 63
  - 二、停车调查的方法 ... 63
  - 三、停车调查资料的应用 ... 65
- 第二节 实例——以北京市中心城区停车场调查为例 ... 65
  - 一、调查目的 ... 65
  - 二、调查对象 ... 65
  - 三、调查内容和方法 ... 68

第四章 停车场特征量化解析分析 ... 74
- 第一节 停车场特性概述 ... 74
  - 一、停车目的结构 ... 74

  二、平均停车时间 ··· 74
  三、高峰停放指数 ··· 74
  四、泊位利用率 ··· 74
  五、泊位周转率 ··· 74
 第二节　北京市中心城停车设施的布局特点分析 ····························· 75
  一、北京市中心城停车设施分布 ··· 75
  二、停车设施总体供应现状分析 ··· 75
  三、中心城停车设施特性分析 ·· 76
 第三节　北京中心城停车问题总结 ·· 97

第五章　停车场停车行为分析 ··· 99
 第一节　城市停车行为影响因素 ·· 99
  一、经济因素与停车行为 ·· 99
  二、使用习惯与停车行为 ·· 100
  三、环境因素与停车行为 ·· 100
  四、车辆特点与停车行为 ·· 100
 第二节　北京中心城社会公共停车场停车行为分析 ···························· 100
  一、北京市中心城社会公共停车场目的的分布特点 ······················ 102
  二、以工作出行为目的的停车行为分析 ····································· 102
  三、以娱乐休闲为出行目的的停车行为分析 ······························· 104
  四、以看病为出行目的的停车行为分析 ····································· 107
 第三节　社会公共停车场停车行为小结 ·· 109

第六章　停车设施与停车行为关系 ·· 110
 第一节　概述 ·· 110
 第二节　社会公共停车场停车行为研究 ·· 110
  一、社会公共停车场停车行为主要影响因素分析 ·························· 110
  二、停车场停车时间影响因素量化分析 ····································· 110
  三、模型结果分析 ·· 111
 第三节　商业停车场停车行为模型 ·· 113
  一、商业停车场停车行为主要影响因素分析 ······························· 113
  二、停车场停车时间影响因素量化分析 ····································· 113
  三、模型结果分析 ·· 114
 第四节　办公停车场停车行为模型 ·· 115
  一、办公停车场停车行为主要影响因素分析 ······························· 115
  二、停车场停车时间影响因素量化分析 ····································· 116
  三、模型结果分析 ·· 116
 第五节　停车场停车时间影响因素小结 ·· 118

第七章　停车需求预测 ·· 119
 第一节　停车需求影响因素 ··· 120
 第二节　停车需求预测方法 ··· 120
  一、停车生成率模型 ·· 120
  二、用地与交通影响分析模型 ·· 121
  三、用地分析模型 ·· 123
  四、出行吸引模型 ·· 123

五、多元回归分析预测模型 ………………………………………… 124
　　　六、交通量—停车需求模型 ………………………………………… 125
　　　七、其他停车需求预测模型 ………………………………………… 125
第八章　停车场服务水平评价体系研究 ……………………………………… 127
　　第一节　停车场服务水平概念 …………………………………………… 127
　　第二节　停车场服务水平的技术路线 …………………………………… 127
　　第三节　北京市中心城停车场服务水平指标的选取 …………………… 128
　　第四节　北京市中心城停车场服务水平量化分级标准 ………………… 131
　　第五节　北京市中心城停车场服务水平现状评价 ……………………… 132
　　第六节　北京市中心城停车场建设模式探讨 …………………………… 134
第九章　停车配建指标 ………………………………………………………… 136
　　第一节　相关政策分析 …………………………………………………… 136
　　　一、停车配建指标的出现及演变 …………………………………… 136
　　　二、国内停车配建指标的比较 ……………………………………… 137
　　　三、与国外停车配建指标间的差异 ………………………………… 139
　　第二节　国内外相关城市停车配建指标 ………………………………… 140
　　　一、国内大城市停车配建指标 ……………………………………… 140
　　　二、国外大城市停车配建指标 ……………………………………… 162
　　第三节　停车配建指标分区及配建指标 ………………………………… 167
　　　一、停车配建指标分区 ……………………………………………… 167
　　　二、停车配建指标用地分类/分级 …………………………………… 169
　　　三、停车配建指标 …………………………………………………… 170
附表1　停车场基本情况调查表（停车场负责人）………………………… 173
附表2　停车场基本情况调查表（现场调查人员）………………………… 174
附表3　停车场停车行为问卷调查表 ………………………………………… 175
参考文献 ………………………………………………………………………… 176

第一章 概　　述

第一节　停车场地概念

广义的理解，停车场是供各种车辆（包括机动车和非机动车）停放的场所。但从狭义角度，在国内外，停车场与停车库是不同的概念。在国外，停车场与停车库的英文名称基本上是混用的，但一般情况下，根据"停车场法"规划设置的用来停放车辆的场地称为停车场，将根据"建筑法"规划设置的用来停放车辆的设施称为停车库；而在我国，将用来停放车辆的空旷场地叫做停车场，用来存放车辆的建筑物叫做停车库。

无论是停车场还是停车库，除具备停放车辆功能外，还表现出以下几方面的基本特征：

(1) 具备能存放车辆的设备和设施，包括车辆进出口通道、防火、给水排水、通风和照明设施；

(2) 具备管理停放车辆的机构和设施，比如管理室、控制室、休息室和监测室等；

(3) 必须具备安全性，充分考虑车辆交通流线与行人交通流线的合理设计，避免交通事故的发生；

(4) 形式多样化，如地面停车场、地上停车楼、地下停车库以及机械式立体停车库等各种形式，大小规模也不一，大的可以超过几千辆车，而小的可能仅停放几辆车。

车辆停放是城市交通的一个重要问题，是影响城市内部和城市之间交通联系的重要因素之一。如果城市内部或城市之间没有固定的车辆停放场所，势必造成车辆随意占路停放，甚至占用人行道和车行道，既影响动态交通的正常运作，又给人们的工作和生活带来不利影响，同时还会妨碍城市形象。因此，正确处理好车辆停放的问题，对解决道路交通拥挤、减少交通事故、提高道路通行能力等都有非常重要的意义。长期以来，由于缺乏对停车问题的系统分析与研究，致使停车场的规划建设不尽合理，再加上投资、管理、土地使用体制、经营等众多原因，规划的停车场未能得到及时的全面实施，造成停车场的供应规模严重不足，城市停车问题日益严重。

如何科学地综合协调停车场规划建设、车辆停放存取便利程度、人居生态环境影响、土地利用价值等多方面的因素，从城市规划层面进行停车场专项规划与研究显得十分重要。同时采取切实有力的政策保障措施，切实保证规划停车场的建设能够真正实现，才能从根本上解决日益突出的城市停车问题。

第二节　停车场属性

目前对停车场的属性仍然存在争议，有的认为是具有公共物品属性，有的认为这是具有房地产属性的特殊商品。受过去计划经济体制下认识的影响,现行国家政策法规并没有明确将停车场列入城市基础设施的范畴,而是将它单纯视为经营性企业,并不给予必要的政策扶持,甚至有些政策还将它与受国家宏观控制的房地产业等同看待,使得城市停车场的性质很不明确。

事实上,停车是完成交通出行的必要环节,停车的最终目的不是为了停车,而是为了完成交通出行,即为了实现人和物的移动。作为实现城市交通出行中停车需要的物质基础——停车场也就成为了城市交通基础设施的重要组成部分。因而在某种程度上来说,停车场同样具有城市基础设施的共同特性,即服务的公共性和效益的间接性:前者是指停车场为全社会和全体公众的出行提供服务,后者是指停车场所带来的间接经济效益、社会效益和环境效益远远超过其直接经济效益。和其他城市基础设施一样,停车场也是城市建设的物质载体,是城市维持经济与社会互动的前提条件,是城市存在和经济发展的基础保证,是城市现代化的重要体现。因此,停车场的属性可从两个角度来认识:

1. 经济学角度的观点

(1) 停车场供应受土地供应的限制,与汽车的生产供应相比,停车泊位似乎永远供不应求。发达国家和我国香港、台湾地区的经验证明,购停车泊位比购汽车难得多,停车泊位将不断升值,其价位还远远超过普通小汽车,诸如东京、香港、台北等大城市,一个停车泊位的购买价格往往是一辆小汽车价格的7~8倍,停车泊位租金同样持续走高,近年来国内北京、上海、广州也逐渐表现出了这种趋势。

(2) 公共停车场是向全社会提供的,其效用(所提供的停车服务)为整个社会的所有成员共享,同时又具有一定程度的效用可分割性,表现为可以按泊位分割为买卖单位,付费者才能使用;而在累计停车数量达到停车设施容量之前,又具有消费的非竞争性,即最初停车数量的增加不会增加其边际成本,但累计停车数量达到停车设施容量之后,停车数量增加而产生的排队等候使其边际成本为正值,同时作为停车场基本单元的停车泊位又具有消费的独占性,即某个泊位一旦被某辆车所占用,其他车辆都无法同时使用,因此在消费上又具有一定性的竞争性;此外,公共停车场还具有受益的排他性,通过收费很容易将未付费者排除在外。由此可见,公共停车场与其提供的停车服务,兼具公共物品和私用物品的双重特性(俗称为"准公共物品"),属于一类非常特殊的"准公共物品"。

(3) 专用停车场(也称为非公共停车场)属于纯私用物品,具有房地产的特性。因为专用停车场仅具有效用的可分割性,消费的独占性和受益的排他性,而不具备效用的共享性。

2. 时空资源角度的观点

和城市道路一样,作为停车场基本单位的停车泊位也是一种典型的时空资源,其使用与服务能力大小可以用"泊位·小时"单位来度量。按照时空消耗的概念[所谓时空消耗,是指交通个体(人或车)一定时间内占有的空间或一定程度上使用的时间],停车场作为一种时空资源,与一般商品不同,具有以下三个特性:

(1) 时间上的不可储存性:不同时段的停车泊位需求量是不同的。在非高峰时段,泊位容量会产生过剩,而在高峰时段,泊位容量又会出现短缺,但是非高峰时段过剩的泊位容量不能储存起来以备高峰时段使用。这一特性说明了利用停车管理措施,即高峰时段限制停车、高峰时段停车收费价格高于非高峰时段等,来分散停车需求在时间上分布的必要性，同时也说明停车供需无法完全配合是不可避免的现象。

（2）空间上的不可运输性：停车场无法实现空间上的调节。城市不同区域的停车泊位需求量是不同的，如边缘地区的泊位容量易产生过剩，而中心区易出现短缺，但边缘地区过剩的泊位容量不能输送到中心区使用。这一特性决定了停车场的地域级差，并要求其规划布局应符合分散性原则，宜采用分散布置为主。

（3）作为社会资源的有限性：从常识角度来说，一辆车至少要占用一个停车泊位，与道路交通相比，停车泊位的总需求是"刚性"的。鉴于我国城市特别是大城市土地资源普遍紧张，城市总的停车场用地受到限制，城市停车场的供给与停车需求始终存在着矛盾。这一特性从本质上说明了停车泊位的供应不可能无限地满足停车需求的增长，特别在城市中心区和停车困难地区实行停车控制供给政策势在必行。

正是由于停车场在时空资源上具有以上三种特性，从而决定了停车需求管理的重要性。首先，在既有的停车场布局上，无法通过市场手段调节停车场的布局以及停车泊位的分布；其次，停车需求在时间上的不均衡性，无法通过有效手段保证停车需求与供给之间的小范围均衡，因此只能通过系统综合的需求管理措施保持停车需求与供给上的大范围均衡。

第三节 停车场分类

停车场的类型划分是其进行系统性规划的前提和基础。不同类型的停车场其服务对象、位置选择、建造类型和管理方式都不尽相同，为了明确停车场的功能，有必要对停车场进行合理的分类。

1. 按照停车车辆性质分类

按照停车车辆性质分为机动车停车场和非机动车停车场。机动车停车场包括中心商业区和出入口交通集散枢纽（如车站、码头、港口等）、公共活动中心（如宾馆饭店、医院、文体场馆、公园等）和公共交通回车场、终点站的机动车停放、维修场地。

非机动车停车场服务于各种类型的自行车、电瓶车等非机动车辆的停放。在城市里，非机动车停放场地相对机动车停车场而言要分散得多，设施要简单得多。

2. 按照停车场服务对象分类

按照服务对象可将停车场分为专用停车场、建筑物配建停车场和社会公共停车场。

（1）专用停车场

专用停车场是指专业运输部门或企业事业单位所建设的停车场地，仅供有关单位内部的车辆停泊，如公共汽车总站、长途客货运枢纽等等。专用停车场几乎不为社会上其他车辆提供停车泊位。

（2）建筑物配建停车场

建筑物配建停车场是大型公用设施或是建筑配套建设的停车场所，主要为与该设施业务活动相关的出行者提供停车服务。配建停车场服务对象包括主体建筑的停车以及主体建筑所吸引的外来车辆。

（3）社会公共停车场

社会公共停车场是为从事各种活动的出行者提供公共停车服务的停车场所，服务范围最广,通常设置在城市商业活动中心、城市出入口以及公共交通换乘枢纽附近。

应该明确的是,建筑物配建停车场和社会公共停车场并非绝对意义上的不同,两者在停车服务对象上既各有针对性又相辅相成,其原因如下:

1) 配建停车场泊位建设的标准是依据主体建筑所产生的停车需求,但其泊位同时也承担了一部分由于主体建筑的吸引而产生的外来停车,因此配建停车场在一定程度上具有社会公共停车场的作用。

2) 配建停车场的建设通常以城市大型公用建筑为依托(如我国台湾地区相关技术标准规定了面积在 1000m^2 以下的建筑物无需附设配建机动车停车位),对于那些没有停车设施的公用建筑其产生的停车需求将只能由社会公共停车场来承担。因此从某种意义上说,社会公共停车场的布局选址和泊位建设规模是由区域的配建停车场无法满足所产生的停车需求量而决定的。

3. 按照停放位置分类

停车场按其与城市道路系统所处的相对位置可以分为路内和路外停车场两种类型。

路内停车场是指在道路用地控制线(红线)内划定的供车辆停放的场地。又可分为路上停车场和路边停车场两种形式,路上停车场是指在道路行车带两侧或一侧,划出若干段带状路面供车辆停放的场地,路上停车带车辆存取方便,但是对城市机动车和非机动车交通的干扰较大,因此要求除去停车带以外,必须保留足够的道路宽度供车辆通行,并且通常仅限于短时车辆的停放。路边停车场是指在道路行车带以外的两边或一边路缘外侧(包括路肩、绿化带、人行道、高架桥及立交桥底)所布置的带状停放车辆场地。路边停车场对道路车辆行驶的干扰较小,但是过多的路边停车不利于城市的景观,而且对行人交通的通畅和安全均有较大影响,在设置时特别应考虑停车带进出口的合理性和相应位置地基的车辆承重能力。

路外停车场位于城市道路系统以外,通常由专用的通道与城市道路系统相联系,对动态交通的影响较小,具体指道路用地控制线以外专门开辟兴建的停车场、停车库或停车楼。

4. 按照停车场建造类型分类

停车场按其建造形式主要可以分为地面停车场、地下停车场(库)和地上停车楼 3 种类型。

(1) 地面停车场

地面停车场又称平面停车场,是指道路范围以外专辟的供车辆停放的空地或广场,主要由出入口通道、停车坪和其他附属设施组成。它具有布局灵活、停车方便、成本低廉等特点,是最为常见的停车场形式。另外,由于其空间结构的非封闭性,也使得它可以停放各种类型的车辆。

但是平面停车场也有自身的缺点:①占用的土地面积较多,对于大城市尤其是中心商务区几乎不可能有充足的用地进行停车场建设;②对于所停放车辆的安全性不易得到保证,而且容易受到日晒雨淋等气候条件的影响,车辆维护性较差;③由停车产生的噪声、废气等直接向外排放,对周围的生态环境和人文景观影响较大。

(2) 地下停车场(库)

地下停车场(库)是指建立于地面以下的具有一层或多层的停车场。由于地下停车库所需的地面面积几乎为零，因此对于已经很难找到提供停车设施地面空间的大城市和区域而言，该停车场形式具有很大的优势。另外，考虑到噪声和废气等生态污染局限于地下空间，而非直接排放，因此对于那些地面用地紧张、对环境要求高的城市十分合适，如住宅用地、医疗卫生用地和中心商务区的商业、办公用地等。但是由于车辆停放在地下，停车者步行至目的地的距离也相应增远，停车者如何更方便地出入车库和进行车辆的存取是地下停车场设计中必须重点解决的问题。同时需要附加照明、空调、排水等系统维护费用，成本较高。

(3) 地上停车楼

地上停车楼是指专门为停放车辆而修建的固定建筑物或利用大型建筑物屋顶面作为车辆停放的场所。停车楼又可分为坡道式和机械式两类：坡道式停车楼是驾驶员驾驶车辆通过坡道进出停车楼，车辆出入便利迅速；机械式停车楼是利用升降机及其传送带等机械设备运送车辆到停放位置，占地面积少，空间利用率非常高。

5. 按照管理方式分类

停车场按管理方式可分为免费停车场、限时停车场、收费停车场和指定停车场4类。

(1) 免费停车场

免费停车场多见于平面停车场，如住宅区或商业区的路上或路边停车场，大型公用设施和邮局、商场、饭店宾馆的临时停车场所。通常免费停车场的泊位周转率较高，停车时间较短。

(2) 限时停车场

限时停车场限制车辆的停泊时间，并且辅助以适当的超时处罚措施，这样的方法能够有效地提高限时停车场的泊位周转率。限时停车场通常设置时间限制管理，由停车者自行启动，交通警察或值勤人员监督执行。

(3) 收费停车场

收费停车场的使用者无论停车时间的长短，都将交纳一定的停车费用。通常采取两种收费方式，即计时收费和不计时收费。前者每车位的收费标准随停车时间的长短而变化；后者无停车时间限制，单位车位收费标准相同。

(4) 指定停车场

指定停车场是指通过标志牌或是地面标识指明专供某类人员或是某种性质车辆停放的停车场所。一般分为以下两种形式：①指明临时性停车，如接送客人的出租车临时停车位，装卸货物停车或是传递邮件的临时停车泊位；②为照顾残疾人、老年人以及医护人员等停车而设置的指定车位。

6. 换乘停车场

换乘停车场(Parking and Ride)是一种设置在轨道交通站、地面公交站以及高速公路旁等交通换乘集散点位置的停车设施。尽管换乘停车场服务于车辆泊位，但是其主要功能是实现停车场使用者出行方式的转化。

广义的P&R是指一次出行过程中实现由低载客率的交通工具向高载客率的交通工具间转换而提供的停车设施，这里的转换可以是小汽车、摩托车、自行车、步行方式向地面公交、轨道交通、多人合乘车方式的转换。而通常意义上的P&R是指为实现小汽车方式向公共交通方式的转换而提供的停车设施。

第四节 停车基本特征参数

为了描述各类停车场车辆停放的主要特征和评价停车设施，对停车设施相关术语作如下定义。

(1) 停车供应

指一定的停车区域路内、路外停放场地可能提供的最大停放车位数（或面积）。停放供应的计量在调查中用实际可停数表示。

(2) 停车需求

指给定停车区域内特定时间间隔的停放吸引量，一般用代表性日的高峰期间停放数表示。

(3) 停车目的

指出行活动中有目的的路边或路外停放。停车目的也与上班、上学、购物、业务、娱乐、回家等出行目的相一致。

(4) 步行距离

指停车存放后至出行目的地的实际步行距离，通常以"m"为单位，可反映停车设施布局对停放车辆的方便程度或停车场布局的合理程度，也是停车系统规划及信息诱导的重要控制因素之一。

(5) 停车设施容量

指在停车设施划定的停放范围内可同时容纳的停车泊位或车辆总数，通常指停车场容量或停车库容量。

(6) 累计停放量

指一定时间内停车设施累计停放的车辆数。

(7) 停车时间

指车辆在停车场（库）内的实际停放时间。它是衡量停车场交通负荷与周转效率的基本指标之一，其分布与停放目的、停放点土地使用等因素有关。

(8) 停放车指数（停放饱和度）

指某一时刻实际停放的车辆数与停车设施容量之比，反映停车设施的拥挤程度。高峰时刻停车数量与停车设施容量之比称为高峰停放指数或高峰停放饱和度 W，通常利用高峰时段内累计停放量与停车设施容量之比计算。

$$W = m/C \tag{1-1}$$

式中 m——为高峰时刻停车数量；
C——停车设施容量。

(9) 泊位周转率 F

指单位停车泊位在工作时间内的平均停车次数。通过车辆占用停车泊位的频繁程度来反映停车泊位的空间利用效率。

$$F = n/C \tag{1-2}$$

式中 n——工作时间内总停车次数。

(10) 泊位利用率

指工作时间内平均每个停车泊位实际占用的时间与总工作时间之比。反映停车泊位的时间利用效率。

(11) 延停车数

指一定时间间隔，调查点或区域内累计停放次数，即各个间隔观测时段获得的延停车辆数之和，其单位为"辆次"。它和实际停车数的区别在于延停车数不考虑一辆车是否被多次观测，只是简单地将每次观测到的车辆数相加。而实际停车数则考虑某辆车是否上次被观测记录过，如果上次被观测记录过，这次则不再被记录。

(12) 平均延停时间

表示全部实际停放车辆的平均停放时间。对于间断观测调查，平均延停时间即为总延停时间(总延停数乘以间隔时间)除以实际停放车辆数。

(13) 停车密度

是停车负荷的基本度量单位。它可以作两种定义：一是指停放吸引量(存放量)大小随时间段变化的程度，一般高峰时段停放密度最高；二是指空间分布而言，表示在不同吸引点停车吸引量的大小程度。

(14) 平均存取车时间

指停车场(库)满负荷运行时平均每辆车完成出入库过程所需要的工作时间，包括车辆驶入时间、存车时间、取车时间和车辆驶出时间，主要用于反映机械式自动立体停车库的工作效率，因此对于机械式停车库，还包括机械设备运行时间。

(15) 平均排队长度和平均等候时间

平均排队长度是指停车场运行期间在出入口处排队等待入库的平均到达车辆数，平均等候时间是指停车场运行期间停放车辆在出入口处从到达至开始入库的平均等候时间，两项指标直接反映停车场的服务水平。根据停车库到达车流的分布特征，一般采取高峰时段的指标值来评价停车库服务水平的高低。

第五节 城市停车规划主要内容

1. 城市停车需求与供给分析

城市停车需求预测是停车规划的重要内容，预测分析的目的是为规划泊位预留提供依据。停车需求量预测准确与否，对停车规划的影响很大。纵观国内外现有停车需求预测方法，主要有人口规模预测法、机动车保有量预测法、以停车为核心的用地分析法、以停车和车辆出行关系为核心的出行吸引预测法、多元回归分析等预测方法。

停车规划要以停车需求预测为依据，在确定城市停车泊位规模时，要力求停车泊位供给量能够满足停车需求，但是城市停车供给还受其他多种因素的影响。综合起来包括以下六个方面：

(1) 城市交通发展战略规划和区域规划；
(2) 城市土地开发和利用状况；
(3) 城市停车需求；
(4) 城市道路网容量；

(5) 城市停车政策与管理措施；

(6) 停车设施的使用状况(如停车周转率，平均停车时间)。

这些因素相互影响，相互作用。可在分析城市停车设施供给与城市道路网容量相互平衡的基础上，分析考虑停车需求、路网容量、停车政策及停车设施的使用状况等因素，来合理确定城市停车泊位的规模。

2. 城市路外公共停车场规划

城市路外公共停车场规划设计的关键是确定容量和选点位置。影响选址的因素有定量和定性两种因素，如停车发生源的规模及分布决定停车场建设的规模和位置，是影响选址的定量因素，布局规划时应该采用定性与定量相结合的方法。

在停车场选址时，一般应在城市道路系统的出入口、港站主枢纽或者吸引大量人流的大型文化、体育和娱乐设施场所等修建公共停车场；另外还需要满足大型公配建不足或者中小型公建产生的停车需求建立公共停车场。前者位置可以直接确定，而后者只已知停车场的服务区域，需要经过决策分析才能确定其具体位置。

路外停车场的布局规划方法：定性方面，说明路外公共停车场规划布局的原则；定量方面，在目前已有的公共停车场规划布局模型的基础上，提出最大限度满足停车需求、满足总步行距离最短和步行距离小于300m的规划布局模型。并对路外停车场的建造形式和出入口的设置方法进行分析。

路外停车场的布局规划原则和选址模型将从宏观上对区域停车场的位置选择和泊位供给提供依据，而停车场建造形式的选择和停车场出入口的设置方法将从微观角度为区域停车场的规划及选址提供依据。

3. 城市路边公共停车场规划

路边停车场是优缺点都比较突出的停车设施，它是停车系统中不可或缺的一部分，在整个城市停车系统中的功能定位应为"路外停车的补充和配合"。决定其发挥优势还是暴露缺点的关键因素就是能否对其进行科学的规划和设置。科学规划和设置路边停车场的内容包括确定路边停车合理的规模，停车的位置和时间、不同的停车泊位布置方式等。

第二章　国内外城市停车管理

随着社会经济的快速发展，国外主要发达国家在 1920~1960 年间机动车保有量急速增加。近几年，伴随着改革开放深入开展，国内的机动化进程也在加快，未来停车政策的制定应考虑国外发达国家或地区和国内典型城市及地区历史上在停车方面所遇到的问题、所采取的策略以及所达到的效果，他们的经验教训将是我们解决当前存在的及未来将要面对的停车问题的重要参考。

从世界范围来看，停车问题的解决并不是简单地依靠增加供给来实现的，停车规划不能一味地提高停车配建指标，它是一个需要考虑各种影响因素的系统工程。首先，严重不足的停车设施供给必然带来停车空间不足以及争夺停车资源的现象，由此会带来寻找停车位的绕行，从而增加额外的交通流量并可能导致绕行期间驾驶员由于焦虑等因素带来的不安全驾驶；同时，稀少的停车资源也会降低土地的价值，并减少商业机会。但是，城市有限的土地资源并不允许无限制的停车设施供给，特别是对于 CBD 地区或人口稠密的地区，因为基于满足需求的停车资源供给策略不仅带来大量的土地资源浪费，并将诱导更多的机动车出行，与城市大力倡导公共交通出行的战略背道而驰。停车规划相应内容的制定应结合停车管理的政策，两者相互协作、共同作用，使整个交通系统协调发展。

本章主要介绍国内外大城市停车管理策略和发展历程：第一节为国内外停车管理政策的综合和归纳，包括提高公共交通系统的服务水平、鼓励合乘、制定停车配建标准上限、停车位共享、收取停车费、征收停车税、收取停车影响费以及其他停车管理策略等；第二节为国外案例分析，重点研究英国伦敦、日本东京、法国巴黎在停车管理方面的方法；第三节为国内案例分析，重点研究香港、台湾、北京、上海等城市及地区的停车现状；第四节为国外停车管理政策对国内的指导作用。

第一节　国内外大城市停车管理策略分析

交通系统是一个复杂的系统，各个组成部分之间相互影响，停车问题的解决影响到其他政策的实施，如对机动车出行具有引导作用，其他政策的实施同样对停车政策有约束作用，如财政政策对停车管理的影响。

一、引导小汽车出行向其他方式转变
1. 改善公共交通

国外研究成果和大量实践表明：停车问题的解决，核心在于停车策略的实施与公共交通系统的改善相结合。美国俄勒冈州波特兰市的调查表明，当城市中心区的停车费从每月 50 美元增加到每月 100 美元时，对于有 1 条公交线路经过的小区，其公共交通出行的比例由 10% 增加到 16%；而对于有 5 条公交线路经过的小区，其公共交通出行的比例则由 15% 增加到 23%。由此可以看出公共交通与停车之间存在内在的相互影响。

提高公共交通系统服务水平的措施主要表现在以下几个方面：
（1）降低公共交通票价；
（2）增加新的公共交通方式；
（3）增加公共交通线路；
（4）延长运营时间、提高发车频率；
（5）提供停车换乘的基础设施；
（6）提高公共交通站点的可达性；
（7）提高公共交通舒适性、安全性等。

无论在发达国家或地区还是在小汽车出行比例较低的不发达国家或地区，提高公共交通服务水平都可以有效降低小汽车的出行需求。表2-1为美国波特兰市的研究成果，对居住区域分别提供1～7条公共交通运营线路时，在城市区域和郊区，分别预测公共交通方式分担比例以及单乘载小汽车（SOV）出行比例。

不同公共交通服务线路对公交出行和单乘载小汽车出行比例影响　　　表2-1

公交运营线路条数	城市		郊区	
	公交分担率	SOV分担率	公交分担率	SOV分担率
1	0.108	0.855	0.079	0.897
2	0.118	0.839	0.099	0.877
3	0.124	0.826	0.119	0.859
4	0.149	0.789	0.141	0.836
5	0.177	0.754	0.167	0.811
6	0.211	0.715	0.197	0.782
7	0.249	0.672	0.231	0.749

图2-1直观地描述了增加运营的公交线路对公交分担比例和SOV出行比例的影响。可以看出，当公交线路从1条增加到7条时，城市公交分担率增加了131%，郊区公交分担率增加了192%，而城市和郊区的SOV出行比例则分别降低了21%和16%。

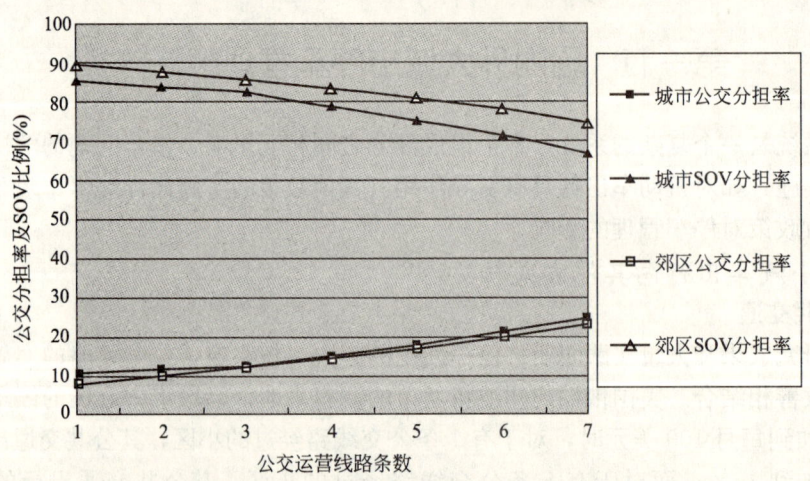

图2-1　增加公交运营线路对公交出行比例和SOV比例的影响

表 2-2 主要反映了在公共交通服务水平分为高、中、低时城市中心区、中心城外围、郊区单乘载小汽车出行的降低比例。根据车辆付费种类分为所有车辆都支付停车费和合乘车辆不支付停车费两种情况,对比不同情境下对单乘载小汽车出行的影响。

不同地区不同停车费用和不同公交服务水平条件下单乘车减少的比例　　表 2-2

车辆付费类型	所有车辆都付费(美元)			合乘车辆不需付费(美元)		
出行者的位置	城市中心区	中心区外围	郊区	城市中心区	中心区外围	郊区
出行者需要支付的停车费用	5	2	0	5	2	0
公交服务水平	单乘车出行减少比例(小城市)(%)					
高	23	11	4	25	12	5
中	20	9	3	22	10	4
低	17	8	3	19	9	3
公交服务水平	单乘车出行减少比例(大城市)(%)					
高	37	27	12	39	29	13
中	33	23	10	35	25	11
低	28	20	8	30	22	9

从表 2-2 可以看出,无论在小城镇或者大城市、城市中心区或者郊区,提高公共交通服务水平几乎无一例外地显著降低了单乘载小汽车的出行,这一效果尤其在大城市更为显著。

图 2-2 为所有车辆都支付停车费时的数据,从图中可以明显看出,提高公共交通服务水平对降低单乘载小汽车出行的影响,在大城市要比小城市更为显著,并且城市中心区域要比郊区效果更为明显。

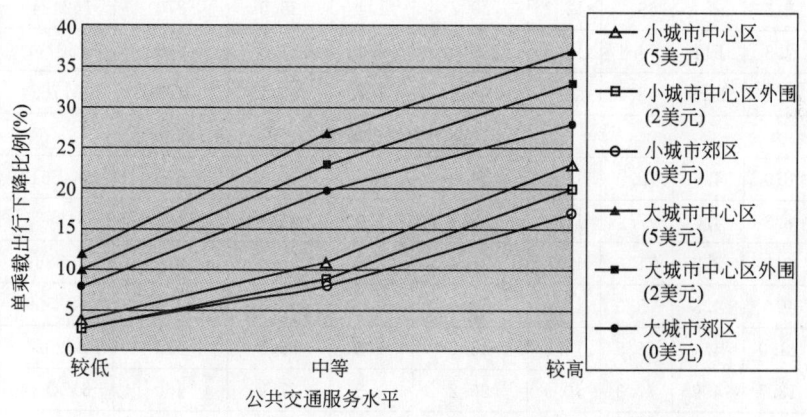

图 2-2　公共交通服务水平对机动车出行需求的影响

下面将采用美国 20 个大都市区的调查数据详细说明停车政策与公共交通吸引力之间的关系,尽管有很多学者都对这种关系进行了一系列研究,但全面分析公共交通政策与停车政策之间关系模型的并不多。

所研究的都市区主要包括:旧金山(加利福尼亚州)、纽约(纽约州)、芝加哥(伊利诺伊州)、波士顿(马萨诸塞州)、西雅图(华盛顿州)、费城(宾夕法尼亚州)、波特兰(俄勒冈州)、洛杉矶(加利福尼亚州)、布法罗(纽约州)、匹兹堡(宾夕法尼亚州)、丹佛(科罗拉多州)、迈阿密(佛罗里达州)、密尔沃基(威斯康星州)、普罗维登斯(罗得岛州)、克利夫兰(俄亥俄州)、休斯敦(得克萨斯州)、辛辛那提(俄亥俄州)、达拉斯(得克萨斯州)、哈特福德(康涅狄格州)、底特律(密歇根州)。

公交服务相关的统计指标主要包括：平均公交排名、公交方式比例、单乘载车辆(SOV)比例、合乘比例、距公交站点1/4英里人口比例、年人均公交运营小时、链式出行比例、年均出行者拥堵损失等。停车相关指标主要包括：付费停车的比例、CBD最低停车位配建标准、CBD最高停车位配建标准、停车税是否大于10%、CBD公共可共享的公共停车场数、CBD咪表使用区域比例、咪表最高收费、CBD是否允许独立占地停车场、是否具有居民停车许可制度等。统计数据如表2-3和表2-4所示，其中表2-3为公交排名及相关指标，表2-4为各城市的停车相关政策。

美国都市区公交吸引力排名及出行特性 表2-3

都市区	平均公交排名	公交方式比例(%)	SOV比例(%)	合乘比例①(%)	距公交站点1/4英里人口比例(%)	年人均公交运营小时(h)	链式出行比例②(%)	年均出行者拥堵损失(美元)	中心城市人口(1994年)(人)	1980~1990年人口变动(%)
公交特别发达城市										
旧金山	3.0	9.3	69.8	13.0	60.1	2.1	41.8	760	734676	6.6
纽约	3.3	27.8	52.3	10.3	46.0	2.7	64.2	390	7333253	3.5
芝加哥	4.7	13.7	67.5	12.0	47.1	1.8	38.4	300	2731743	-7.4
波士顿	5.0	10.6	70.2	10.3	46.4	1.5	42.3	495	547725	2
西雅图	6.3	6.3	73.8	12.0	53.1	1.3	39.8	660	520947	4.5
费城	6.3	10.2	69.2	12.2	39.7	1.4	36.6	270	1524249	-6.1
波特兰	7.3	5.4	74.1	12.3	50.0	1.4	31.8	330	450777	18.8
平均值	5.1	11.9	68.1	11.7	48.9	1.7	42.1	458	1977624	3.1
公交中等发达城市										
洛杉矶	8.0	4.6	72.9	15.5	49.9	0.9	39.6	670	3448613	17.4
布法罗	8.3	4.7	77.1	11.2	58.3	1.0	41.7	380	312965	-8.3
匹兹堡	8.3	8.0	71.5	12.8	36.7	2.0	35.4	270	358883	-12.8
丹佛	9.0	4.3	75.0	12.4	53.8	1.0	33.3	370	493559	-5.1
迈阿密	11.0	4.4	75.5	14.5	43.2	1.3	36.5	520	373024	3.4
密尔沃基	13.7	4.9	77.3	10.9	26.2	1.5	27.9	160	6174044	-1.3
平均值	9.7	5.2	74.9	12.9	44.7	1.3	35.7	395	1860181	-1.1
公交不发达城市										
普罗维登斯	15.0	2.6	78.6	12.3	37.0	0.6	10.0	380	150639	2.5
克利夫兰	15.3	4.6	79.6	10.3	30.8	1.1	30.8	120	492901	-11.9
休斯敦	15.3	3.8	76.3	14.6	25.8	0.8	51.0	570	1702086	2.2
辛辛那提	16.0	3.7	79.3	11.4	32.1	0.8	24.0	160	358170	-5.5
达拉斯	17.0	2.4	78.9	13.8	30.4	0.7	66.0	570	1022830	11.3
哈特福德	17.3	1.6	78.5	13.3	28.3	1.2	100.1	220	124196	2.5

续表

都市区	平均公交排名	公交方式比例(%)	SOV比例(%)	合乘比例①(%)	距公交站点1/4英里人口比例(%)	年人均公交运营小时(h)	链式出行比例②(%)	年均出行者拥堵损失(美元)	中心城人口(1994年)(人)	1980~1990的人口变动(%)
公交不发达城市										
底特律	19.7	2.4	82.7	10.1	21.2	0.7	56.0	380	992038	−14.6
平均值	16.5	3.0	79.1	12.3	29.4	0.8	48.3	343	691837	−1.9
全部平均值	10.5	6.8	74.0	12.3	40.8	1.3	42.4	399	1492366	0.1

① 合乘是指机动车上除驾驶员外还有至少一名乘客的乘车行为;
② 链式出行是指从出发地到最终目的地包含了连续多个出行。

美国都市区停车特征　　　　表2-4

都市区	付费停车的比例(%)	CBD最低停车位配建标准	CBD最高停车位配建标准	停车税大于10%	CBD公共可共享的公共停车场数	CBD咪表使用区域比例(%)	咪表最高收费(美元)	CBD是否允许独立占地停车场	居民停车许可制度
公交特别发达城市									
旧金山	4.6	否	是	是	15	34	1.50	否	是
纽约	5.5	否	是	是	1	26	1.50	否	是
芝加哥	4.1	是	否	是	1	26	3.00	否	是
波士顿	6.6	否	否	否	7	85	1.00	否	是
西雅图	5.7	是	是	否	3	74	1.00	否	是
费城	4.4	否	否	是	9	40	1.00	否	是
波特兰	7.7	否	是	否	10	100	0.90	否	否
平均值	5.5	29%是	57%是	57%是	7	55	1.41	0%是	86%是
公交中等发达城市									
洛杉矶	5.5	是	否	是	6	16	2.00	是	是
布法罗	3.4	否	否	否	52	48	1.00	否	是
匹兹堡	4.5	否	否	是	41	8	2.00	否	是
丹佛	7.6	否	否	否	10	67	1.00	否	否
迈阿密	5.8	是	否	否	28	12	1.00	是	否
密尔沃基	1.4	否	否	否	12	45	1.00	否	是
平均值	4.7	33%是	0%是	33%是	25	33	1.33	33%是	67%是
公交不发达城市									
普罗维登斯	13.7	否	否	否	1	97	0.75	是	否
克利夫兰	4.8	否	否	否	7	95	0.75	是	否
休斯敦	6.6	否	否	否	8	100	1.00	是	否
辛辛那提	5.2	是	否	否	24	33	0.50	是	否
达拉斯	6.1	是	否	否	8	58	1.00	是	否
哈特福德	2.5	否	否	否	19	24	0.75	是	是
底特律	4.9	否	否	否	21	35	1.00	是	是
平均值	6.3	43%是	0%是	0%是	13	63	0.82	100%是	43%是
全部平均值	5.6	35%是	20%是	30%是	14	51	1.18	55%是	65%是

对上述 20 个都市区其停车管理策略的多少与公交服务质量之间的关系进行研究。根据表 2-4 所示的统计数据，选择如下停车管理策略作为研究对象，包括：

(1) CBD 地区是否采取最高停车位政策；
(2) 是否征收了超过 10% 的停车税；
(3) 最大小时咪表收费是否超过了 20 个都市区的平均值 1.18 美元；
(4) CBD 地区是否允许独立占地的停车场；
(5) 是否有居民停车许可制度。

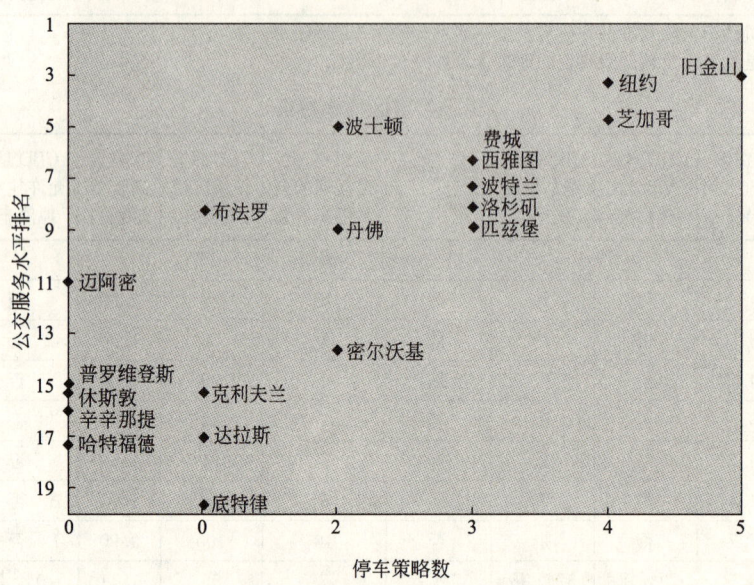

图 2-3　停车策略数量与公交服务质量关系

从统计结果可以看出，一个地方采取的停车管理策略越多，其公共交通的服务质量将会越高。

2. 鼓励合乘

SOV 是指仅仅由驾驶员单独使用的车辆，即单乘载车辆；HOV 是指车辆除了驾驶员使用外，至少还有另外 1 名乘客共同使用，即高乘载车辆。显然，引导出行者从 SOV 向 HOV 转变将会有效降低停车需求，其中设立 HOV 专用车道是鼓励合乘的主要方式之一。

从停车管理的角度引导出行者由 SOV 向 HOV 转变的方法即直接提供 HOV 优先停车位，如在路侧划定专用空间供 HOV 车辆停放或短时停车，路外停车场对 HOV 车辆提供优惠停车收费服务等。

对于大城市中心城以及其他停车供需矛盾较为突出的地区，合乘停车位是降低停车需求的有效方法，它通过为合乘者提供便利、优惠甚至免费的停车位，来引导小汽车使用者从单独驾车出行转向多人合乘出行。图 2-4 为国外合乘停车的交通标志及停车情况，可以看出，合乘车位都有明显的标志引导和标记，并且合乘停车的时间通常也有明确的规定。

图 2-5 为美国西雅图市的合乘停车位分布，可以看出整个城市的合乘停车位的布局情况以及各个停车位的允许停车时间。

图 2-4 部分停车合乘的交通标志及停车情况

图 2-5 西雅图合乘停车位的分布

西雅图合乘停车位政策规定,使用合乘车位车上至少有两位成年人,并且距离停车位的路程2英里以上;合乘者居住和工作地点相邻,且能够合乘的距离占上下班路程的50%以上;一周至少有4天在一起合乘上下班;合乘者只允许一方持有合乘停车位许可;合乘车辆为了接送合乘者,不必一定在载有合乘者的情况下才能经过合乘停车位;CBD区域的合乘车位申请要求合乘者均在CBD上班。

西雅图同时还制定了合乘停车位的基本规则,包括:

(1) 任一合乘停车位在任一时间只能够有一辆车许可停放;
(2) 车辆必须在指定位置明示合乘停车许可证;
(3) 停车许可证丢失补办需要缴纳5美元的费用;
(4) 任何更改都必须及时联系通勤服务办公室;
(5) 合乘停车许可证仅仅表明可以停放在授权区域,并且同样要遵守其他停车管理规定;
(6) 路侧合乘停车位的时间有明确要求(一般为7:00~10:00),其他时间这些停车位属于公共使用。

不正当使用合乘停车许可将会导致5000美元罚款或者最高达一年的监禁。所谓的不正当使用包括但不限于:

(1) 违反了上述基本规则;
(2) 申请表填写虚假信息;
(3) 复制合乘停车位许可;
(4) 将合乘停车位许可给他人或其他车辆使用;
(5) 在其他地方同时还有其他的月租性质停车位;
(6) 接受了合乘停车折扣的同时接受公交卡补贴。

加拿大安大略省交通部在许多公路立交附近设置了合乘车辆的免费停车位,并且这些停车区域都有公共交通进行连接。安大略省交通部规定,任何合乘车辆,不需要提前申请,都可以自由且免费停放在这些合乘停车位上,这些停车位没有时间限制,可以过夜,但商业运营的车辆不允许使用。这些交叉口附近的合乘停车位少则几十个,多的高达近300个。

美国德州大学艾尔帕索分校的合乘停车位政策规定,所有申请者必须为注册的学生或者学校雇用的职员;同样所有申请者需要按照规定程序进行申请。合乘及正常停车位的年度收费如表2-5所示。

不同停车区域的正常收费及合乘停车收费　　　　　　　表2-5

停车场序号	学生			教师		
	合乘车位数(个)	正常收费(美元)	合乘停车位收费(美元)	合乘车位数(个)	正常收费(美元)	合乘停车位收费(美元)
1	10	277	237	5	394	339
2	10	227	197	5	332	294
3	20	190	160	0	332	282
4	25	140	120	10	197	184
5	10	90	75	10	132	112

3. 停车换乘

停车换乘(Park and Ride)是减少机动车使用时间提高公共交通使用效率的有效方式，在许多发达国家普遍采用。一般来说，停车换乘大多数是在私人小汽车出行与轨道交通之间的换乘，但也常常出现在私人小汽车与常规公交或其他方式之间的换乘。

图 2-6　P&R 的标志及使用情况

下面将回顾新加坡、英国等国家和地区的停车换乘策略。

新加坡人口约有 508 万人，其面积仅有约 710km^2，是世界上人口密度较高的国家之一，但同时也是世界上交通最为发达的国家或城市之一。除了其高效的拥挤收费措施外，P&R 的模式也非常成功，这主要得益于新加坡便利的轨道交通和合理布局的 P&R 设施以及高昂的城市中心区停车收费。其 P&R 主要在地铁或轻轨站点、公交枢纽站以及公交站点附近，如图 2-7 所示，目前共有 41 个 P&R 停车场，且大多数停车场与轨道交通站点之间的距离在 100m 范围以内。

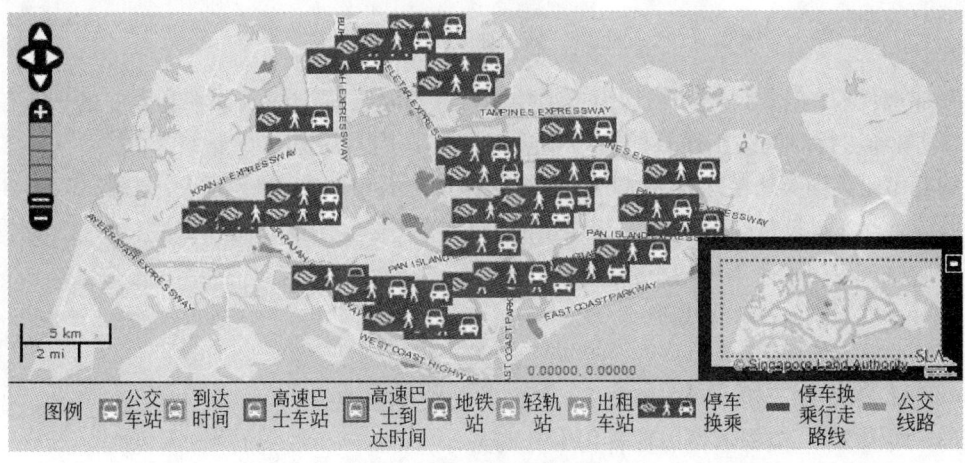

图 2-7　新加坡的 P&R 分布

为了能够使用 P&R 停车场，客户必须申请 P&R 包，包括 P&R 卡和季节性停车票(SPT)，其中 P&R 卡可以用来乘坐轨道交通和公共交通，而 SPT 则在 P&R 停车场使用。

为了方便广大用户购买 P&R 包，新加坡交通部门已经开通了网上服务，当网上申请成功后，用户即可在任何时候到公交票务站点提取 SPT 卡和 P&R 卡。当第一次购买 P&R 包时，需要支付 P&R 卡 40 新元，SPT 卡 30 新元，并且需要预存 30 新元的交通费。申请表如图 2-8 所示，主要内容包括：所有 P&R 列表(以供用户进行选择)、车辆及个人信息、注意事项和签字等。

PARK & RIDE SET ORDER FORM (Please tick √ one location only)

Visit www.transitlink.com.sg for eBooking

NORTH		
□	Ang Mo Kio *	A53
□	Bishan #	BE23
□	Kampong Java	K0118
□	Khatib	Y25
□	Marsiling	W30
□	Sembawang	SB16
□	Toa Payoh @	TPMB
□	Woodlands Drive 50	W57
□	Yio Chu Kang *	Y5
□	Yishun #	Y54M
□	Woodlands Ave 6	W94
□	Ang Mo Kio St 61 @	A69
□	Shunfu Road *(wef 15 Dec)*	SH2

NORTH EAST		
□	Boon Keng Road	BKRM
□	Compassvale Road	SK26
□	Hougang Central ^	HG47
□	Hougang St 21	HG54
□	Serangoon Central ^	SE28
□	Serangoon ^	SE20
□	Serangoon Sports Hall	S28

EAST		
□	Chai Chee	CC10
□	Eunos	EC8
□	Kallang@	SDM
□	Pasir Ris ^	PR3
□	Simei ^	SIM4
□	Tampines St 82 @	TM17
□	Tampines Stadium	T63
□	Pine Close @ *(wef 15 Nov)*	KM3

WEST		
□	Boon Lay Avenue	BL5
□	Boon Lay Drive	BL15
□	Buona Vista	GM7
□	Clementi ^	C11
□	Delta Circle	D0028
□	Holland Road	H0064
□	Jurong West	J45
□	Queenstown @	Q86
□	Strathmore Ave @	SMM
□	Ghim Moh @	GM6B

NORTH WEST		
□	Bukit Gombak Stadium	B0039
□	Bukit Batok	U39
□	Yew Tee	CK51

@ 在这些地方停车,您是不允许停放在停车场的保留车位。
GM6B—只能停放在3B和4A区;
SMM—只能停放在B3B区;
KM3—只能停放在5A、5B、6A、6B区

在此停车您需要登记您的车辆和带有CBM私人停车有限公司的IU号。请在购买点的通联工作人员处索取登记表;

^ 在此停车您需要登记您的车辆和带有Ramky Cleantech私人服务有限公司的IU号。请在购买点的通联工作人员处索取登记表;

* 在此停车您需要登记您的车辆和带有P-Parking国际私人有限公司的IU号。请在购买点的通联工作人员处索取登记表。

注意事项:

1. 停车换乘车位只能为带有登记号为“G”和“Y”的载客汽车和轻型货车提供,车辆自重不得超过1500kg;
2. 在多层停车场(MSCP)停车,轻型货车的车主应检查车顶高度限制的详细信息,以确保车辆的高度不会超过您打算使用的多层停车场的限制高度;
3. 购买停车换乘车位是不允许退换或退款的。请在离开柜台前检查好票据内容。

车牌号:＿＿＿＿＿＿　　有效月:＿＿＿＿＿＿

客户姓名:先生小姐＿＿＿＿＿＿＿＿＿＿

NRIC号:＿＿＿＿＿＿　　联系电话*:＿＿＿＿＿

电子邮箱*:＿＿＿＿＿＿＿＿＿＿

本人确认已阅读上述规定的条款及条件,愿意接受要求并参与停车换乘计划。

签字＿＿＿＿＿＿　　日期＿＿＿＿＿＿

*必填项　　2011年2月28日修订

图 2-8　新加坡 P&R 申请表

新加坡所有的 P&R 停车场均为自动控制，顾客需要提前输入详细和真实的个人信息。P&R 停车场运行时间为工作日的 7：00 至 21：00，周六的 7：00 至 15：00。

约克市是英国英格兰东北部城市，北约克郡首府人口约有 18.7 万人，面积 271.94km^2。该市共有 5 个 P&R 停车场，与之相连接的公共汽车发车频率较高、低底板、残疾人易于上下。所有的 P&R 停车场均不允许夜间停车。

P&R 的费用分为以下几种：

(1) 一次 1.80 英镑，可以在公交车上购买；

(2) 日卡 2.30 英镑，只能够在 P&R 区的公交车上购买；

(3) 周卡 9.20 英镑，可以在各售卡处购买；

(4) 月卡 36.80 英镑，可以在各售卡处购买；

(5) 年卡 368 英镑，可以在各售卡处购买。

英国剑桥郡为了减少机动车使用,在城市中心城外围设置了 5 处 P&R 停车场,全部由人工看管,除了不可以在夜间停车外,白天时间自由停车且全部免费。5 个 P&R 停车场共有停车位 4500 个,且每个停车场均提供等候室、婴儿室、小吃、饮料机、信息显示牌等。其 P&R 停车场的分布及服务公交线路如图 2-9 所示,目前每年为超过 400 万个通勤出行者提供停车换乘服务,大大减少了出行者驾驶私人小汽车到城市中心城的需求,有效缓解了交通拥堵的压力,改善了空气环境。

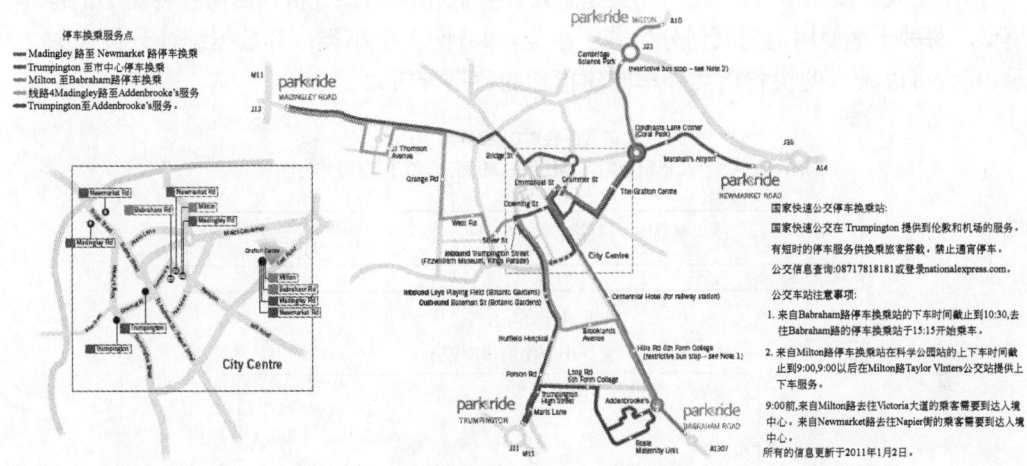

图 2-9　英国剑桥郡的 P&R 分布及公交线路

二、改变路外停车管理规定

1. 废除或降低最小停车位配建标准

20 世纪 40、50 年代,由于机动车保有量的迅速增加,停车问题开始显现,城市规划部门开始制定建设项目的停车位配建指标,并且是最低配建指标,以满足快速增长的停车需求。最小停车位配建标准来源于城市规划者的一个简单认识,即停车问题之所以出现,是因为停车供给不足造成的。1987 年,美国 ITE(Institute of Traffic Engineers:交通工程师协会)出版了《停车生成》(Parking Generation),给出了 64 种不同土地使用类型的停车生成率指标,系统地将停车需求与土地使用结合了起来。《停车生成》一书成为了全美各地停车设施配建标准的基础,尽管其一再强调它的目的不是成为标准或手册,但由于所提供的信息数据较为丰富,成为了停车位配建的普遍参考。

2010 年 ITE 出版了《停车生成》第四版,该书回答了为什么准确估计停车需求非常重要这个基本问题。

(1)建设成本较高:一般地面停车场一个停车位的建设费用为 1000～3000 美元,停车楼的建设费用为每个停车位平均 8000～15000 美元,地下停车库的建设费用为每个停车位平均 20000～35000 美元(基于 2002 年的费用数据)。

(2)土地资源的消耗很大:地面停车场平均每个车位占用 325～400 平方英尺的空间,如果每平方英尺的土地费用为 1～25 美元的话,那么一个地面停车位所消耗的土地费用为 3000～10000 美元(基于 2002 年的费用)。

(3)对水质的影响:停车场越大,对地表径流的影响越大,将会增加很多费用来缓解这种影响。

(4) 对邻居和商业的影响：停车位的缺乏将导致停车者到邻居或者临近商业设施寻找停车位，从而影响了邻居的生活以及商业区对顾客停车的服务质量。

(5) 城市交通拥挤的影响：停车位的缺乏将导致为寻找车位而产生的绕行，由此增加了不必要的交通，从而导致了交通拥堵、燃油消耗和环境污染。

(6) 对周围环境的影响：大型地面停车场由于热岛效应，给行人带来不舒适的步行环境，并影响到整个城市环境。

《停车生成》按照10种土地使用类型进行调查数据的回归分析，给出各种类型的停车需求模型。每种土地使用类型又划分为若干小类，共计91个小类，其数据统计分析如图2-10所示（其为可以驶入的快餐店类停车配建指标的数据分析）。

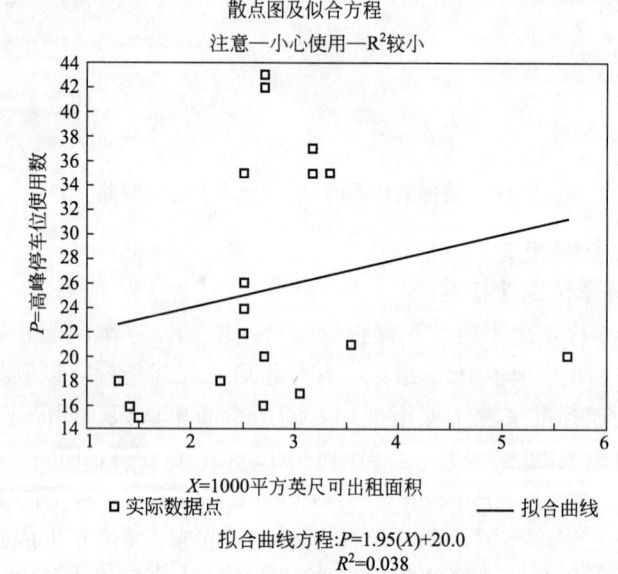

图2-10 ITE《停车生成》数据分析示例

最低停车位配建标准虽然增加了停车设施的供给，缓解了停车矛盾，但由于消耗了大量的土地资源，并且诱导了更多的机动车出行，日益受到广泛的质疑。正如《免费停车的高昂成本》(The High Cost of Free Parking)作者Shoup教授所言，在决定停车位时，城市规划者常常根据建设项目的土地使用性质，采取一个并没有考虑周边交通系统的停车位配建指标。即便是这样一个停车位配建指标，也往往是参考周边区域的停车需求情况，或者直接参考《停车生成》。而《停车生成》的样本量非常少，并且还缺乏对这些样本所处的交通系统及出行特性的分析。

便利的停车设施、越来越远的出行距离、其他可行交通方式的退化使得人们在出行时对机动车更加依赖，从而又产生了新的停车需求。Shoup教授指出，无限制的停车位供给导致了更大的停车需求、城市的迅速扩张，而不会带来停车问题的根本性解决。

1973年，美国主要城市的中心区开始出现了最高停车位配建指标，但在随后的20年里，除了极少数的城市外，停车政策几乎没有太大的变化。近10多年来，美国一些城市意识到停车在城市交通系统中的重要性，开始修改过去的停车政策，并尝试利用停车管理政策重建城市中心区、缓解交通拥堵、减少对空气的污染、减少对基础设施和公众健康的损害等。

在华盛顿州首府奥林匹亚市的中心区，停车配建指标可以降至目前所要求的60%；洛杉矶公交导向开发的区域，对于靠近公交站点的地区，停车配建指标可以降低40%；马里兰的蒙哥马利县所有停车位配建均可在原要求的基础上降低20%。考虑到对大气质量的影响，在纽约曼哈顿地区，不仅没有停车位配建要求，而且路外停车场的建设是被严格禁止的。目前，美国部分城市开始用停车影响费来代替停车设施的配建，由政府部门统一管理。

2. 停车位共享

停车位共享的概念是基于不同的出行终点对顾客、工作人员、访客等吸引时间的不同。比如办公室的高峰停车需求发生在工作日的白天，餐饮的高峰停车需求则发生在晚上。如果这两个出行吸引端点距离不大的话，那么它们所需要的停车位就可以进行共享。对一个雇员的停车位来说，其一年的平均使用时间大约为2000h，剩下的时间将会被浪费，而周转较高的路侧停车位一年的使用时间常常能达到6000h以上，可以看出停车位共享能够有效减少对停车空间的需求。

实现停车位共享需要知道不同土地利用方式在不同时段对停车位的需求，然后确认各个时段的最大停车需求，其中最大值即为停车位共享策略下的停车需求。例如，一个满足办公、零售和娱乐需要的停车场，办公的高峰停车需求为300个车位，零售业的高峰停车需求为280个车位，娱乐的高峰停车需求为100个车位；它们在不同时间的停车需求如表2-6所示。

考虑不同土地利用形式的停车需求　　　　　表2-6

土地利用形式	工作日		周末		(12:00~6:00)
	(9:00~16:00)	(18:00~2:00)	(9:00~16:00)	(18:00~12:00)	
办公	300	30	30	15	15
零售	168	252	280	196	14
娱乐	40	100	80	100	10
总计	508	382	390	311	39

如果不考虑停车位共享，那么高峰停车位需求将是680个，但考虑到停车位在不同时间段内的共享以后，高峰时段的停车位需求仅为508个，较原计划降低了25.3%。

国外实现停车位共享的方法有两种，①相邻使用者达成协议，②建立停车管理区。第一种方法只涉及两个相邻的使用者，而第二种方法则包含了一个区域所有停车设施的所有人。在协议条件下，共享停车位的使用者可以明确规定使用对象和各自使用的时间，而在停车管理区范围内，则要求区域内所有的用户都可以在任意时间使用任意停车位。

停车管理区成功运行的关键就在于有政府机构出面进行协调和管理，包括停车费的分配、停车场的运营与维护、税收的管理以及对用户的管理等。

三、停车收费政策

收取停车费是停车政策中影响出行方式选择作用最为直接和最快的因素之一，在许多国家和地区都有着广泛的应用，并且其形式也多种多样。主要包括：

(1) 提高或降低收费额度；

(2) 短期停车和长期停车差异收费；

(3) 路侧停车收费；

(4) 废除雇主停车费补贴；

(5) 单乘载车辆(SOV)和高乘载车辆(HOV)停车费差别。

出行的需求受到较多因素的影响，从停车的角度来看，它受到停车位供给水平及停车费高低的影响。表2-7为美国14个城市CBD的调查数据，主要包括路外停车位供给水平、收费多少以及SOV出行比例。

停车位供给、收费及SOV出行统计　　　　表2-7

城市	每位雇员平均路外停车位数量(个)	停车位平均月收费(美元)	SOV通勤出行比例(%)
费城	0.17	165	14
巴尔的摩	0.22	95	64
匹兹堡	0.30	—	45
波特兰	0.39	105	52
火奴鲁鲁	0.40	104	59
明尼阿波利斯	0.44	80	68
印第安纳波利斯	0.47	—	87
丹佛	0.52	75	54
亚特兰大	0.53	50	49
麦迪逊	0.58	50	61
圣迭戈	0.58	130	88
洛杉矶	0.68	—	40
凤凰城	0.73	—	70
夏洛特	0.76	—	70

从表2-7可以看出，停车位供给的增加，将会带来交通需求的增加，如圣迭戈的停车费虽然远高于巴尔的摩、波特兰、火奴鲁鲁、明尼阿波利斯等城市，但由于其停车位供给较为充足，其SOV出行比例也同样远高于上述城市。另外，对于基本相当的停车位供给水平，其收费越高将会导致SOV出行比例越少，如波特兰、火奴鲁鲁、明尼阿波利斯的CBD停车位供给水平基本相当，但明尼阿波利斯的停车费明显低于前两个城市，其SOV出行比例也显著高于前两个城市。

1. 提高或降低收费额度

停车收费的多少实际上应该由一个地区停车位供给水平及交通状况来决定，停车位的供给包括路侧停车和路外停车，当然，也会受到有多少停车者、其停车费用是否由雇主进行补贴的影响。

在这方面一个经常被引用的例子就是美国加州旧金山1970年10月1日开始执行的一项

停车收费政策，即对停车费征收 25% 的停车税，征收对象为除了居住区外的所有路外的公共或者私有停车场，但是路侧停车没有列入征收范围。受到影响的共有 49614 个路外停车位，其中 22328 个停车位为停车楼或停车库，26386 个为地面停车位。另外的 11172 个路侧停车位中 4951 个属于咪表收费管理，但这些路侧停车位并没有受到征收停车税的影响。1972 年 7 月 1 日，由于遭到受影响人群的持续反对，出于对商业的考虑，停车税降低到了 10%。

依据对 13 个停车场共计 9496 个停车位在税收征收前、征收过程中以及之后的数据统计分析，停车需求对价格的弹性系数如表 2-8 所示。

停车需求的价格弹性统计分析结果　　　　　　　　　　　　　表 2-8

年份	停车税状况	通勤停车	购物停车	所有停车
1970～1971	征收 25%	－0.27	－0.08	－0.20
1971～1972	征收 25%	－0.26	－0.25	－0.31
1972～1973	征收 10%	－0.91	－0.23	－0.38

从表 2-8 可以看出，当停车税征收 25% 时，通勤停车和购物停车均有较大幅度的降低。

Deakin 等（1996）对美国加州的 4 个区域进行了研究，结论显示：如果工作地点的停车收费从免费变为每天 3 美元，那么机动车出行距离（VMT）就会降低 2.3%～2.9%。Dueker 等（1998）类似的研究表明在西雅图这一数据将降低为 1.9%。Rodier（2008）对欧洲 6 个城市的停车进行了研究，结果发现如果按照通勤者出行时间价值的 20%～60% 收取停车费，那么机动车出行距离将降低大约 2.2%。而最近 30 多年来大量研究者的研究成果一致认为，如果停车费每增加 10%，那么停车需求就会相应降低 3%。Dueker 等（1998）更为详细的数据揭示了不同收费基准下停车费增加对停车需求的影响，即如果每月征收 80 美元的停车费，那么每增加 10% 的停车费将会导致 5.8% 的停车需求降低，但如果每月征收 20 美元的停车费，那么每增加 10% 的停车费则将仅仅带来 1.2% 的停车需求降低。Shoup（1994）通过对加州、哥伦比亚特区、渥太华、安大略的数据分析，发现每增加 10% 的停车费，停车需求仅仅减低 1.5%。表 2-9 列举了关于停车费与停车需求变化关系的部分研究成果。

停车费变化对停车需求的影响部分研究成果　　　　　　　　　　表 2-9

研究者	研究区域	数据时间	结论	
			影响类型	影响程度
Deakin	加州 4 区	1991	区域 VMT 变化	降低 1.0%（若 1 美元/d） 降低 2.6%（若 3 美元/d）
Dueker	西雅图地区	1990	区域 VMT 变化	降低 1.9%（若 3 美元/d）
Lautso	7 个欧洲城市	2002	区域 VMT 变化	降低 2.8%（若停车费为 60% 的出行时间成本）
Shoup	南加州 8 个工作区	1993～1995	个体雇员 VMT 变化	降低 12%（如果雇员选择自己付费）
Shoup	渥太华、华盛顿特区、洛杉矶	1986	每提高 1% 停车收费时的停车需求	平均降低 0.15%
Kelly&Clinch	都柏林	2001	每提高 1% 停车收费时的停车需求	平均降低 0.29%

续表

研究者	研究区域	数据时间	结论 影响类型	结论 影响程度
Henscher & King	悉尼	1998	每提高1%停车收费时的停车需求	CBD核心区、CBD其他地区、CBD边缘分别降低0.54%、1.01%、0.48%
Kulash	旧金山	1970~1973	每提高1%停车收费时的停车需求	平均降低0.3%
Dueker	波特兰	1990	每提高1%停车收费时的停车需求	降低0.58%(若80美元/月)，降低0.12%(若20美元/月)

当然，停车费的变化所导致的停车需求变化还与是否有其他便利的交通方式以及是否有其他可供选择的廉价的停车空间等密切相关。

1998年，美国联邦运输局发布了公共交通协作研究计划40号报告(Transit Cooperative Research Program Report 40)，即吸引小汽车使用者使用公共交通策略报告。该报告分析了不同小汽车的停车策略对公共交通分担比例的影响效果，如小汽车停车费用、停车能力等。

表 2-10 和图 2-11 给出了不同停车费所占比例对方式分担的影响。停车费所占比例是对停车费用的一种计量方法，表示人们开车去工作时，花费在停车上的费用占收入的比例。从数据中可以看出，该变量对交通方式分担有很大影响。

不同停车费所占比例对方式分担的影响　　　　　　　　　　　　表 2-10

停车费所占比例	方式分担		
	单乘车	合乘车	公交车
0.01	0.816	0.138	0.046
0.05	0.771	0.131	0.098
0.10	0.674	0.121	0.205
0.15	0.544	0.119	0.337

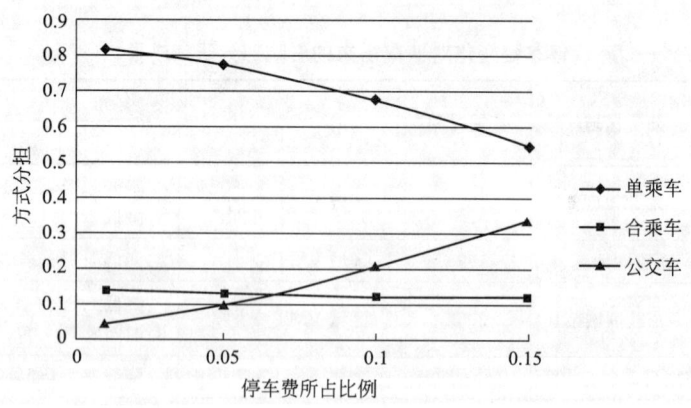

图 2-11　不同停车费所占比例对方式分担的影响

表 2-11 和图 2-12 给出了市中心不同的月停车费用对市区及郊区公共交通及单乘车分担比例的影响，该数据是通过对美国俄勒冈州波特兰市的一项调查统计得到的。

月停车费用对方式分担的影响　　　　　　　　　　　　　表2-11

市中心月停车费用(美元)	市区		郊区	
	公共交通分担比例	单乘车分担比例	公共交通分担比例	单乘车分担比例
20	0.122	0.806	0.066	0.908
30	0.133	0.786	0.077	0.895
40	0.144	0.764	0.089	0.880
50	0.156	0.740	0.103	0.864
60	0.167	0.715	0.118	0.846
70	0.179	0.688	0.135	0.826
80	0.191	0.661	0.154	0.803
90	0.203	0.631	0.176	0.779
100	0.215	0.602	0.199	0.752

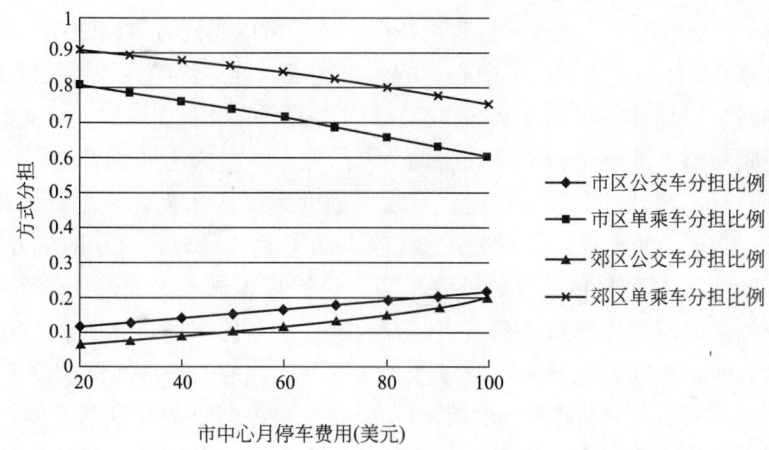

图2-12　月停车费用对方式分担的影响

表2-12为洛杉矶停车补助政策对出行方式分担的敏感度，它是通过1986年在洛杉矶市中心区的5个地方的一次调查得到的。数据反映了停车费用和出行方式分担的关系，即一般情况下(不包括雇主提供停车补助)，停车价格较高的地方单乘车分担率较低，公交分担率较高。雇主提供停车补助时则不存在这种关系。

洛杉矶停车补助政策对出行方式分担的敏感度　　　　　　　表2-12

停车费用来源	地区和平均停车价格	出行方式分担比例					
		金融中心(%)	邦克山(100美元)	文娱中心(%)	百老汇(73美元)	南方公园(%)	总计(85美元)
雇主	单乘车	62	70	60	39	67	61
	合乘车	12	11	22	16	18	15
	公共交通	25	16	17	40	15	22
	(样本)	(870)	(1314)	(2225)	(448)	(155)	(5012)

续表

停车费来源	地区和平均停车价格	出行方式分担比例					
		金融中心（%）	邦克山（100美元）	文娱中心（%）	百老汇（73美元）	南方公园（%）	总计（85美元）
免费停车（有补助）	单乘车	67	85	65	73	68	71
	合乘车	10	5	18	27	21	13
	公共交通	22	5	17	0	11	13
	（样本）	(216)	(74)	(418)	(4)	(27)	(739)
没有补助	单乘车	56	42	51	39	77	54
	合乘车	7	14	28	0	11	8
	公共交通	35	45	20	61	11	36
	（样本）	(72)	(268)	(126)	(22)	(18)	(506)

2. 短期停车和长期停车差异收费

对短期停车和长期停车实施差异性收费在很多时候可以起到有效调整停车需求和出行需求的目的，如为了降低商业区或城市中心区的停车需求，管理部门往往将长期停车的收费标准进行大幅度提高。目前世界上许多大城市都执行了短期停车和长期停车的差异性收费标准。

美国威斯康星州麦迪逊市为了降低通勤交通的停车，白天为购物者提供更多的停车空间，实施高峰时段的额外停车收费制度。其收费额度为每次1美元，对象是在早7:00~9:30之间进入停车场的车辆以及对超过3h停车的车辆；另外，每小时的停车费为0.20美元。收费范围为城市22%的公共路外停车场，包括咪表或人工的地面停车场或停车楼，并且在征收额外高峰时段停车费之前城市还开通了一些与停车场直接连接的免费班车。

统计数据表明，短期调高停车收费标准直接导致了高峰时段停车需求降低40%。为了更进一步揭示停车费变化对停车行为的影响，研究者对提高收费前停车者进行了联系和调查，共联系到278位访问对象，发现大多数在此处停车的人群转移到了其他的停车地点或者同一地区的路侧咪表控制停车区。表2-13为调查结果统计。

高峰时段额外收费对停车行为影响的统计　　　　　表2-13

行为的改变	样本数及比例（%）	由于额外收费造成的比例（%）
改变停车场	96(35)	64
转移到咪表控制停车区	5(2)	86
转移到其他交通方式	50(18)	54
停车不超过3小时	44(15)	18
搭乘他人车辆	39(14)	41
改变停车时间	37(13)	65
别人与自己合乘	37(13)	24
不再去中心城区	37(13)	3

从表2-13中的统计数据可以看出，由于在高峰时段额外征收了停车费，有一定规模的人群转移至其他地方停车，还有约10%的停车者放弃了小汽车的出行方式。

四、停车财政政策

1. 征收停车税

征收停车税有两种方式,一种是对已经收费的停车设施征收停车收入税,是基于停车费收入征收的;另一种是对停车设施征收停车位税,是基于停车位的多少来征收的。

基于停车收入所征收的税收是停车费的一部分,这些费用可以用来改善停车设施、提高公共交通服务水平,也可以作为其他交通设施改善的资金。洛杉矶正在考虑征收停车费收入税,并将这些收入存入城市的通用基金,从而用于城市路外停车设施的监控、执法等。旧金山则对城市所有的商业停车费征收25%停车税,这些收入用于城市的一般收入、公共交通发展资金以及高等市民基金。

基于停车位所征收的税收是根据停车位的多少来确定税收的数额,洛杉矶目前正在考虑对免费停车场和绑定在出租合约的停车位征收这种税收。

英国首项"工作单位停车税"将于2012年在诺丁汉地区开征,拥有10个以上员工停车位的公司每年每个停车位将被征收250英镑的停车税。据英国《每日电讯报》报道,英国运输部国务大臣萨迪克汗将正式宣布征收"工作单位停车税"。企业可将"工作单位停车税"转移给员工,这意味着诺丁汉当地约4万名驾车上班族可能每年要为一个停车位多付250英镑税款。

报道说,英国政府开征这项税收意在减少城市交通拥堵、环境污染和二氧化碳排放。米尔顿凯恩斯、埃克塞特、剑桥、牛津、伯明翰、曼彻斯特、利物浦、纽卡斯尔等城市也都表示对这项"具有解决拥堵潜力"的措施感兴趣。然而,英国汽车协会明确表示反对这项税收,认为"这是针对拥有较多停车位雇主的歧视政策,而且税收不分时间段,对于在公共交通系统停运时段上班的员工也非常不公平"。协会还指出,如何合理有效地实施这一计划也有技术难题,需要进行大范围调查与监督。

美国西雅图市对如何提高停车税收进行了系统的研究,表2-14给出了不同的策略及其效果分析。

不同停车管理策略及其可能的停车税收 表2-14

方法	税收相关的变化	西雅图可能增加的税收
咪表技术	许多城市从车位独立咪表控制改为付费显示咪表后大大提高了停车税收。加拿大多伦多市在没有改变咪表费率的情况下提高了30%~40%的税收,波特兰提高了15%的停车税收	提高40%税收=390万美元/年 提高20%税收=190万美元/年
咪表费率	在城市中心区对2h计费的咪表每小时提高收费0.5美元	140万美元/年
运营时间	将咪表收费时间延长至22:00,并且在18:00以后适当降低收费(假设运用80%的咪表)	0.50/h=470/咪表/年 1.00/h=940/咪表/年 1.50/h=1410/咪表/年
周末收费	对部分地区咪表实施周末收费(如中心城)	1.00/h=520/咪表/年
新咪表	在邻近商业区将时间限制改为2h	1.00/h=1100/咪表/年
咪表罩	提高蓝色和红/黄路侧停车咪表的收费 蓝色:增加至1200美元/年 绿/红/黄:将损失的时间费率增加至12美元/咪表/d	蓝色咪表罩:230000/年 绿/红/黄咪表罩:900000/年

续表

方法	税收相关的变化	西雅图可能增加的税收
居民许可费	在当前每2年27美元的基础上提高居民停车许可费	每车每年 27＝540000/年 每车每2年 35＝160000/美元
合乘停车许可费	提高当前758个合乘许可的费用,当前为600美元/季度	910000美元/年
人工路侧收费	对人工管理的路侧车位征收停车费	每个车位每年可以征收1000～1500美元
加强执法	增加停车执法人员和执法时间	每人每年220000美元减去人工和设备费
降低罚单不执行比例	每年100000张罚单,但一些没有执行	每张罚单平均税收32.5美元
罚款	提高罚款额度并且对CBD内外地区区别罚款	125万美元＝每张罚单提高5美元差异性罚款的收入尚无测算

需要说明的是,在国外,如果因为施工、运输、装修等原因临时禁止路侧停车时,需要向政府主管部门申请路侧受到影响的停车位的临时关闭,并依据每天关闭的时间以及持续的总时间来确定采用什么颜色的罩子将咪表罩住,既保护咪表不受损坏,又明确告知停车者本咪表的非工作时间;当然,需要支付因为咪表不能够正常工作而损失的收费。不同的城市对咪表罩颜色和提示语有不同的要求,图2-13为国外一些城市的咪表罩情况。

图2-13 咪表罩的使用

2. 征收停车影响费

当开发者受限于紧缩的城市空间而无力满足最低停车配建标准,或者城市管理者要求开发商以货币的形式缴纳相应的停车设施建设费用而不再进行停车设施建设时,开发商所缴纳的费用称为停车影响费。

收取停车影响费的方法无论对开发商还是城市都有好处。Shoup(1999)根据对46个城市的调查(其中24个美国城市,7个加拿大城市,6个英国城市,6个德国城市,2个南非城市和1个冰岛城市),发现收取停车影响费至少存在以下显著优点:首先,它是一种很好的选择,特别是对于难以满足最低停车位配建标准或者建设费用过高的地段;其次,可以鼓励共享停车位;第三,不考虑停车位的配建问题,建筑师可以更自由地设计步行友好的建筑。另外,停车影响费的收取会使开发商支付相同标准的费用;同时,还可以有效保护历史遗存，因为停车设施可以迁至其他地方。

许多城市目前都规定了明确的停车影响费标准，比如德国汉堡每个停车位需要缴纳20705美元，美国奥兰多需要缴纳9883美元，加州伯克利需要缴纳10000美元等。

美国华盛顿州奥林匹亚市2011年1月1日生效的停车影响费规定中，详细列举了各种建筑在建设时所需要缴纳的停车影响费。表2-15以居住为例，列举了停车影响费的额度（按照居住单元收取）。

不同居住类型的停车影响费　　　　　　　　　　　　　　表2-15

居住类型	停车影响费（美元）	居住类型	停车影响费（美元）
单一家庭	4941	移动房屋	2979
两个家庭	2979	居住的附属建筑设施	1671
多个家庭	2979	单一房间单元	1671
中心城多个家庭	1692		

停车影响费的建设取决于两个条件，①停车位配建标准；②停车位建设费用。表2-16用世界上29个城市的数据来说明停车影响费的取值依据。

世界上29个城市的停车影响费取值来源　　　　　　　　表2-16

城市	停车位建设费用（美元/个）	配建标准（个/1000平方英尺）	影响费（美元/平方英尺）
美国加利福尼亚州帕洛阿尔托	17848	4.0	71
美国加利福尼亚州比弗利山	20180	2.9	59
美国加利福尼亚州沃尔纳特克里克	16373	3.3	55
英国泰晤士河畔京士顿	20800	2.3	48
美国加利福尼亚州卡梅尔	27520	1.7	46
美国加利福尼亚州山景城	13000	3.0	39
英国萨顿	13360	2.7	36
英国哈罗	14352	2.3	33
德国汉堡	20705	1.5	32
美国伊利诺伊州森林湖	9000	3.5	32
美国加利福尼亚州米尔谷	6751	4.4	30
美国加利福尼亚州棕榈泉	9250	3.1	28
冰岛雷克雅未克	13000	2.2	28
美国加利福尼亚州克莱蒙特	9000	2.9	26
美国加利福尼亚州康科德	8500	2.9	24
美国加利福尼亚州戴维斯	8000	2.5	20
美国佛罗里达州奥兰多	9883	2.0	20
加拿大安大略省基奇纳	14599	1.3	19
美国北卡罗来纳州教堂山	7200	2.5	18
美国华盛顿州柯克兰	6000	2.9	17

续表

城市	停车位建设费用（美元/个）	配建标准（个/1000平方英尺）	影响费（美元/平方英尺）
美国加利福尼亚州赫莫萨比奇	6000	2.6	16
美国加利福尼亚州伯克利	10000	1.5	15
英国哥伦比亚省伯纳比	7299	2.0	15
加拿大不列颠哥伦比亚省温哥华	9708	1.0	10
美国宾夕法尼亚州州立学院	5850	1.3	8
加拿大安大略省渥太华	10043	0.7	7
加拿大阿尔伯塔省卡尔加里	9781	0.7	7
南非伊丽莎白港	1846	2.3	4
英国沃尔瑟姆林	2000	0.9	2
平均值	11305	2.3	26
中间值	9781	2.3	24

五、路侧停车管理

1. 路侧停车收费

停车管理作为一项公共政策可以追溯至20世纪初，当时世界上发达城市的中心城区出现了由警察和交通工程师制定的停车管理规定。如1915年美国底特律对路侧停车时间进行了限制，1920年波士顿也发布了同样的管理规定。随着机动车保有量的快速增长，一些城市认为路侧停车降低了公共空间的利用效率并对交通产生了很大的负面影响，由此在1928年芝加哥的CBD地区开始禁止停车，纽约曼哈顿地区夜间停车也开始被严格禁止。

1913年，俄克拉荷马城有3000辆小汽车，到1930年达到50000辆。大量的上班族将路侧的停车位整天占据，迫使零售商购物者将车辆停放在很远的地方，于是市政当局开始对路侧停车施加管理。1935年7月16日，175个路侧停车咪表在世界上首次问世并安装在城市中心区的街道。咪表由于被认为能够提高停车位使用的周转率而迅速流行开来。至1955年，几乎所有美国大城市的CBD地区以及零售商业集中的街道都实施了咪表的路侧停车管理，目的是将路侧空间提供给短时的购物者使用。

图2-14为世界上第一个咪表的使用情况，其中右上图为咪表的发明人卡尔·麦吉先生，左下图为当时的媒体报道。

尽管咪表在20世纪30年代出现，并在20世纪50年代广为流行，但管理者并没有意愿去提高路侧停车的收费标准，从而导致了安装咪表的地区其停车位周转率仍然很低。1956年，美国开始了州际公路建设计划，同时BPR(Bureau of Public Roads，公共道路管理局)发布了具有深远影响的关于停车问题与解决对策的小册子《城市停车指南》(Parking Guide for Cities)。认为机动车是最好的出行方式，公路既适合于短途的商业出行、长途的城市间及城市与郊区之间的出行，也适合于去大型的商业中心，公路应该免费，并且其通行能力应该适应不断增加的需求。由此人们普遍认为，停车也应该像使用道路一样，不仅免费而且还不应由于寻找停车位而多消耗时间或增加了步行。城市规划者基于BPR

图 2-14　世界上第一个咪表的使用情况

的思想,将第 30 位最高停车需求作为了停车设施的需求水平。由此,各个城市开始要求新的建设项目提供充足的停车设施以满足几乎最大的停车需求,以适应人们主要采用私家车出行的理念。

相对于其他现金支出的出行消费,收取停车费对调节停车需求最为直接。停车收费包括路侧停车收费和路外停车收费,通常二者的联动将会使这一经济杠杆的效果更加明显。特别是在美国,因为美国免费停车基本上已经成为了根深蒂固的出行习惯。根据 1990 年全美个人交通调查数据,99%的机动车出行中其停车都是免费的。美国环境保护署的研究表明,停车收费对机动车出行的影响系数为 1.5~2.0,即每次出行如果停车费用增加 1 美元,将会带来一次出行中燃油消耗 1.5~2.0 美元的减少。

Kuzmyak(2003)研究表明,车辆出行次数对停车费的弹性系数为 $-0.1 \sim -0.3$,依赖于人口分布、地理条件、出行特性等。Hess(2001)在波特兰 CBD 研究了免费停车对通勤者的出行方式选择和停车需求影响,发现当免费停车时,62%的通勤者选择独自驾车,16%的通勤者选择合乘,22%的通勤者采用公共交通。但是,当每天的停车费用从免费改为 6 美元时,独自驾车通勤者的比例降为 46%,合乘通勤者的比例降为 4%,而 50%的通勤者愿意选择公共交通出行。6 美元的停车费政策直接降低了 21%的小汽车通勤出行。收取停车费策略主要包括:路侧停车收费,短期收费与长期收费,不停车现金补贴等。

虽然路侧停车和路外停车共同构成了城市的停车供给,但停车政策的制定者并没有充分考虑这两种停车方式之间的相互影响。主要原因在于路侧停车的管理权限属于交通部门,而路外停车的管理则隶属于城市规划部门,其中路外停车设施又分为公共停车场和配建停车场。商业停车设施通常由私营公司拥有和运营,其目的是为了盈利,有时属于政府所有但由政府或公司运营。配建停车设施一般专门供所服务的建筑使用,停车费大多包含在建筑物的租金上。

越来越多的城市规划者和交通管理者已经认识到靠充足的停车设施供给来满足无限制的停车需求并不能够解决停车问题,相反会带来更加严重的交通拥挤。于是,停车问题的解决从增加供给转向了供给和需求的共同管理,甚至在某种程度上开始进行需求管理。同时,停车管理政策的制定也更多地开始考虑路侧停车与路外停车之间的相互影响。

2. 路侧停车管理技术

路侧停车在管理上主要包括停车监测、罚单和处罚执行三个方面。停车监测主要是对路侧停车的违法行为进行监测,包括在非停车位违章停车以及普遍存在的停车超时。美国加州旧金山开发了一种基于网络传感器技术的路侧停车监测系统,可以对车辆牌照进行自动识别,路侧传感器能够识别出路侧车辆停放的时间,并能够直接将识别的车辆是否缴费以及停放时间等信息报告给管理人员。

图2-15为加州圣巴巴拉市的警察停车执法车,能够直接探测路侧停车的时间、是否缴纳停车费等情况,投入使用后对城市的违章停车起到了较大的威慑作用,极大地规范了城市的停车秩序。

国外为了加强对违章停车的执法,许多城市还设置了专门的停车警察,并配备相应的车辆和其他设备进行停车管理,如图2-16所示。

图 2-15 加州圣巴巴拉市的停车监测车

图 2-16 国外停车执法情况

下面将对路侧停车管理的一些新技术进行介绍。

(1) 多车位咪表

当前新的咪表多是太阳能、无线、多车位控制、支付+展示形式，一个咪表能够控制8～10个车位，并通过无线网络与控制中心计算机连接，能够使用信用卡或停车支付卡。多车位咪表无论对城市管理者还是停车者都有许多的优点，包括减少设备的数量、减少占地、能够有效避免使用剩余停车时间等，以及能够使用信用卡、停车支付卡、现金、网络支付、电话支付等多种支付方式。且研究发现，使用多车位咪表后，停车位较常规咪表可以增加15%。

另外，由于相对于传统咪表使用硬币带来的不方便，多车位咪表的多种支付方式让停车者更加喜欢使用这种咪表，停车位的收入也会提高20%～30%，并同时降低了所投硬币被偷窃的危险。图2-17为国外正在使用的多车位咪表情况。

图2-17 国外使用的多车位咪表

（2）电话支付

美国佛罗里达州迈阿密市是世界上最大的电话支付路侧停车费的城市，目前共有8000个路侧停车位以及20个路侧停车场可以接受电话付费停车服务。开车者对这种停车支付服务非常感兴趣，其服务还包括停车时间即将截止的短信提醒以及延续停车时间等，所以开车者无需在停车时间截止前提前太多时间去续费。许多咪表的生产商也认为电话支付停车费将是最为主要的一种支付方式，当然，如果电话费较高的话，采用打电话方式支付停车费将会额外支出一部分费用。

为了使用这项服务，驾驶员需要首先登记移动电话号码、信用卡等信息，然后通过电话或者登录专门网站 http://www.paybyphone.com 进行支付。在办理电话支付停车费用时除了通话费外，用户还需要交纳0.35美元作为服务及短信提醒的费用。

图2-18为电话支付停车费的使用情况，其中右侧图为咪表控制改为了电话支付方式。

图2-18 电话支付停车费的使用

（3）停车位引导系统

为了方便驾驶员找到停车位，并合理引导路侧停车向停车场转移，国外许多发达国家的城市中都使用了停车位引导屏幕。图 2-19 为欧洲的停车位引导显示。

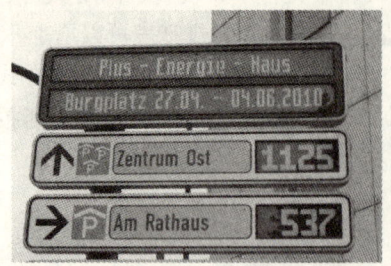  

图 2-19　停车位引导显示

六、社会公共停车场规划建设——以纽约为例

纽约的土地利用由分区法案（Zoning Resolution）进行微观控制，分区法案包括分区文本（Zoning Text）和分区图则（Zoning Maps）两部分。其中分区文本由长达 3390 页的文字材料构成，将纽约市的土地利用分为居住用地（R）、商业用地（C）和工业用地（M）三类，利用网格将纽约市分为 35 个片区，其中每个片区大小为（25000×16000）平方英尺（约为 40km²），各片区分别用 1～35 的数字标识；然后每个片区均分为 4 份，分别用 a、b、c、d 四个英文字母从左上、左下、右上、右下顺序标记，每个分区面积为（12500×8000）平方英尺（约为 10km²），全纽约市共有 126 个分区。

图 2-20 为纽约市的分区示意图，显示了布朗克斯行政区的片区和分区划分。

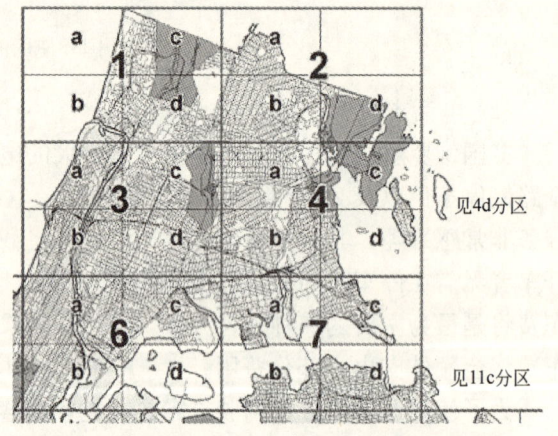

图 2-20　纽约市分区示意图（布朗克斯行政区）

纽约市在对土地利用 3 种类型分类的基础上，再将建筑类型进行细分，如将居住用地分为 10 小类，分别以 R1～R10 标识，商业用地分为 8 小类，分别以 C1～C8 标识，工业用地分为 3 小类，分别以 M1～M3 标识。以居住用地为例，英文字母后面的数字越大，表明允许的建筑密度和建筑规模越大，如 R1 表明单个家庭分离式居住区地块，R10 则为一般高密度建筑的居住区地块，并且随着建筑密度的增加，所要求的停车配建指标越低。第一个数字之后在短横线后面的数字，如 R3-1 或者 R3-2，则表明建筑体量和停车配建要求的变化。

图 2-21 为"11a"分区的用地控制图，可以看出分区又被划分为不同的地块，各个地块的土地利用性质有所不同，而且即便对相同的居住用地，也依据建筑类型划分为更小的地块。

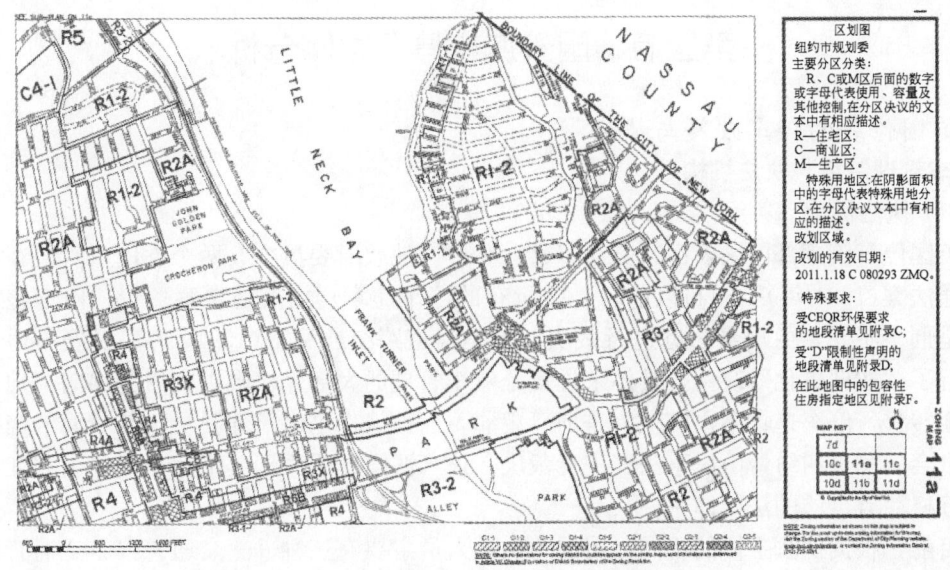

图 2-21 纽约市"11a"分区用地控制

不同类型的地块主要受到以下几个方面的控制：建筑体量、最大建筑覆盖率或空地率、住户数量、建筑与街道及地块边线距离、停车数量等。

分区法案中停车条例的制定是基于一个基本的认识，即建筑物将会诱增停车需求，配建停车设施的规模将与所诱增的停车需求规模相适应。一般来说，所有的建筑物都应该配建停车位，但不包括曼哈顿"1-8 居住区"、布鲁克林中心城区等地区，因为这些区域的公共交通已经非常发达，并且如果这些地区配建了停车位，反而将会吸引更多的地面交通导致更严重的交通拥堵。

1970 年美国颁布了清洁空气法案，随之纽约制定了交通控制计划（TCP），此计划的最大特点就是修改了路外停车位配建标准。随后，停车条例被用来控制曼哈顿"1-8 社区"的路外停车配建、公共停车场和公共停车库。

分区法案的最大特点就是控制各个地块的最低停车位和容许的最大停车位，以及停车设施与所服务对象的距离。同时，分区法案还对停车场的规模、运营、路缘坡、停车场地面、绿化等进行了规定。

纽约将公共停车场分为公共停车库和公共停车场，即为专供机动车停放，但不允许商业车辆停放以及永久存放性停放。其中公共停车库中一些或所有停车位为非配建性质；公共停车场所有车位均为非配建性质。公共停车场建设采用下面的模式：

（1）如果政府认为某个区域需要建设社会公共停车场，将会按照分区控制指标进行建设；

（2）如果私营机构投资建设社会公共停车场，将根据分区控制指标要求，向城市规划委员会申请，经过一系列审批和听证后，政府部门决定是否批准建设申请；

（3）政府机构建设的社会公共停车场由政府或政府委托机构（公司）管理；

（4）私营机构建设的社会公共停车场由私营机构自行管理；

（5）所有停车场的建设都必须符合相关的法律法规和标准规范的要求。

第二节　国外城市停车案例分析

一、英国伦敦的停车政策与执法

1. 停车管理制度与执法机构

（1）执法机构

英国停车管理部门主要由"交通警察"和"当地政府委员会"两个部门负责。在《道路交通法案（1991年）》颁布以前，几乎所有的停车违章均由交通警察负责，停车违章被认为是刑事犯罪，由刑事法庭进行裁决。但是《道路交通法案（1991年）》对停车违章管理进行了"非刑事化"改革，具体来说就是停车管理的大部分权限由交通警察向当地政府委员会转移，停车违章不再被认为是刑事犯罪，而被认作是违章驾驶员与其所属的当地政府委员会的民事纠纷，由民事法庭进行裁决。该《法案》适用于英格兰、威尔士和北爱尔兰，苏格兰有自己的法律体系。

目前，根据执法主体的不同，英国的执法人员主要有三种——交通警察、交通管理员和停车管理员。交通警察主要负责与交通有关的犯罪，例如超速、酒后驾车、故意破坏停车咪表或其他与道路安全有关的犯罪；交通管理员由交通警察雇用，主要管理红线车道（一般为主干道、任何时间均不允许停车）和公交专用车道内的停车违章，保证主干道交通流和公交车的畅通；而对于其他在路上或停车场内的停车违章主要由当地政府委员会雇用的停车管理员负责，通常做法是政府委员会和某个或某几个公司签订合同，由公司代替政府委员会具体雇用和管理停车管理员。

（2）执法方式

英国停车管理中包括现场执法和非现场执法两种方式，后者是执法的主要方式。管理对象包括路面停车和停车场内的停车，路面停车管理的非现场执法主要使用的设备是停车咪表，共有两种类型：一种是用于控制单个停车位的咪表（图2-22(a)），投入硬币之后显示允许停车的时间，停车管理员根据咪表显示的时间确定车辆是否缴费或是否超过了停车时间。咪表上标明允许停车的时间段、收费标准、最长停车时间和使用条件。每个咪表都有单独的号码，以备在投诉和复议中使用。另外一种咪表用于控制多个停车位或合用停车位（图2-22(b)），用户在咪表上购买"停车票"，并把停车票贴在汽车的挡风玻璃上，供停车管理员检查，咪表上面同样标有允许停车的时间段、收费标准、最长停车时间和使用条件。

(a)　　　　　　　　(b)

图 2-22　英国路面停车咪表
(a)单个停车位；(b)多个停车位

执法人员包括交通管理员和停车管理员，两者每天根据不同的职责范围在各停车地点巡逻，检查车辆是否按照规定停车和缴纳停车费，对于不符合规定停车和未交费的车辆开具处罚通知书，作为对非现场执法方式的加强和补充。另外，根据道路管理条例的规定，在许多控制停车的地点(如单黄线)，允许车辆临时停留，但必须是上下人员或装卸货物，通常规定最长不得超过20min。如果停车管理员观察发现车辆在这些地点停车后，并没有人员上下或装卸货物，即可向违规车辆开具处罚通知书。

(3) 执法程序

对于严重影响交通的违章停车，如公交车道内的停车，交通管理员可以把车辆拖走。对于不会对交通造成重要影响的车辆，停车管理员把处罚通知书贴在汽车的挡风玻璃上，从开具罚单的当天算起，车主必须在28d之内缴纳罚款。如果车主在14d之内缴纳罚款，会享受50%的折扣，即只需缴纳罚款的一半，在14至28d之内缴纳罚款则不享受优惠。车主也可以在28d之内与罚单上的通讯地址联系，通过书面形式进行投诉，说明应当取消罚款的理由。

如果开具罚单之后28d之内未缴纳罚款，车主会收到一份"车主通知书"。收到通知书后，车主必须在28d之内缴纳罚款，或向当地政府委员会申请复议，对于复议结果不服，车主即可提起法律诉讼。如果车主在28d之内既不缴纳罚款又不申请复议，就会收到另外一份罚款通知书，罚款数额比第一份罚款增加50%。收到第二份罚款通知书后，车主必须在14d之内缴纳罚款，车主不能提起法律诉讼。如果车主仍未缴纳罚款，罚款转为地区法庭登记的债务，并另外加上法庭费用，向车主下达债务登记单。如果在21d之内仍未缴纳，由法庭强制执行。

2. 停车管理策略

伦敦的停车费非常高，尤其是在市中心地段，但繁忙地区和居民区的停车费不同。该市的居民车主在住所附近可以购买长期专用车位，全年只需100英镑。这些有车的伦敦居民平时上班上学，主要还是以使用公交车、地铁和火车为主，周末或节假日全家出游才开车，所以他们个人停车场通常利用率很高。

从2008年初开始，英国试点开通服务电话线，车主只需用电话和短信提供信用卡账号，就可以为咪表充值。新开电话停车区集中在伦敦市中心、泰晤士河岸和伦敦桥畔。这样的付费电话只需30s即可，只收服务费20便士，短信收费10便士。

伦敦将停车政策作为城市的重要课题。它的做法是在交通量不断增加的城市中心区域，通过管制停车场达到抑制机动车交通量，促进使用公共交通方式的目的。伦敦主要采取的停车管理措施包括：

(1) 限制路侧停车

在相当于北京市中心区的内伦敦地区采取了路侧停车管制。为此，伦敦市于1966年在交通最为拥堵的内伦敦指定了大约40平方英里(约合100km^2)的内伦敦停车地区(The Inner London Parking Area，ILPA)采取了控制该区域内路侧停车的政策。在这些被称为CPZ(Controlled Parking Zone)的区域内，实施路侧停车管制，在这些约占ILPA一半面积以上的CPZ范围内，全面禁止路侧停车。同时，在居民集聚的地区特别为居民设置了路侧特别停车区域，以非常低的使用费提供给当地居民。

(2) 加强对各种停车场的管理

伦敦市中心的公共停车场大多采用以日为单位的均一费率制。由于通勤目的的车辆较多，这种收费制度在一定程度上助长了早高峰时段的交通拥堵现象。采用时间累进制不仅可以减少整日停车的数量，还能使以购物、公务等目的的停车在高峰时段也可以使用停车场。为此，GLC(Greater Lodon Council，大伦敦议会)在指定的区域采取了停车场经营许可证制度。在伦敦特别区管理下的许多停车场都采取了时间累进制费率政策，对长时间停车者征收比短时间停车更高的费用。同时，为了增加抑制停车场的效果，限制在建筑物内的专用停车场。为此，GLC 规定，1969 年后，凡是用于新建办公楼的专用停车场应当设置限度，不同区域有不同的上限标准。

此外，GLC 还运用设置配建停车场规模的上限，限制一定规模的停车场建设、动员私有停车场的所有者将其停车场向公共开放、对于现有的私用停车场课税，以促使其转向公共停车场等手段加强对非公共停车场进行管理。

3. 《伦敦计划》

《伦敦计划》是伦敦的战略空间规划文件，这个文件经过一系列的修改后于 2008 年再次出版。该文件是由大伦敦政府(GLA)出版的，它是保证伦敦各个方面策略一致性的集成框架，这些策略包括经济发展、食品、空气质量、运输等等。关于停车策略方面，该文件中指出，市长办公室连同区政府共同协作，从而确保路面停车保持在最低的水平，并且不能以任何方式降低其他非小汽车出行方式的使用。这种做法唯一的例外必须是以确保残疾人士出行方便的需要。制定大伦敦的发展计划文件以及当地的执行计划时应做到以下几点：

(1) 采取的路面和路外停车政策应鼓励可持续发展的交通方式，对限制小汽车的使用起到支持作用，并且可以降低道路交通；

(2) 结合当地情况，采取"伦敦计划"给出的停车标准中上限以内的停车标准设置，在交通可达性条件较好的地区可以降低小汽车停车位的供给；

(3) 尽可能减少现有私营的非住宅停车位数量；

(4) 了解残疾人的需要，为他们提供足够的停车位数量；

(5) 考虑配送和服务业的需要；

(6) 尽可能提供足够的路外停车设施以减少对道路网络能力的影响；

(7) 普遍抵制临时停车场的使用；

(8) 鼓励好的停车场设计标准；

(9) 对于不符合伦敦运输局(TFL)的自行车停放标准的地方应重新分配空间，从而保证自行车的停放。

关于市中心的停放政策，该文件指出，大伦敦的发展计划文件以及当地的执行计划应为市中心地区制定合适的停车标准。这些标准应当有利于增大市中心的吸引力，并降低交通拥堵。这些标准应考虑到："伦敦计划"给出的停车标准、市中心目前的生命力和活力、市中心的管理目标、现有的路面和路外停车位和管理方式、公共交通的供给和降低小汽车出行的需要、行人和自行车出行的畅通。

关于停车换乘问题，该计划指出停车换乘措施可以服务于公共交通水平不发达的地区，它还可以在高峰时间提供额外的容量。停车换乘也可以设置在步行、自行车及公交车都不方便的铁路车站附近。图 2-23 为伦敦市中心外围换乘车站策略示例。

该计划对营业性停车场做了特别要求。营业性停车场是指对实现用地功能所必需的停车场，包括维修、服务、物流等的使用，但不包括雇员和访客的使用。

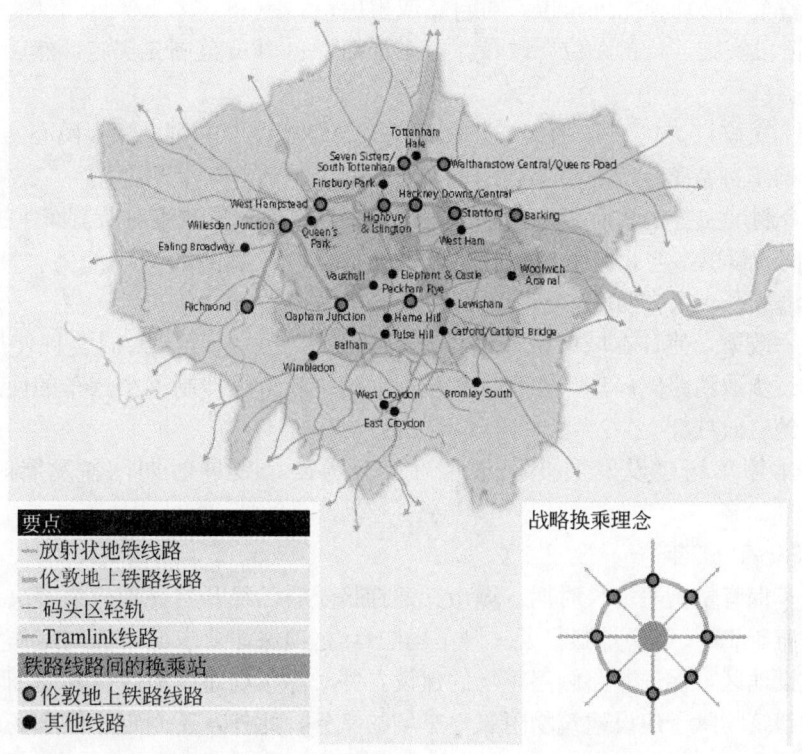

图 2-23　伦敦市中心外围换乘车站策略示例

2010年5月出版的市长办公室交通策略表明了市长办公室关于伦敦交通的远景，并详述了在未来20年中伦敦运输局和它的合作伙伴计划将如何实施。

在该策略中管理交通需求的相关提议中指出了停车场所起的作用。市长办公室承认停车场对经济发展所起的支持作用，尤其是在外伦敦地区。但是停车管理同样也是提倡公共交通、步行和自行车出行的有效方法，因为它可以减轻小汽车在道路交通上的负面作用。此外该策略认为停车场控制是鼓励购买和使用低二氧化碳和空气污染排放量的小汽车的有效措施。因此，市长办公室提议停车收费并不是只由停车位置决定，还应当考虑车辆对环境的影响。

二、日本东京的停车管理

1. 日本停车管理历程

日本于1957年颁布了《停车场法》，作为停车场设置、建设与管理的基本法令依据，基本原则是大力推广与鼓励路外停车场的兴建。在1962年，日本制定了《机动车停车场所之确保法》和《机动车停车场所之确保法施行令》，目的是使私人和公司用车不占用道路长时间停放，落实自备停车位于路外适当场所，提高路外停车场之需求，促进民间投资兴建路外停车场。在此基础上制定了《停车场法实施令》。为普及和推广"购车自备车位"的概念，日本制定了相关法规，基本内容为：

（1）拥有汽车者必须提供汽车保管场所的证明文件，方可申请牌照；

（2）自备车位必须在公司所在地（或私人住所）500m（1991年前）到2km（1991年后）范围内；

(3) 自备车位必须为路外车位，可自备或租用；

(4) 分阶段实施"自备车位"政策，在东京都中心 9km 范围先实施，然后推广至全国各城市地区。

该法经 7 次修订，40 多年的实施，使"购车自备车位"的概念深入民心。

日本"购车自备车位"思想实践的成功，国际上公认有 3 个原因：

(1) 法令制度完善，政府集中领导，通过购车自备停车位政策对所有车主进行管理；

(2) 民间力量的参与，大大减少政府人力、物力、资源浪费；

(3) 立法从严，执法彻底。

通过这一政策，使日本城市路外的停车场随处可见，培养了人们合理使用车辆的习惯，减少并逐步取消路侧停车。在很大程度上，这一政策也抑制了小汽车的使用，成为调节交通结构的有效杠杆。

根据日本停车场建设发展变化来看可以分为四个发展时期，各发展时期的特点如下：

(1) 1958~1965 年

日本汽车保有量高速增长时期，城市交通拥挤矛盾已经开始显现。为解决无规则的路面停车，政府于 1957 年 5 月制定了《停车场法》，这项法律要求城市应划定作为都市规划停车场的建设地区，促进非路侧停车场的建设，并对停车场建设地区及其周围具有一定规模和用途的建筑物赋予建设建筑物附属停车场的义务，此外，还制定了停车场的结构、设备和管理的标准。

(2) 1965~1975 年

随着日本汽车的迅速普及，全国汽车交通量持续增加，停车场建设的相对落后使城市的交通堵塞和停车难问题变得越来越严重。基于此，1970 年 8 月日本政府提出了关于建设停车场基本政策的提案，明确停车场建设的四个基本方向：①停车需要以业务交通为中心；②停车场的建设主体是民间机构，政府也需参与城市规划中要确保的停车场建设；③为了减少建设费用和有效利用土地，要促进停车场的立体化、机械化，发展地下停车场和机械式停车场；④应制定促进停车场建设的相关优惠政策。根据提案，日本正式制定了日本开发银行贷款制度、减免固定资产税和地方公共团体贷款等优惠政策。实施优惠政策后的效果非常明显，其中以民间为主体的停车场大量增加，同时建筑物附属停车场数量亦相应有所增加。

(3) 1975~1985 年

都市规划停车场、建筑物附属停车场制度得到进一步完善，民间停车场的设置和运营也朝正常化的方向发展。同时日本政府还制定了路外停车场建设税的免税和建筑物附属停车场工程的减税措施。在这些相关优惠政策的影响下，到 1985 年，日本全国共建设了 56535 个都市规划停车场泊位，近 60 万个申报停车场泊位，55 万个建筑物附属停车场泊位。

(4) 1985~1996 年

20 世纪 80 年代后期，随着汽车的迅速普及，停车需求不断增加，停车设施的供给和建设相对落后。为了进一步促进停车场的建设，1984 年日本制定了道路开发资金向民间停车场融资的制度，1987 年制定了利用日本电话电信株式会社股票的销售收入对停车场无息贷款制度、停车场建设计划制定费补助制度，以及为有效利用已有停车场，向利用者提供都市中心地区的停车场位置和停车信息的停车诱导系统。

基于保证安全和道路畅通的道路交通观点，1991年，日本修改完善了《道路法》和《停车场法》。1994年，为了满足货车停车问题，日本修改了标准停车场条例，提出了新建建筑物时必须设立供货车使用的停车设施的规定。

2. 东京停车管理策略

（1）路侧停车

尽管日本是世界上唯一规定买车必须自备停车位的国家，然而停车位仍然严重不足。为了实际需要，东京警察厅还是在部分路段画上了路侧的停车带，并装有计时收费器，允许短时间停放车辆，一般不超过2h。

（2）建筑规范

建筑物附属停车场的设置准则原则上是建筑面积超过3000m^2的建筑必须配备停车场，在市区每增加300m^2的建筑面积就须增设1个停车位；而在郊区则每增加400m^2的建筑面积须增设1个停车位，且停车场的净高至少是2.1m。

（3）停车收费管理

对民间建设经营停车场的停车收费不进行控制，政府也不加干涉，由经营企业自己管理、自行定价；只对政府投资建设的停车场及占用道路停车的收费标准进行控制。由于停车收费价格的放开，民间停车场可以获得合理的经营利润，加上停车产业风险不大，使得民间建设、经营停车场的积极性非常高。

随着东京政府近年为缓解交通拥堵推出限制路面停车的措施，停车场需求较大，在一些繁华地段，即使是只有三四个车位的"迷你停车场"，价格也相当昂贵，停车收费水平按照停车区域的不同而有所差别。在东京很多繁华区停车场，白天连续停泊14h的价格为2400日元；夜间10h为500日元。地点、收费以及容量，关于停车场的所有信息，会通过手机、网络以及卫星导航定位系统，传递至车主。足以令车主心疼的高昂停车费用是东京政府治理交通一大法宝。通过停车收费，控制东京私人小汽车的出行次数，以此来减少交通量，解决交通拥挤。虽然东京私人小汽车的拥有量很高，但小汽车并不是平时人们出行的首选方式。

（4）执法措施

交通管理执法属警察部门职权范围，由警察派出所负责查证购车者是否具有自备停车位。日本东京对违章停车的处罚是较重的，违章者若不按期接受处罚，警察当局可将其提送法院执行。对违章停放的车辆，警察可随时将其拖吊走，拖吊费和保管费由车主负担。对违反停放法规，且没有牌照的无人认领车辆，有关当局可将其视为一般的垃圾处理；若是有牌照的无人认领车辆，有关当局则发出公告让车主来认领，如果3个月后仍无人认领，当车辆的价值低于保管费后，这辆车就会卖掉。

3. 东京停车场建设情况

日本自从1957年制定《停车场法》以来，促进和规范了各种类型停车场的建设。表2-17为东京都各个地区机动车保有量、登记停车场数等数据，其数据来源为2008年东京都统计年鉴。从表中可以发现，东京都区部地区停车场数普遍较多，而郡部和岛部地区没有登记的停车场。此外，东京都各地区的登记停车场数量不同，有很大差别。

东京都统计数据 表 2-17

地区		保有机动车数(辆)	登记的停车场数(个)	停车场容量(辆)	千辆机动车的停车空间(泊位/千辆)
区部	千代田区	31242	128	17434	558
	中央区	41234	97	12319	299
	港区	72459	143	21639	299
	新宿区	56729	78	15222	268
	文京区	34944	26	2862	82
	台东区	37259	40	3867	104
	墨田区	53528	19	3156	59
	江东区	109821	83	25226	230
	品川区	76337	52	9595	126
	目黑区	56713	16	1487	26
	大田区	168370	38	15772	94
	世田谷区	207175	16	3029	15
	涩谷区	52765	59	8238	156
	中野区	50862	9	779	15
	杉并区	104898	7	674	6
	丰岛区	44767	36	6457	144
	北区	59411	8	1265	21
	荒川区	37216	10	1000	27
	板桥区	120864	17	4097	34
	练马区	175735	19	5144	29
	足立区	196638	22	5522	28
	葛饰区	112569	13	3465	31
	江户川区	185551	18	2390	13
市部	八王子市	183668	49	9975	54
	立川市	58320	23	3762	65
	武藏野市	29477	20	2483	84
	三鹰市	44447	5	615	14
	青梅市	51584	2	196	4
	府中市	68875	12	3361	49
	昭岛市	36461	3	527	14
	调布市	55185	20	2672	48
	町田市	132580	27	6280	47
	小金井市	26516	6	1111	42
	小平市	51819	2	96	2
	日野市	51060	7	1119	22

续表

地区		保有机动车数(辆)	登记的停车场数(个)	停车场容量(辆)	千辆机动车的停车空间(泊位/千辆)
市部	东村山市	42263	1	429	10
	国分寺市	29908	4	1513	51
	国立市	21008	4	328	16
	福生市	28296	10	884	31
	狛江市	18892	3	302	16
	东大和市	27407	1	64	2
	清濑市	19535	2	451	23
	东久留米市	34574	2	108	3
	武藏村山市	28998	1	2956	102
	多摩市	42485	18	6846	161
	稻城市	24216	5	1083	45
	羽村市	20977	1	90	4
	あきる野市	30485	7	2147	70
	西东京市	48214	4	504	10
郡部		29553	—	—	0
岛部		10948	—	—	0

三、法国巴黎的停车管理

1. 巴黎停车相关政府机构及职责

巴黎市政府、巴黎工商会、巴黎警察局共同管理负责巴黎路侧停车政策的制定和执行。

（1）巴黎市政府

巴黎市政府是巴黎的行政和管理部门，巴黎市政府领导机构包括：市长办公厅、巴黎市政府总秘书处、巴黎市议会总秘书处和监察总署。

巴黎市市长是巴黎市政府的行政首脑，并可向副市长委托授权。巴黎市长及副市长的主要权限领域包括：男女机会均等事务、工作时间办公室；经济发展与财政；运输、交通、停车与道路；国际关系与法语国家事务；预防；治安；巴黎市议会组织与运作；商业、手工业、自由职业与艺术职业；团结与社会事务；大学生生活、学校生活；城市规划；旅游；环境；清洁卫生、绿色空间与垃圾处理；文化；青年事务；住房；公共救济等。

（2）巴黎工商会

巴黎工商会隶属于法国工商会，法国工商会目前管理着除自治机场以外的121个飞机场，除自治港以外的184个港口，68个大型仓库，30个大型停车场和30个会议中心。从总体上来说，巴黎工商会的功能主要是代表功能、提供建议功能、培养人才功能和参与建设与管理功能。

1）代表功能：巴黎工商会作为联系政府部门与经济界的桥梁，它在企业一侧则是其代言人和企业利益的捍卫者。它的建议和所采取的措施，目的在于提高企业的经济活力，增加企业的竞争能力和创造就业；

2) 提供建议功能：工商会有义务对政府向其提出的各种问题提出自己的看法和建议，同时工商会向企业提供各种建议，前者是其作为半官方机构的本分，后者一般是要收取费用的；

3) 培养人才功能：巴黎工商会具有法国最高商业和管理专业学府，每年花在教育方面的费用超过巴黎工商会全年预算的一半；

4) 参与建设与管理功能：巴黎工商会参与基础设施的建设和商业管理的范围大大超出其管辖地域。巴黎工商会积极参与有助于地区发展的基础建设和管理，目前它管理着许多可为中小企业服务的仓库，它还和巴黎市政府共同管理巴黎旅游办事处。

(3) 巴黎警察局

巴黎警察局需要预防和应对多种险情，如犯罪、扰乱社会治安、自然或技术灾害、健康危害或恐怖主义等等。巴黎警察局还负责发放各种身份证件，管理公共区域的使用和交通。巴黎警察局设有专门机构，负责执行复杂的专家鉴定工作，如法医研究所、精神病鉴定所和中央实验室。巴黎警察局的某些职能并不为人所熟知，如对找到的物品进行修复、兽医服务、17号报警电话、巴黎消防队、水上警察以及对无固定居所人士提供救助等等。

为了有效地组织现场警员的工作，巴黎警察局拥有一个由信息和指挥办公室组成的网络。每个办公室肩负一项职能，如治安、交通、总体安全、公共交通安全和地区协调、17号报警电话管理等等。这些办公室配备适合的录像、无线电、电脑和电话工具，从这里可以实时看到巴黎发生的各种事件，并将必要的指示传达给当地治安部门。当有游行或官方访问时，治安信息和指挥办公室负责监督这些活动的进展。办公室监控屏幕将直播从遍布巴黎的数百个摄像头发回的图像。

打击犯罪的任务由隶属于城市住区公安处的办公室负责。协助这个办公室工作的有"17号报警电话"办公室以及地区公共交通治安指挥办公室。后者集中处理从设置在巴黎公交公司和法国国家铁路公司网络上的数千个摄像头发回的所有图像。此外，当发生罪犯（持械抢劫、暴力偷盗车辆等等）逃逸时，警察们可以在住区公安信息和指挥办公室启动在整个巴黎大区的阻截方案。

2. 巴黎停车管理现状

(1) 巴黎停车设施现状

巴黎停车场的管理模式是多元化的，有政府投资，也有政府与私营企业组成的合营公司，还有以股份制方式开发经营的公司。1996年，巴黎市颁布了有关防治大气污染以保护环境的法规，提出对地面停车加以限制、鼓励和吸引民间投资建设地下停车场、努力发展公共交通的措施。而经营管理公司多采用向银行贷款的方式获得停车场开发资金，停车场建成后利用停车收费还本付息。目前，已建成的停车场由私人管理集团管理的占40%，由政府与私人及股份公司组建的合营公司管理的占60%。

巴黎的新建筑都要求有配套的地下停车场，每户居民都可得到车位。停车场都有停车自动付款机，可以投入硬币或用停车专用卡付款。在老城区，200多个地下公共停车场分布合理，标志明显。在交通主干道之外的大街小巷边用白线划出停车位置，作为露天停车场。这些停车场由巴黎市政当局管理，大约拥有24万个停车位。

巴黎地下停车场每周7d/24h营业。而路侧的停车位，从周一到周六9：00至19：00之间收费，夜间和周日免费。收费分三个区，也就是从巴黎中心向外扩张的三个大圆，每小时费用从 3 欧元依次递减到 1 欧元。而到了八月份，在巴黎旅游客人最少，巴黎本地居民也出外避暑的时候，市区的一部分街道上可以全天免费停车，地下停车场也会降低收费。露天停车场往往会有一个蓝底白色的大大的"P"字，而且通常是收费的。根据标志和标线的不同，露天停车场又分为几种情况，如表 2-18 所示。

停车场依据标志标线的分类　　　　　　　　　　　　　　　　　　表 2-18

标志标线特征	描述
白虚线外写着字母"PAYANT"	露天的收费停车场，配有自动缴费机，按照上面的说明交费，打出来的小票上注明了停车的截止时间，放在车内前挡风玻璃处。停车不交费、停车超时都会受到处罚
白虚线外写着字母"TAXI"	出租车站，只有出租车停靠
白虚线外写着字母"POLICE"	警察停车处
只有白虚线，没有字母，但是有一个或者倒下或者立起的小金属架子	私人停车位，不能随意停车
只有白虚线，没有字母，没有一个或者倒下或者立起的小金属架子	边上有一个牌子或者旁边墙上写着"PRIVE"，这是个私人停车位，不能随意停车
只有白虚线，没有字母，没有一个或者倒下或者立起的小金属架子，没有"PRIVE"字样	边上或者附近有一个比较明显的路牌一样的牌子上画着个拖车标志，这是个有条件的免费停车位
只有白虚线，没有字母，没有金属架子，没有拖车标志	是免费随意停车位，通常在路侧，要注意合上两边的反光镜，避免剐蹭事故
路侧用橙黄色实线划出来的、打着"×"的长方块，通常还写着"LIVRAISON"字样	给旁边的商店送货的货车临时停车的地方，不能随意停车

　　在巴黎地区共有 9000 个送货车停车位，其中 2000 个停车位保持原来的作用不变，成为"专属停车位"；其余的 7000 个停车位则有 2 个作用：工作日期间，即周一至周五的白天，该车位还是给送货车使用；非工作时间，即周一至周五的 20：00 至 7：00 以及周六和周日全天，所有的车辆都可以在这 7000 个车位上停车，称之为"共享停车位"。两条黄线表示"专属停车位"，一条黄色的虚线表示"共享停车位"。如果私人车辆停错了地方，或者停车时间段不对，警察都会向车主征收 35 欧元的罚款，或者把车拖走。

　　据 2010 年 12 月的统计，大巴黎地区共有人口约 1200 万，汽车保有量高达 500 万辆，每天穿行于巴黎的汽车少则也有 300 万辆。但乱停车现象很少。因为巴黎的交通法规很全面，交警执法也很严。街边有停车自动付款机，可以投入硬币或用停车专用卡付款。目前，巴黎市区内指定了近 40 条"红色通道"，严禁停放车辆。无论大车小车，一旦停下，立刻就会被拖走。在巴黎停车，首先要学会分辨各种停车标志牌，付费停车场、两轮车停车场、货车停车场的标志各不相同。停和泊的概念是：前者驾驶员不离车，为乘客或货物上下车做短暂停留，后者驾驶员熄火离车时间较长甚至过夜。为此，路牌分为禁停禁泊、禁泊不禁停、上半月禁泊或下半月禁泊几种。其中的半月禁泊标志，不是不允许停车，而是要求上半月将车子停泊在单号建筑物道路一侧，下半月停泊在双号道路一侧。另外，路口、人行横道、弯道、地道、坡道上不能停车；路标前、救火设备旁、车库门口尤其是残疾人车位更不能随意停。

（2）巴黎违章停车处罚管理

　　法国法律明确规定，交管部门收集到违章信息后，应在最短时间内发出罚单，并同时将罚款信息通知公共税务部门。一般来说，车主应该在违章事件发生后 2 周内收到罚单，并限期 1 个月通过寄支票或买税票的方式交纳罚款。如果违章的不是车主本人，他则可利用一个月的时间与借车者联系，并转交罚单。

罚单一旦寄出，就具有法律效力。违章驾驶员在接到罚单 30d 之内不交纳罚金，则很快会收到一封"挂号信罚单"，该罚单除了对车主加倍罚款外，同时还发出警告：如果您不在规定时间内交纳罚金，法院将向您发出传票。当然，如果罚单因交管部门拖延而延误寄出，受罚者有权提出质疑或申请免交罚款，甚至起诉责任人。

为防止交管部门通过多寄罚单而牟利，法国接收交通罚金的部门是地方税务局而不是交管局。因此，法国绝对不存在交通警因多开罚单而拿奖金的现象。

法国法律规定，交通罚单应明确注明违章事件发生的地点、时间以及收集到该违章信息的警察编号，以备受罚者查询。通过罚单上显示的电话号码，受罚者很方便就能了解到违章事件的具体情况。如果罚单与事实有出入，受罚者也可向税务局提出免罚申请。

3. 巴黎停车管理特点

（1）停车场的建设及管理体现公益性

德国、法国均将停车场建设及管理纳入城市公益事业体系，政府设有专门的主管部门，制定统一的政策法规，通过法律、法规进行规范管理，并通过执法部门强制执行。政府直属的国有公司对路侧停车场和政府投资建设的停车场实行统一管理，将政府行政行为通过企业运作化为市场行为。政府控制的停车系统管理模式为：政府投资建设的停车场及路侧停车位，由政府直属的国有公司独家管理，其盈利作为新的建设资金使用。以政府直属的国有公司为主体，通过建立融资机制和赋予特许经营权和开发经营政策，由企业自行开发建设的停车场由企业自行管理运营。私人停车系统依据法规自行投资，自行经营，但服从政府的统一管理。

（2）停车场的规划体现系统性

为解决机动车停车问题，德、法两国主要城市所采取的方法是：制定城市停车法规，城市的建筑均按照停车法规的要求修建自用停车场与客人用停车场；大力发展公共交通运输，在城市中心区外的大型公共交通换乘枢纽处，均设置 P&R 停车场地，减少城市中心区机动车交通量；对特殊地区或特殊建筑提出完整的停车场规划，停车场与建筑共同建设；地处不同区域的配建停车场，规定有不同的折减系数，折减系数是在规划部门的参与下制定的。

（3）建设模式体现多样性

为发挥政府的主导地位，政府将停车场视为一种公益事业，60%～70% 的停车场由政府投资建设。同时，利用道路两侧停车，以充分发挥道路作为公共停车资源的作用。私人停车场建设是政府资源的补充，政府通过法规规定，强制相应的城市建设（办公、商业、住宅区）配建停车场。在法国，由政府出资兴建的停车场首先注重的是社会效益，其次才是投资回报。法国巴黎由于经营停车场的历史较长，且停车收费标准较高，所以停车场在运营中既取得了社会效益，也取得了经济效益。

（4）停车行为调控体现经济性

法国通过价格政策调节占用道路停车行为。如对城市中心需求矛盾突出地区实施严格管理；采取路侧停车费高于停车场，同时，路侧停车因地区、时间不同而采取不同的收费价格，来诱导车辆进入停车场，尽量减少路侧停车。

（5）规范管理体现严肃性

法国的许多城市都有较严格的停车处罚法规。巴黎在城市繁华的中心地区主路严格禁止停车，次要道路在保证交通畅通的前提下，才利用路侧停车。同时，这些城市的政府在行业和专业管理上都有较完善的、明确的、细致的法规约束停车企业的建设和经营行为，停车场的各项专业设施也都要符合政府的有关规定，若在检查中发现问题，必须严格进行处罚。

（6）停车服务体现科学性

在停车场内，停车设施的科技化程度高，车辆进出的设备一般都是磁卡感应式的，由管理中心进行统一的管理。同时，停车场内注意照明亮度产生的安全感问题，巴黎的停车场还为电动汽车设置了带有充电器的停车位，为车身小于3m的车辆设置了小车位，收费减半。柏林市的停车场管理规定中，停车场内停车率达90%时，路侧的诱导系统即标示停车场停车位已满，保障进入的车辆有适当的周转率。巴黎、汉诺威、柏林等城市的停车场在入口处都有灯箱式价格牌，按小时标明收费标准；每层停车场入口都有指明有无空车位的标志，车辆进入停车场的通道，就可知道在哪可以停车；有报警求助电话，按下按钮，就可与车场管理员、调度中心、警署、救助中心直接联系。另外政府规定，场内最好、最方便的车位是留给妇女和残疾人使用的专用车位，非特殊情况其他车辆不得使用。

第三节 国内城市及地区停车案例分析

一、香港特区

1. 香港停车泊位供应及使用状况

截至2009年底，香港共有机动车58.4万辆，比2008年增长了1.6%，如图2-24所示。其中私人小汽车为39.4万辆，比上年增长了2.8%。全年平均车辆运营里程为3229万车km/d，其中香港岛为562万车km/d，九龙为842万车km/d，新界为1824万车km/d。所有车辆全年平均每天运行里程为56.09km。

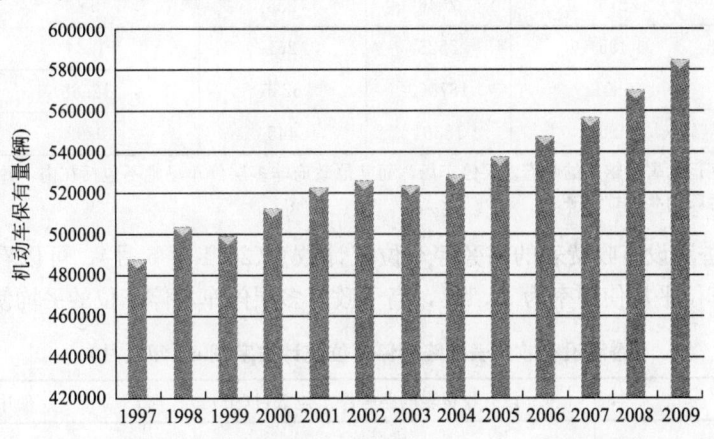

图2-24 1997年～2009年香港地区机动车保有量发展变化

根据2002年的停车统计数据，当时香港共有机动车52.5万辆，其中私家车34.1万辆，私家车基本车位共有46.9万个，其中住宅配建30.6万个，非住宅配建12.9万个，短期租用地块停车位1.6万个，路侧停车位1.8万个，停车需求为51.8万个，共剩余基本车位 4.8 万个；货车基本车位 6.2 万个，需求为 7.1 万个，缺少 0.9 万个。

出行车位中，私家车车位 22.5 万个，需求为 12.7 万个，剩余 9.8 万个，货车出行车位 3.7 万个，需求为 2.3 万个，剩余 1.4 万个。

政府兴建的 14 个多层停车场约有私家车位和电动自行车车位 7600 个。多层停车场由私营公司管理。除多层停车场外，目前另有 60.5 万个机动车停车位，其中 17.0 万个供公众使用，其余 43.5 万个车位位于商业、住宅及工业楼宇内，供私人使用。

表 2-19 为香港政府多层停车场泊位统计数字（2011 年 6 月）。可以看出，政府多层停车场泊位平均使用率为 31%，其中坚尼地城多层停车场使用率最高为 92%。

香港政府多层停车场泊位统计数字（2011 年 6 月） 表 2-19

地点	月底时提供的泊车位数量（个）	月内停放车辆架次	平均每日停放车辆架次	每个可供使用车位平均每日停放车辆架次	使用率（%）
油麻地	772	24054	802	1.04	21
天星码头	370	22035	735	1.99	32
大会堂	165	3740	125	0.76	12
中间道	735	34780	1159	1.58	27
林士街	829	23588	786	0.95	37
美利道	395	16507	550	1.39	31
香港仔	306	5699	190	0.62	57
葵芳	565	3198	107	0.19	15
荃湾	603	13454	448	0.74	26
荃湾运输大楼	778	3933	131	0.17	15
筲箕湾	384	11305	377	0.98	52
天后	429	9896	330	0.77	40
双凤街	275	7046	235	0.85	45
坚尼地城	195	7825	261	1.34	92
合计	6801	187060	6235	12.88	434
平均	486	13361	445	0.92	31

注：此表只包括运输署管辖下的政府多层停车场，而其他政府非多层停车场则不包括在内，并且此表只计算私家车及客货车的泊车统计数字。

表 2-20 为香港设有收费表的路旁停车位统计数字（2011 年 6 月）。可以看出香港设有收费表的路旁停车位平均使用率为 37.1%，高于政府多层停车场停车位的平均使用率。

香港设有收费表的路旁停车位统计数字（2011 年 6 月） 表 2-20

地点	设有收费表的路旁停车位数目（个）	使用率（%）
香港岛	2520	40.7
九龙	6849	44.3
新界	8668	28.1
合计	18037	113.1
平均	6012	37.7

香港于 1997 年 12 月 19 日开始试行泊车转乘计划，表 2-21 为上水泊车转乘停车场泊车统计数字(2011 年 6 月)。由该表可以看出泊车转乘停车场使用率较大，但是用于泊车转乘的较少，约占总使用数的 9%。

香港上水泊车转乘停车场泊车统计数字(2011 年 6 月)　　　表 2-21

月底时提供的泊车位数量	月内车辆停泊数目(个)			平均每日停放车辆架次	每个可供使用车位平均每日停放车辆架次	使用率(%)
	泊车转乘者	其他	总计			
197	853	8543	9396	313	1.59	53

2. 香港停车管理策略

从时间上可将香港政府对停车设施的发展和管理策略的研究分为三个大阶段：①20 世纪 60 年代末至 1976 年，第一次综合交通研究；②1980～1982 年，对第一次综合交通研究的成果进行了修改和更新；③1989 年，完成第二次综合交通研究；并在此基础上于 1995 年完成了"停车需求研究"的专题研究报告。这三个阶段的研究，分别根据不同发展时期的基础交通设施及未来发展需求，对不同时期的整个交通网络包括停车设施的长期发展提出了建议和策略，并将停车设施的发展融合到整个交通管理策略之中。

目前香港停车管理的策略可归纳为以下六方面：①大力发展公共交通，提高偏远地区乘公共交通的方便程度，公共交通的可靠性、案例性及有效性的提高将增加对市民的吸引而同时减少了私家车的使用，减少停车需求量；②保持低水平的停车设施供需平衡，繁忙地区不充分提供停车设施，通过停车位数量的限制来控制汽车的增长，控制市中心的交通拥挤；③发展地下停车库，在充分利用宝贵土地的同时解决停车需求问题；④按照"用者自负"的原则制定实施各种政策措施(包括停车收费政策)来控制停车需求；⑤对路内停车进行管理，根据地点实际情况(包括交通情况)，对路内停车作出相应的限制或规定；⑥实施停车换乘计划，大力兴建停车换乘设施。事实证明，这些策略对香港停车管理以及对整个交通管理策略的实施都起到了非常重要的作用。

香港于 1990 年 1 月颁布了《香港交通政策白皮书》，指出了寻找停车设施供应平衡的必要性。停车设施过多的话，在交通繁忙地区由于鼓励私人汽车的使用会使交通堵塞更加恶化。另一方面，过少的停车设施量会引起由于机动车在路上寻找停车空间而产生的交通堵塞并增加非法停车。该白皮书也承认货车数量的快速增长加剧了货车停车设施的短缺。

3. 香港停车规划和建设

香港规划署制定的《香港规划标准与准则》指导停车泊位的规划和建设。该准则给出了详细的不同用地的停车设施标准，包括住宅、社区设施、商业设施和工业商贸。比如一般的商品房要配多少停车位，面积越大的户型要求配备的停车位比例越大。此外，如果商品房距离地铁站在 500m 内，则需要建设的停车位减少 50%，如果是政府资助房屋，则再减少 23%。该文件强调，按照一般规则，泊车位的供应水平，不应足以鼓励准乘客使用私家车而非公共交通工具，特别是靠近铁路车站和大型公共交通交汇处的发展，更应采用较低的标准。随着社会的发展，该准则自 1990 年以来经过了 73 次修订，其中 9 次修订与停车规划相关，见表 2-22。

《香港规划标准与准则》中停车规划相关内容主要修订一览表　　　表2-22

审批日期	主题	章	节/分段	修订详情
1996年10月	泊车标准	8	表11	根据"停车设施需求研究"的结果就提供泊车和上落客货设施的标准与准则进行综合检讨
1997年11月	在工业/办公室发展内提供车位的标准	8	表11之第4节第(2)项	根据"为新工业区及商业园提供工业楼宇及制订规划指引和设计规范的研究"的结果作出修订；为工业/办公室楼宇内的多种用途(包括出入口商行)提供泊车和上落客货设施的规定
2000年10月	内部交通设施	8	全章	根据"第三次整体运输研究"的主要结果和建议作出修订；有关行人、单车、车位设施的规定
2003年3月	内部交通设施	8	第6、7节及表11	修订有关单车及泊车位的规划标准与准则
2005年1月	内部交通设施	8	表11	修订酒店会议中心及宴会厅设施的泊车位标准
2006年12月	内部交通设施	8	第6.5.2段及表11	有关住宅发展内单车及泊车位规划准则的技术修订
2009年5月	内部运输设施	8	表11之1第3(f)段及第1节(部分)	根据"公共房屋泊车设施研究"的结果，修订资助房屋的泊车位标准
2011年5月	内部运输设施	8	第7.2.7至7.2.11段	加入电动车辆充电设施的指引
2011年8月	内部运输设施	8	分段4.6、附录2(部分)及表11之第3(h)段	加入跨界巴士总站/车站及更新残疾人士泊车位设施的规划标准

下面介绍2011年9月份修订的《香港规划标准与准则》中关于停车泊位的相关规定。

（1）街道以外泊车位

《香港规划标准与准则》规定街道以外泊车位分为私人泊车位和公共泊车位两类。私人泊车位是为所在的发展项目的特定需要而设，只限于该发展项目的拥有人和获授权的使用者使用；公众泊车位则可供公众使用，为停车场所在的地区提供服务。新的多层公众停车场通常应由私营机构兴建，但在特殊情况下，如果泊车位严重短缺，而且预期不会有私人机构参与兴建，则由政府兴建多层停车场。政府的政策是鼓励在位置适中的铁路车站和公共交通交汇处发展P&R设施，借以鼓励公众搭乘公共交通工具。设置这些设施的地点，通常位于繁忙的市区范围以外，靠近主要的运输线，可方便乘客前往有关的服务地区。

该文件指出：香港政府一直积极提倡在香港广泛使用电动车辆，以期改善路边空气质量、减少温室气体排放及创造绿色商机。由于电动车辆以电力推动，因此需要定期充电以保持运作。在停车场设置一般充电设施基本上涉及敷设电线和安装插座。就私家车而言，香港政府较长远目标是在2020年，有30%私家车属电动车辆或混合动力车辆。假设电动私家车对充电站的比例不低于1:1，则在适当情况下，下述类型或以下述类型的组合中新发展内的30%私家车泊车位，应提供电动车辆一般充电设施：住宅发展的停车场、商业设施的停车场、工业发展的停车场及商贸发展的停车场。可见香港的停车规划具有前瞻性。

（2）路旁泊车位

《香港规划标准与准则》规定通常只有在地区干路及次要的道路，才会考虑提供路旁泊车位。若街道以外的泊车设施不足以应付需求，可在这些道路提供路旁泊车位，但这些路旁泊车位不能阻碍该道路的交通量。路旁泊车位通常用以应付短时间的泊车需要，因此应装置停车收费表，以鼓励短时间停泊车辆。

泊车和上落客货设施应尽可能设于街道以外的地方，除非有关情况只容许在区内道路提供路旁泊车设施，以切合发展项目或若干特别类别的使用者（例如驾驶者为伤残人士）的需要。早期决定是否提供路旁泊车位及上落客货设施，可方便厘定道路路面的宽度。

如果必须为巴士、货柜车及重型货车提供路旁泊车位，这些泊车位的位置应避免对住宅区带来噪声干扰。

（3）残疾人士泊车位

《香港规划标准与准则》提出残疾人士泊车位的相关规定。如有机会，凡残疾人士常到的设施（包括诊疗所、医院、银行、零售市场、邮政局、社区会堂等）附近，以及四周在街道以外的泊车位肯定数目不足的地点，应该为残疾人士辟设路旁泊车位。

在住宅用地方面，设置的泊车位如果超过200个，则每200个或余数超过100个但不足200个，就必须把其中至少1个预留给残疾人士。商业设施中的泊车位如果超过200个，则每200个或余数超过100个但不足200个，就必须把其中至少1～2个预留给残疾人士。在社区设施的教育设施中须为残疾雇员或残疾访客设至少1个优先泊车位，在没有残疾人士使用时，优先泊车位可供健全人士使用。此外，规定残疾人士泊车位须设在平地上和易于到达的出入口附近，残疾人士泊车位的宽度除了需符合标准尺寸外，泊车位两旁还需预留可以让轮椅通过的空间。在停车场入口的明显地点和建筑物附近的适当地方需竖立指示牌，标明残疾人士专用泊车位的正确位置。指示牌需竖设在无遮挡的视线范围内，让驾驶人士从司机座位即可看见。

与内地不同，香港建筑物配套停车位的规划，不只是规划建设部门说了算，负责交通管理的香港运输署也有话语权。香港运输署每隔数年便会进行全港停车位需求研究，根据停车位供求情况，运输署会相应地要求《香港规划标准与准则》增加或减小建筑物配套停车位的比例。

对于停车场设施的建设与经营，香港政府鼓励民营化，其民营化的原则是：要兼顾公众利益和承包商利益，确保停车使用者所付停车费合理，享受一定的服务水平，而且保证股东经营有利可图，使投资经营者的利益得到适当保证，提高其投资与经营的积极性。民营化的主要思想是：①对于私人兴建的按物业进行管理，收费与物业经营一样；②对于政府兴建的通过招标由私人公司承包，采用"商业原则"经营，政府从经营者变为对承包者的监控，保留对收费价格、利润率调节的控制权。政府对经营方式不乱加干涉，也不给予补贴，在利润税收政策上给予优惠。其具体的民营化模式有：①BOT模式（即建设—运营—移交）：承包商在承包期内要对项目筹资、兴建、运营全部负责；②管理承包模式：承包商负责资产和设备运作、管理、成本、收入。政府从直接经营转为对承包人行为进行监督，同时保留对收费变动的审批权；③服务承包模式。停车设施由政府建造和所有，承包商只负责运营。其民营化模式中的关键之一是政府权利、义务与承包商职责、行为规范和收入费率之间的平衡。

香港停车问题的解决最重要的是因为有足够的停车设施供应，如果供应不够，靠其他办法也无法彻底解决问题。而香港的私人住宅、商业住宅、休闲设施都规划有足够停车位。

经过多年的新建，香港私家车停车位已经足够，甚至供过于求。2009年年底的统计显示，全港私家车日间停车位有25万个，而需求量不过15.7万个；全港私家车夜间停车位有52.2万个，而需求不过43.9万个。因为夜间停车需求主要集中在住宅区，日间停车需求主要集中在写字楼、学校、医院等工作场所，所以香港分开统计。

4. 香港停车收费管理政策

香港运输署表示，香港的停车场行业主要有三个类别，一是政府及半政府机构通过招标形式外判其大部分停车场物业，地主保留营运控制权，而营办商收取定额或奖励性的费用；二是以租赁形式进行承包经营的，租赁期一般仅为1~3年；三是露天停车场以招标方式批出，除了支付担保租金外，几乎没有营运契约。目前，共有超过20间营运公司，停车场市场竞争十分激烈。

也就是说，停车收费完全实行商业化运作，私人兴建的停车场按物业进行管理，并通过法规保证投资者获得一定利润，其收费标准是由市场来调节；政府兴建的停车场，由私人公司承包，采用"商业原则"经营；而政府的停车库和路边停车收费咪表采取招标承包方式。政府从直接经营变为对承包者的监控，保留对收费价格、利润率调节的控制权，政府不随意干涉承包者的经营方式，只是在利润税收政策上给予优惠。

各个停车场收费标准不一样，一个固定车位一般每月1500至2500港币，上环的COSCO大厦包月停车甚至高达6157港币，多数办公楼没有自备停车场，有计时停车的地方，停车费以15min为单位计算，最便宜的每15min也要3.7港币。而一般的停车场，每小时收费在20min至30港币。有些商业中心还有好几层的停车场，比如坐落于港岛区最繁华地段的时代广场，整体建筑由两幢分别46层及39层高的办公室大楼组成，仅是地库停车场就有4层共700个泊车位，是铜锣湾最大的停车场，收费是每小时33港币，不算最贵的，铜锣湾广场二期每小时收费更是高达42港币。表2-23为香港部分公共停车场停车收费标准。

香港部分公共停车场停车收费标准　　　　　　表2-23

名称	地址/位置	泊位数目（个）	月票费用（美元）	每小时收费（7:00~23:00）(美元)	每小时收费（23:00~7:00）(美元)
林士街停车场	位于干诺道中北面，林士街以西，毗邻信德中心	829	3750	20	14
				150(日7:00~23:00)	50(夜23:00~7:00)
天后停车场	位于留仙街南面，在其与电气道交界处	429	2600	18	13
				75(日7:00~23:00)	
双凤街停车场	位于凤鸣街南面，在其与双凤街交界处	275	1700	10	8
				50(日7:00~23:00)	
油麻地停车场	位于街市街与上海街交界处，九龙政府合署后面	772	2600	16	12
				70(日7:00~23:00)	
荃湾停车场	青山公路174~208号，港铁荃湾站对面	603	1800	15	11
				70(日7:00~23:00)	

香港的停车收费完全实行商业化运作，完全由市场引导的停车收费较好地反映了停车供应关系，其收费水平、计费方式等灵活多样，合理地引导了城市停车需求的时空分布与

出行者的出行方式选择。在发展公共交通体系的背景下，香港道路交通畅通，并两次搁置道路拥挤收费计划的实施。

5. 香港路侧停车管理与执法

在香港路边停车管理中，运输署、经营公司、警察三者职责有着明确的划分。运输署每隔几年经过招投标确定咪表停车经营公司。经营公司负责咪表的购置、安装、管理、维修。经营公司安装好咪表后，运输署会去检查，看是否符合规划标准。警察负责停车违章的执法。

香港的路侧停车咪表最初是接受硬币的机械式收费表，发展到现在的电子收费表已有数十年历史。而对咪表超时泊车进行执法的除了警察之外，还有交通督导员，后者是咪表泊车的专职管理员，有和警察一样对咪表前超时泊车有开定额罚款告票权。

到 2007 年 9 月止，全港设有八达通咪表的车位共有 17843 个。咪表的设置方案由运输署提出，并征求警务处、地方区议会意见，最后由运输署根据各方面意见编制出最终方案并加以实施。政府采取招标承包方式，将路边泊车咪表承包给私人企业管理、经营，政府从经营者变为对承包者的监控者，保留对收费价格、利润率调节的控制权。政府对经营方式不乱加干涉，也不给予补贴，在利润税收政策给予优惠。

为了让设有咪表的路边停车位不会长时间被占用，让更多的人能够停车办事，从而缓解城市停车难的问题。香港的路边咪表停车收费分两种，繁华市区每 15min 2 港币，较偏僻的地方每 30min 2 港币，而且这些车位设置了时间限制：黄色咪表为 30min，咖啡色 1h，蓝色最长也不过 2h。如果超时不续费，将有可能被警察或交通督导员抄下车牌号码，然后奉上一张罚单。

此外，为了顾及残疾人士的泊车需要，持有"伤残人士泊车许可证"的人士，可免费使用路旁泊车位包括伤残人士专用泊车位，以及半价使用运输署辖下多层停车场的泊车位。

一般情况下，香港警察不会轻易拖车，除非有车辆在交通繁忙时间停在主要路段，严重阻塞交通，司机又不在车上，这时警察一定会拖车。警察将车辆拖走后，会以书面形式通知车主。车主在"定额罚款通知书"发出后 21d 内，要按照通知书背页所列明之付款办法缴交罚款，履行对该违章事项之法律责任；如果逾期未缴付罚款，警方将会在适当时候发出"缴付定额罚款通知书"给车主，车主须依照通知书上的规定在最后限期前缴交罚款；如果车主逾期既不缴交罚款又不提出上法庭争议，警方会按例向法庭申请命令，要求车主缴付双倍罚款连堂费共 1330 港币；法庭在发出此命令时，也会同时向运输署署长和警务处处长发出指令，冻结车主"登记和换领驾驶执照及车辆牌照"、"申请将其名下之任何车辆转让"等权利。

二、台湾

1. 台湾机动车及停车场状况

2009 年台湾机动车辆登记数总计为 21374175 辆，其中大客车 27667 辆，大货车 158812 辆，小客车 5704312 辆，小货车 827955 辆，特种车 51099 辆，机器脚踏车 14604330 辆。图 2-25 为台湾地区 2000 年至 2009 年机动车辆登记数，由图中可以看出台湾地区的机动车辆登记数呈平稳增长的趋势，每年的增长幅度为 30 万辆至 70 万辆之间。

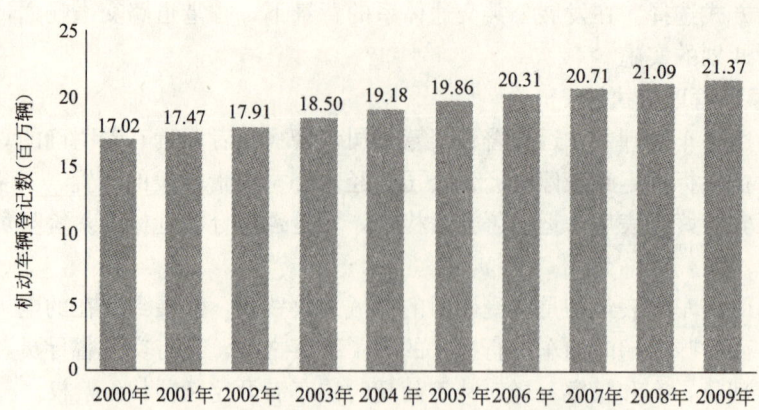

图 2-25　2000 年～2009 年台湾地区机动车辆登记数

另据统计，2006 年台北市各类停车场泊位总数达到 337321 个，其中路边停车场泊位为 234259 个，占总泊位数 69.45%，建筑物附属停车场泊位 79315 个，占 23.51%，而路外停车场泊位仅占 7.04%，说明台北市停车供给以路边停车场为主。

2. 台湾停车场分类

（1）台湾地区根据车辆停放场所位置不同，将停车场分为路边停车场和路外停车场两大类：

1）路边停车场是指在道路或街道两侧的路缘供车辆停放的场地。根据停车位置可分为平行停车和斜式停车两种。路边停车场的管制办法包括空间管制和时间管制两种形式。

2）路外停车场根据结构方式又可分为建筑物附属多层停车库、专用停车库、建筑物附属首层停车场和地面停车场四种类型；若按驾车者停车方式的不同可分为自停、雇人代停和机械代停三种类型；若按付费方式不同，可分为免费路外停车场和付费路外停车场两种类型。

（2）根据台湾地区合法泊位的供给情况，将停车场分为路外公共停车场、路边划设停车位和建筑物附设停车空间三大类。

（3）按照是否依法强制规定为标准，建筑物附属停车场划分为法定停车场、自行增设停车场和奖励增设停车场三种类型。

1）法定停车场：是指一种属法律强制必须设置的停车场。法定停车位是法律规定开发商在修建区分所有建筑物时必须设立的最低数额的停车位。台湾"立法"规定这类停车场并不是建筑物的法定专有部分，也就是说，购房者并不能理所当然地取得法定停车场泊位的共有权，但可以根据自己的需要决定是否购买；

2）自行增设停车场：指不是法定必须设置的停车场，但一旦增设，此类停车场则应归属于全体或部分所有人共有，如果具备构造上及使用上的独立性，取得所有权证书后还可以自由买卖。另外，增设的停车场面积不加入规划土地面积的分摊；

3）奖励停车场：是指停车主管机构为提供公众停放车辆使用，鼓励在建筑物建筑时，依法按照鼓励政策或鼓励系数公式计算，另行增设一定规模停车泊位的停车场，增设的停车泊位具有构造上和使用上的独立性，并作为公用停车场向社会开放。

3. 台湾停车政策法规

台湾地区于 1991 年颁布了《停车场法》，其后陆续颁布了一些相关办法和条例，主要包括 1993 年颁布的《改善停车问题方案》、1994 年颁布的《奖励民间投资兴建停车场办法》、2002 年颁布的《身心障碍者专用停车位设置管理办法》以及 1986 年公布的《台北市公有收费停车场管理办法》、1990 年公布的《台北市公用收费停车场基金收支保管及运用办法》和 1990 年发布的《台北市建筑物增设室内公用停车空间鼓励要点》等。

《停车场法》是台湾地区知道停车建设与经营的基本大法，从适时立法方面保障地区停车的健康有序发展。《停车场法》涉及内容包括总则、路边停车场、路外停车场、经营与管理、奖励与处罚及附则等六个章节方面的法规细节。《停车场法》中的内容体现了台湾地区的停车政策。如：第 16 条讲鼓励民营，规定凡停车场用地，除由有关部门兴建停车场自营外，可依下列方式公告征求民间办理：①有关部门兴建完成后租予民间经营；②将土地出租民间经营；③与民间合资兴建经营。前项由民间投资兴建之停车场的使用年限，由投资人与相关部门按其投资额与获益报酬约定。第 34 条规定，主管机关为鼓励民间兴建公共停车场，应就停车场用地取得、资金融通、税捐减免、规划设计技术、公共设施配合等予以奖励或协助。此外第 5 条也提到奖励资助民营路外公共停车场。这几条规定都体现了鼓励民间参与停车场建设与管理的政策。

台湾地区对解决停车问题的政策导向和原则主要体现在以下六个方面：①各类建筑物必须自行解决其本身所带来的停车需求，不允许将停车问题变为社会成本；②针对既有停车短缺，采取突破供给瓶颈，缩小供需差别，以"政府带动为先、民间参与为主"来扩大停车供给；③贯彻"购车者自备停车位，卖车者提供停车位相结合"的政策；④"路外停车为主，路内停车为辅"原则，加强交通秩序；⑤实施"扩大供给为主，抑制需求为辅"阶段性策略；⑥成立"停车场作业基金"，由政府筹建基金管理委员会组织规程，达到管理的公平性和效益性。

三、北京

1. 北京停车供应状况

随着经济的飞速发展北京的机动化进程不断加快，机动车拥有量迅猛增加。1997 年，北京市机动车保有量为 100 万辆，2003 年达到了 200 万辆；随后 2007 年达到 300 万辆，2009 年突破 400 万辆；2010 年底，这一数字接近 500 万辆。北京市机动车保有量从 200 万辆到 300 万辆用了 3 年 9 个月的时间，从 300 万辆到 400 万辆只用了 2 年 7 个月；而 400 万辆到 500 万辆则仅历时约 1 年。另据调查，北京市的停车位数量也在不断增长。表 2-24 为北京市 2006 年至 2009 年机动车拥有量及经营性停车场车位总数的统计信息，由该表可知经营性停车位的增长情况与机动车拥有量的增长情况基本持平。但是由于北京已建项目在建设时停车设施配建标准普遍过低，导致停车资源供给严重不足。按照这个趋势发展，随着机动车保有量的快速增长，停车泊位的缺口将日益增大。

北京市机动车拥有量及经营性停车场停车位总数统计情况　　　　表 2-24

年份	机动车拥有量（万辆）	机动车拥有量增长率（%）	经营性停车场车位总数（个）	经营性停车场车位增长率（%）
2006 年	275.4	—	917917	—
2007 年	307.2	11.5	1038345	13.1
2008 年	350.4	14.1	1111840	7.1
2009 年	401.9	14.7	1278129	15.0

目前,北京市的停车场可分为7种类型:路内占道停车场、立交桥下停车场、公建配套停车场、路外停车场、居住小区停车场、单位大院停车场和其他类型(大部分为公交车场)停车场。

从2004年停车泊位类别构成看(图2-26),全市各类停车场泊位类别构成中,居住小区和单位大院停车泊位占总数的2/3以上,其次是公建配套和路外停车泊位,其余路内占道、立交桥下和其他类型仅占10%左右,反映出北京市停车供应主要是比较稳定的停车场。

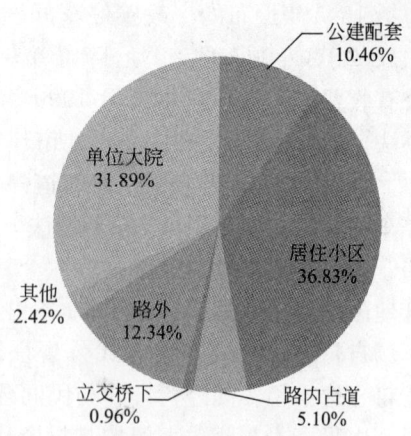

图2-26 2004年北京市停车泊位类别构成

2. 北京停车收费管理

随着物价的不断提高,北京的停车收费标准也在随之调整。2002年6月北京对停车收费标准进行了一次调整(表2-25)。

2002年北京市机动车停放服务收费标准(单位:元/辆)　　表2-25

停车场类型		车型 小型车				大型车			
		每小时 (7:00～ 21:00)	每小时 (21:00～ 7:00)	月保	年保	每小时 (7:00～ 21:00)	每小时 (21:00～ 7:00)	月保	年保
露天停车场	四环路内	2	1	150	1600	4	2	210	2300
	四环路外	1	—			2	—		
	居住区	1	—			2	—		
	繁华商业区	5	—			10	—		
地下停车库、停车楼	大型公建	5			—	10			
	居住区	2				4			

注:1. 大型公建、居住区配建地下停车库、停车楼可在规定的临时停车收费标准范围内下浮,下浮幅度不限;
2. 大型公建、居住区配建地下停车库、停车楼按月、按年租用停车位费用实行市场调节价,居住区具体收费标准可由业主委员会与物业管理部门协商制定,签订具有法律效力的协议;
3. 独立经营的地下停车库、停车楼停车收费实行市场调节价;
4. 远郊区县旅游景点停车场全天24h,小型车每次5元,大型车每次10元。

2011年4月1日北京市再次对非居住区停车场收费进行调整,提高了3类区域的停车费(表2-26)。此次调整不仅提高了非居住区停车收费标准,还调整了收费计时单位,由原来的30分钟一个计时调整为15分钟一个计时。停车不足15min的,按15min计算。且路侧占道停车实行累进加价制度,占道停放1h后,每小时按加价50%收费。此外,经过此次调整,北京市发改委表示,全市所有医院在内部停车场充裕的情况下,可以适当降低收费标准,但不能高于现有标准。

2011 年北京市非居住区(7:00～21:00)停车收费标准(调整后)　　　表 2-26

	包括范围	停车费(元/h)		
		占道停车场	路外露天停车场	非露天停车场
一类区域	三环路(含)以内地区	10	8	6
	CBD 商业区			
	燕莎地区			
	中关村核心区			
	翠微商业区			
二类区域	五环路(含)以内除一类地区	7	5	5
三类区域	五环路外区域	3	2	2

注：1. 以上为小型车停车收费标准，大型车停车收费标准为小型车的 2 倍；
　　2. 非露天停车场(包括公建配建停车楼和地下停车场)经营企业可按不高于政府规定的标准，自行制定具体收费标准。

经过多次修订调整后，北京市的停车收费标准具备了不同地段、不同时段实行不同收费的特点，现行标准更加合理，起到了引导车辆合理使用、削减中心城交通流量的作用，能够充分体现停车政策和需求管理导向，发挥了一定的经济杠杆作用。

3. 北京停车管理现状

从目前北京市的政府行政部门管理权限来看，主要涉及以下部门：
(1) 北京市规划委员会：路外停车用地的规划与审批；
(2) 北京市国土资源局：停车设施建设用地相关；
(3) 北京市发展和改革委员会：社会公共停车设施建设投资及停车收费价格；
(4) 北京市交通委员会运输管理局：经营性停车管理及停车经营者资质管理；
(5) 北京市公安交通管理局：路侧停车秩序管理；
(6) 北京市财政局：停车收费的收入管理；
(7) 北京市地方税务局：停车收入的税收管理。

总体来说北京市与国内其他城市一样，城市停车管理处于比较分散管理的状态，缺乏一个专门的政府性停车管理局。

自 1988 年公安部、建设部颁布《停车场建设与管理暂行规定》和《停车场规划设计规则(暂行)》以来，为适应停车发展的需要，在国家政策法规的前提下，北京市也相继出台了一些地方性的停车政策法规，主要的政策法规有：
(1) 1991 年 4 月 5 日，北京市公安局发布《北京市机动车和机动车停车场、停车库防火安全规定》；
(2) 1994 年实施《北京市大中型公共建筑停车场建设管理暂行规定(修订)》；
(3) 2001 年 7 月 1 日，北京市人民政府颁布实施《北京市机动车公共停车场管理办法》；
(4) 2001 年 7 月 1 日，北京市人民政府颁布实施《北京市机动车道路停车秩序管理办法》；
(5) 2002 年 6 月 6 日，北京市物价局发布实施《关于调整我市机动车停车场收费标准的通知》；
(6) 2002 年 8 月，北京市人民政府发布京政发［2002］22 号文《北京市新建改建居住区公共服务设施配套建设指标(修订)》；

(7) 2004年6月，北京市国土局发布京国土房管物［2004］663号文《北京市居住小区机动车停车管理办法》；

(8) 2009年8月20日，北京市发展和改革委员会发布实施《关于加强本市机动车停放收费管理的通知》；

(9) 2010年12月28日，北京市发展和改革委员会发布实施《关于调整本市非居住区停车占道收费标准的通知》。

四、上海

1. 上海机动车及停车场状况

随着经济的发展，上海市的机动车数量不断增长，而经营性停车场的车辆停放次数却有减少的趋势，且经营车辆停放收入也有所下降，见表2-27。

2007～2009年上海市机动车及经营性停车场(库)营运统计情况　　　表2-27

年份	个人民用车辆拥有量(万辆)				车辆停放车次(万辆次)	经营车辆停放收入(亿元)
	载客汽车	载货汽车	摩托车	总计		
2007年	61.25	0.04	122.20	183.66	10381	11.12
2008年	72.04	0.50	123.82	196.03	9181	9.07
2009年	85.19	0.77	125.22	210.42	10052	9.81

据统计，2005年上海市共有停车泊位总量为48.58万个，其中对外开放经营性的公共停车泊位约11.6万个，分类见表2-28。

2005年上海市停车泊位统计(单位：万个)　　　表2-28

泊位分类名称	泊位数	泊位分类名称	泊位数
建筑物配建停车泊位	29.73(其中对外经营7.94)	临时停车泊位	0.032
专业运输单位专用泊位	14.6	交通枢纽停车泊位	0.56
社会停车场(库)泊位	2.16	路内停车泊位	0.658
居住小区对外开放泊位	0.84	合计	48.58

上海城市停车，除大多数运输单位和部分企事业单位设有专用停车场(库)和停车泊位外，大部分车辆的终端停车和出行停车主要在社会停车场(库)、建筑配建停车场(库)、路内停车点以及对外开放的专用停车场(库)。

2004年上海市中心城配建车位共有36.8万个，而停车需求则达到59万个，停车泊位总量缺口22.2万个，缺口比例达到38%(见表2-29)，无法适应车辆各类出行目的所带来的停车需求。

2004年上海市中心城配建车位缺口(单位：万车位)　　　表2-29

类别	居住	非居住	小计
实际需求车位数	26.6	32.4	59.0
实际配建车位数	20.74	16.2	36.8
缺口数	5.9	16.2	22.2
缺口比例(%)	22	50	38

2. 上海停车场管理

目前上海停车管理的规划、建设和经营，涉及部门较多，有规划、建设、市政、房屋土地、公安、工商、物价、税务和交通等。

（1）规划管理

上海公共停车场规划从广义上包括三个方面：社会停车场(库)规划、公共建筑物配建停车规划、住宅区配建停车规划。其中社会停车场(库)的规划，按照《上海市停车场(库)建设管理规定》(1991年市政府发布)，应由市规划管理部门统一制定，市建委负责落实建设单位；但实际上，上海从来没有制定过社会停车场(库)的规划。

2001年开始，市交通局对上海停车发展进行了战略研究，并于2002年主持编制了《上海市重要地区机动车停车场(库)规划》，报经市规划部门批准，上海才首次出现了社会停车场的规划。

建筑物配建停车和住宅区配建停车，由规划部门根据国家或地方制定的停车设施配建标准在审查公共建筑和住宅区规划时一并审核。

（2）建设管理

上海涉及停车场建设管理的主要有建委、公安、住宅和土地等管理部门。

建委负责审批、颁布停车场(库)设置标准和各类公共建筑物停车设施的配建标准，负责工程项目建设的施工审批和质量监督。住宅管理部门负责对住宅小区规划、建设(包括小区停车场配建)的审核和参与竣工验收。公安部门负责编制建筑工程交通设计及停车场(库)设置标准，参与工程项目规划、建设的审查及竣工验收。土地管理部门负责工程项目的用地审批。

（3）路外收费停车管理

路外收费停车，主要由交通行政主管部门负责管理，工商、物价、税务等部门按各自职责协管。

交通行政主管部门按照《上海市道路运输管理条例》(1996年市人大颁布)和《上海市道路水路运输服务业管理办法》(1993年市政府发布)规定，负责停车经营资质备案、市场规范、行业监督，以及协助物价、税务部门做好停车价格管理，发票发放和使用管理。工商部门负责开业登记；物价部门负责制定停车收费标准；税务部门负责税务登记和税收征管。

（4）路内停车管理

按照《上海市机动车道路临时停放点管理规定》(1985年市政府发布)的规定，《上海市城市道路桥梁管理条例》(1994年市人大政府颁布)、《上海市临时占用城市道路管理办法》(1995年市政府发布)，应由市政、公安两个部门共同负责道路占用管理，物价部门配合。但实际管理中，占路设点、停车收费均由公安部门一家管理。

3. 上海停车法规标准

上海市近年来出台了多项法规规范以及地方标准，来指导城市停车设施的建设和管理。这些停车法规标准主要有：

（1）上海市地方标准 DB31/T 298—2008 停车诱导系统(2008)；

（2）上海浦东新区住宅物业管理区域机动车停放收费管理规定(2006)；

（3）上海道路停车自动计时收费仪表(咪表)技术规范(2005)；

(4) 上海市道路停车场管理者确定和监管确定(2005)；

(5) 上海市公共停车场(库)停车规则(2005)；

(6) 上海市道路停车场停车规则(2005)；

(7) 上海市住宅物业管理区域机动车停放管理暂行规定(2004)；

(8) 上海市关于商品房项目附属地下车库(位)租售问题的暂行规定(2003)；

(9) 上海市机动车停车库(场)环境保护设计规程(2002)；

(10) 上海市机械式停车库设计规定标准(1998)；

(11) 上海市建筑工程交通设计及停车库(场)设置标准(1997)；

(12) 上海市机动车道路临时停放点管理规定(1997)；

(13) 上海市收费停车场(库)计费规定(暂行)(1995)。

第四节 国外停车管理政策对国内的指导作用

随着经济发展，国内尤其是内地的一些城市停车问题已经开始显现出来，并有逐渐加重的趋势。国外发达国家和地区的停车问题的发展及解决，对我国有指导和借鉴作用，总结起来可归纳为以下几方面。

1. 建立综合的管理机构

为了高效管理路侧停车和路外停车设施，应该成立一个专门的政府性的停车管理局，主要执行以下任务：

(1) 路侧停车的许可管理，作为唯一性的政府部门决定哪些道路可以设置路侧停车位、设置多少停车位以及不同路侧停车位的停车时间，并对所有路侧停车位作为唯一的、直接的所有者和管理者；

(2) 路侧停车日常管理，包括路侧停车管理人员的管理，路侧停车管理设备、交通标志的安装和维护、巡查；

(3) 路侧停车执法，对路侧停车进行规范化管理，对违章停放在非停车位的机动车、停车超时或者停车不交费的机动车进行处罚；

(4) 其他停车许可管理，包括残疾人停车许可、商业区停车许可、居住区停车许可等的办理；

(5) 路外停车设施规划建设与管理，包括城市区域内停车设施的布局、各种停车设施的功能及规模、城市停车区的构建、社会公共停车设施建设资金的筹措、社会公共停车设施的管理等；

(6) 停车收费，对路侧停车和社会公共停车场作为唯一所有人进行收费；

(7) 停车管理技术的提高，包括停车收费支付方式的革新、城市停车查询系统、城市停车引导系统等先进管理系统的建设、停车违章监测设备的使用、停车执法设备及系统的使用等。

城市停车管理局的设立将极大提高城市停车管理水平，降低停车对动态交通的影响，使得城市停车更加规范有序。停车管理局设置后，城市停车将在以下几个方面发生显著变化：

(1) 停车将由专门的部门管理，提高了主管部门的行政权力；

(2) 路侧停车收费不再由停车管理公司经营，统一由停车管理局直接收费；

(3) 新的停车政策将更加容易执行，如 CBD 地区的停车区构建等。

2. 停车执法与停车技术

城市停车秩序与多个方面的因素有关，如停车空间的供给规模与分布、停车收费的多少、停车设施的可接近性等，但停车执法则是另外一个显著影响停车秩序的重要因素。

为了规范城市的停车管理，政府主管部门应该制定详细的停车行为规范，并对各种可能产生的停车违章情况明确标定处罚的办法，然后加强停车执法的执行力度。

国外许多发达国家的一些城市都配备有停车警察，专门对停车秩序进行管理和执法，并且有研究表明城市路侧停车秩序与停车警察的人员数和巡查工作时间密切相关。因此，建议国内城市公安交通管理局必要时增列部分停车警力，专门对违章停车进行检查和执法。

由于城市停车设施的分布非常广泛，仅仅依靠人力实施停车管理是不可能的，必须借助先进的技术设备实施停车管理。国内城市可以投入以下国外使用较为成熟的停车管理技术或设备：

(1) 停车咪表：目前国内城市的路侧停车基本依靠人工管理，带来很大的随意性，且难以保障停车收入进入到政府的财政部门，同时还存在大量违法在路侧进行停车收费的现象。停车咪表的实施，将严格停车费用和停车时间，提高停车位的使用效率。根据国外大城市的使用经验，应该采用多车位咪表，既降低造价，又提供了多种支付方式，使得停车支付方便易行。同时，大量的经验表明，停车咪表的使用效果与停车执法密切相关。

(2) 停车执法车：这是一个综合多种先进技术和装备的执法车辆，要求包括摄像机、图像处理系统、数据传输系统、无线网络、停车单扫描与识别系统等，对违章停车的车辆进行自动识别并将违章信息及时传输至管理中心。

(3) 停车引导系统：要求具备高度智能化，不仅显示剩余停车位的多少，还能够在给定区域范围内合理调度和引导停车，特别是针对地面交通状况通过停车来实时引导地面交通流。系统还要将地面显示屏幕与网络相结合，使得驾驶员既能够根据可变信息板等设备获得停车相关信息，又能够利用网络的查询功能提前获知目的地停车场的基本信息。目前，上海已建成完善的停车诱导系统，登录网站即可查询相关停车场信息。

3. 采用差别化停车配建标准

停车设施配建标准的设置目的不仅仅要满足停车的需求，还应该考虑对停车需求的引导甚至抑制。因此，差异化的停车设施配建标准就显得尤为重要。如对于城市中心区或者 CBD 地区，由于出行较为集中且出行需求高，大量的私人小汽车出行将导致严重的交通拥堵、空气质量恶化等现象，因此，在提高这些区域公共交通系统服务水平的同时，还应该结合差异化的停车配建标准对停车设施的供给实施限制，使得机动车出行者难以找到停车位或难以承受停车费用而放弃私人小汽车的使用。

反观发达国家在停车位配建指标政策上所经历的道路，目前我们尚存两个主要的问题需要解决：一是部分停车位配建指标过低，如居住区的停车位配建指标，使得停车需求远大于停车设施的供给从而导致了尖锐的停车供需矛盾；另一个问题就是目前的最低停车位配建标准并没有考虑现有的交通系统以及对交通出行的引导，如地铁站点附近的停车位配建、通过停车位引导公共交通出行等。因此，我们需要深入研究停车位配建标准，对一些地区应该尽可能满足停车需求，还有一些地区则应通过减少停车位配建来抑制交通需求。

第三章 停车调查

第一节 停车调查概述

城市停车的总体水平与特性即城市停车供给与需求，是通过车辆停放的统计指标来反映的。停车调查是获取停车规划数据的基础。停车调查主要包括停车设施供应调查、车辆停放实况调查、停车者行为决策调查。通过调查得到详实、可靠的数据资料，经计算，分析了解得到停车场实际利用情况、城市停车设施供应状况和停车行为即停车意识。

一、停车调查的内容

停车调查的主要内容如下：

1. 停车设施供应调查：停车场的位置、类型、服务对象、停车场布局、信息化程度、停车管理设施模式、停车场的经营情况等信息；

2. 停车实况调查：不同时刻、不同车型、不同停车时间的停车数量，具体包括各停车场累计停车数量、延停车数量、平均停放时间分布、停放饱和度、停放周转率、停放方式、停放地点与目的地关系、步行时间以及停车地点附近的交通情况、环境条件等；

3. 停车者行为决策调查是为了了解现有停车场以及停车场的服务状况，收费停车场使用者对现状停车的意见，明确停车者对停车设施设计管理的反映特征和心理承受程度。根据调查结果明确停车场设计的重点，提高停车场的服务水平。

停车行为调查的主要内容包括以下几项：

（1）车辆停放目的：指车主在出行中停放车后的活动目的，如上班、公务、娱乐等；

（2）停放时间：车辆在停车设施上实际停放时间，它是衡量停车场周转效率的基本指标；

（3）步行距离：指车辆停放后到出行目的地的实际步行距离。步行距离可反映停放设施布局的合理程度，对于停车者来说，能承受的步行距离是有一定限度的；

（4）选择停车场考虑的首要因素：选择停车场考虑的首要因素是停车后步行距离、停车场收费标准、停车安全性及违章罚款严格程度等；

（5）停车费用的支付：指停车费用由自己支付还是单位报销；

（6）对目前停车现状的满意程度；

（7）对停车收费和停车管理的意见和建议等。

二、停车调查的方法

针对不同的调查内容，有以下几种调查方法：

1. 停车设施供应调查方法

（1）座谈交流法：座谈是将所调查停车场负责人集合一起，通过与停车场负责人交流的方式，达到了解各区停车场的分布及其主要特征的目的。

(2)邮寄调查：这是采用邮寄的方式发放和回收调查表的方法，此方法容易发生对调查项目意思的误解，同时由于不能在回收时进行核对，未填写的项目较多，所以调查精度不高。

(3)电话调查：通过电话对停车场负责人就调查内容进行交谈，由调查员根据停车场负责人的回答填写调查表的方法。这种方法由于可以正确地表达调查项目的意思，根据调查情况补充提问，所以调查的精度较高。

(4)现场调查：由调研人员在停车场现场进行停车场基本情况表的调查。调查员通过现场就调查事项询问停车场负责人或管理人，由调查员填写调查表。

2. 停车实况调查方法

(1)连续式调查：指从开始存车起到存车结束连续记录停车情况。为了了解按时间存放车辆数、最多存放车辆数、停车最长时间等情况，可用此方法。

(2)间歇式调查：指调查人员每隔一定时间间隔(5min、10min、15min 等)记录调查范围内的停车情况，根据调查的目的，可分为车辆牌照式与非车辆牌照式两种，重点是了解停车场一天中停放需求(吸引)量与时段的变化。

(3)询问式调查：指发给调查员调查卡片，直接找驾驶员进行询问，向驾驶员了解车辆停放目的、停放点到目的地的距离、车辆的 OD、步行时间等。

3. 停车行为调查方法

停车者行为决策调查主要采用表格询问式调查方法。常用的调查方法有以下几种：

(1)家庭访问法：调查员访问被调查者的家庭或工作单位，在和被调查者交谈的基础上，听取被调查者对于调查项目的回答，并记入调查表。这种方法可以正确传达调查项目的意思，误记、漏记较少，可靠性最高。但是，所需费用极大。

(2)访问留置法：这是个人出行调查中常用的方法。具体做法是：访问被调查者的家庭，向家庭成员讲解调查内容、填写方法，请求回答，并将调查表留数日，由被调查者填写调查表。数日后，调查员再次访问家庭，对回答内容核对后回收调查表。由于该方法由被调查者独自填写，因此，误记、漏记等方面可靠性不如家庭访问法。同时，问卷质量会受到调查员抽查样本代表性的影响。不过，这种方法具有足够的可靠性。

(3)电话调查：这是通过电话对被调查者就调查内容进行交谈，由调查员根据被调查者的回答填写调查表的方法。

(4)邮寄调查：这是采用邮寄的方式发放和回收调查表的方法，容易发生对调查项目意思的误解，同时由于不能在回收时进行核对，未填写的项目较多，所以不能期待有较高的调查精度。另外，回收率较低，通常，回收率能够达到 30% 就算相当高了。调查费用相对较低。

(5)现场调查：在所要调查的停车场随机选定被调查者，就调查事项提问，由调查员填写调查表。多数情况下，被调查者为移动中的人，提问时间限定为 2～3min 以内。因此，调查内容的质和量均受到限制。同时，拒绝合作的情况也较多。另外，调查员也容易选择那些看上去可能会合作的人提问，从而造成样本的偏差。为此，需要对选择被调查者的规则以及事后样本属性进行分析。

(6)现场分发问卷邮寄回收：在所要调查的停车场随机选定被调查者，发放调查表，请被调查者用邮递的方法寄回。该方法具有与邮寄调查相同的特点，即回收率较低。

在对整个城市进行停车设施及停车行为调查时，可以根据不同的调查目的，在具体的调查中可依据需要选择一种或几种方法同时使用。总之，要根据调查所要达到的目标灵活加以应用，相应的表格设计以方便记录和统计为原则，设计信息完整、通俗易懂的询问表格对调查的可开展性和结果的有效性有十分重要的影响。

三、停车调查资料的应用

通过停车调查获得的停车设施供应（包括路内、路外场、库）和停车使用状况，包括停车数量的时空分布、停放时间、步行时间、停放目的等特征资料，对治理与改善日常交通活动过程无疑是非常有用的，为采取正确的管理措施疏导交通，提出合理的收费办法与收费标准提供科学依据，这一点已被世界许多大城市的实践所证实。另外，由于停放车辆与土地利用密切相关，提出供需调查也为城市规划和交通规划提供了必要和丰富的资料。

调查资料有以下几种用途：

（1）评价调查区域内的停放车辆供需短缺。通过停车设施调查和高峰时刻的实际停放数量调查，可以定量的回答停车紧张程度；

（2）通过调查绘出的各个停放点（区）内停车数量的时间变化曲线和整个调查范围的日累计和高峰停放量的空间分布图，可以分析停车密度和饱和程度，并进行分级评价，为局部改善和提高周转率指明方向；

（3）运用停车目的和停放时间调查资料，可以找出不同出行目的停放时间的基本规律；

（4）制定科学的停车收费政策。由停放时间分布规律、步行距离和停车密度分析，可以为调整收费政策、控制停车需求提供依据；

（5）建立停车行为选择模型，研究停车者的行为规律，为制定合理的停车政策提供依据。

第二节　实例——以北京市中心城区停车场调查为例

一、调查目的

通过对北京市中心城社会公共停车场和配建停车场的现状调研和数据分析，研究不同类型停车场的停车设施特征和停车行为特点，解析停车设施与停车行为的互动关系，构建不同停车场的服务水平评价体系，为定量评价停车场服务质量水平提供依据。

二、调查对象

调查对象为北京市中心城的社会公共停车场和建筑物配建停车场，其中调查的公配建停车场按照建筑物的性质可分为办公、商业、学校、文化体育设施、交通枢纽、游览场所和医院（见表3-1）。

公配建停车建筑物分类一览表　　　　表3-1

公配建停车场	具体类型
办公	行政办公、金融保险业、传媒业、文化艺术团体、研发设计等
商业	大型零售商业、中小型零售商业、餐饮旅馆、娱乐设施、康体设施
学校	高等院校、中等专业学校、中小学
文化体育设施	文化设施、体育设施、体育训练

续表

公配建停车场	具体类型
工业	厂房、仓库
交通枢纽	火车站、汽车站、码头、机场
游览场所	综合性公园、纪念性公园、儿童公园、动物园、植物园、古典园林、风景名胜公园、居住小区公园
医院	一般医疗、特殊医疗、卫生防疫、其他医疗卫生设施

(1) 社会公共停车场

北京现有社会公共停车场数量少，规模较小。

图 3-1　朝阳区 SOHO 现代城计时收费停车楼

(2) 办公建筑物配建停车场

办公建筑物可以划分为行政办公楼和商务办公楼。行政办公停放车辆的停放时间长，停车方式比较固定；商务办公楼的停车需求多为临时停车，停车方式与出行目的、停放时间和停车场管理等有关。

图 3-2　西城区成铭大厦地下停车场出口

(3) 商业建筑物配建停车场

商业建筑物配建停车场主要服务于休闲娱乐出行用车以及商业本身装卸货用车。该类用地的停车需求具有很大的弹性，与周边路网、停车供给等均有很大关系。

图 3-3 西城区沃尔玛地下停车场

(4) 学校建筑物配建的停车场

目前北京市大多数的中、小学校和幼儿园建筑物极少有对社会开放的停车场。高等院校由于校园内周边空地较多，车辆停放比较灵活，停车状况较好。中、小学校和幼儿园的停车需求量不大，停车高峰一般出现在学生放学时段内，主要停在学校门口辅道的路边上。停车情况可见图 3-4 东城区光明小学早晚路边停车的利用情况。

图 3-4 东城区光明小学门口早上路边停车状况　　图 3-5 东城区光明小学门口放学后路边停车状况

(5) 文化体育设施配建的停车场

文化体育设施配建的停车场通常是服务于文体活动时的停车需求。

图 3-6 朝阳区木偶剧院停车场

(6) 交通枢纽配建停车场

交通枢纽包括火车站、汽车站、码头、机场等公共交通，此次调查主要针对火车站、长途汽车站的配建停车场。交通枢纽停车场主要服务于接、送客以及换乘的需求。该类停车场的停车需求具有较大的弹性，与交通枢纽的规模和高峰小时及平均客流量有关。

图 3-7　动物园公交枢纽地下停车场入口

（7）游览场所配建停车场

游览场所配建停车场的停车需求在节假日需求较高，停放时间较长。

图 3-8　海淀区颐和园新建宫门地面停车场

（8）医院配建停车场

医院配建停车场中，门诊部的停车需求量高于住院部，二者的停放时间没有明显的差异，停车高峰一般出现在上午 10 点左右。

图 3-9　朝阳医院地下停车场

（9）工业配建停车场

北京市中心城范围内没有基于厂房和仓库的工业配建停车场，因此，调研对象中不包括工业配建停车场。

综上所述，对北京市中心城的社会公共停车场和 8 类配建停车场，采用普查与抽样相结合的调查方式进行了广泛地调研。

三、调查内容和方法

针对北京市中心城区的社会公共停车场和 8 类配建停车场，调查内容分为 4 部分，分别是：

(1) 各类停车场基本情况调查；
(2) 各类停车场停车行为的问卷调查；
(3) 实施电子化管理的停车场电子数据的采集；
(4) 基于视频采集数据的文体与学校的停车现状案例采集。

1. 北京市中心城停车场基本情况调查

(1) 调查内容

基于各区委办局的停车场备案数据，研究人员通过与各停车场负责人座谈和调查人员现场踏勘的方式，对北京市中心城的社会公共停车场和8类配建停车场基本情况进行调查（停车场基本情况调查表见附表1和附表2，主要对停车场的位置、类型、服务对象、停车场布局、信息化程度、停车管理设施模式等信息进行调查）。

停车场基本情况调查数据主要用于对规划停车场的实施情况进行初步校核，同时，通过统计分析了解北京市中心城社会公共停车场和配建停车场空间分布特征。

(2) 调查方法

在北京市中心城相关部门提供的各区停车场备案表中，随机挑选要调查的社会公共停车场和8类配建停车场。每一个区每一类型的停车场的平均样本量至少5个。

各类停车场的基本情况采用座谈与基本情况表采集这两种逐渐递进式的调研方式。座谈是通过与停车场负责人交流的方式，达到了解各区停车场的分布及其主要特征的目的。停车场基本情况表的采集是由停车场管理公司协助填写停车场基本情况调查表，调研人员在停车场现场进行停车场基本情况表的调查与核对。

停车场的基本情况（如建筑年代、建筑面积、停车场占地面积收费方式、收费价格、服务对象等），见附表2。

图 3-10 座谈访问形式收集停车场
基本情况信息

2. 北京市中心城停车行为调查

北京市中心城停车行为问卷调查采用行为和意向相结合的调查方法，对各调查停车场的停车人员进行现场问卷调查。每个停车场停车行为调查的样本量不少于停车场停车泊位数的15%。停车场停车行为问卷调查表见附表3。

调查对象主要为拥有小汽车的停车者。调查问题包括平均停放时间、到达目的地平均行走时间、停车目的、停车价格、停车原因等。

对随机抽样的停车场进行停车行为现场问卷调查，大都选择在停车高峰时间内进行，由调查人员询问拥有车辆的停车者关于停车行为的问题，并记录问卷回答情况。

图 3-11 调查人员在停车场现场收集停车场基本情况信息

图 3-12 停车行为现场问卷调查情况

3. 北京市中心城停车场电子管理数据收集

针对具有电子停车管理的停车场，提取停车场连续一周的电子管理数据，采集到的原始停车场电子管理数据格式见图 3-13，包括每一辆车进出停车场的时间和停车收费情况。

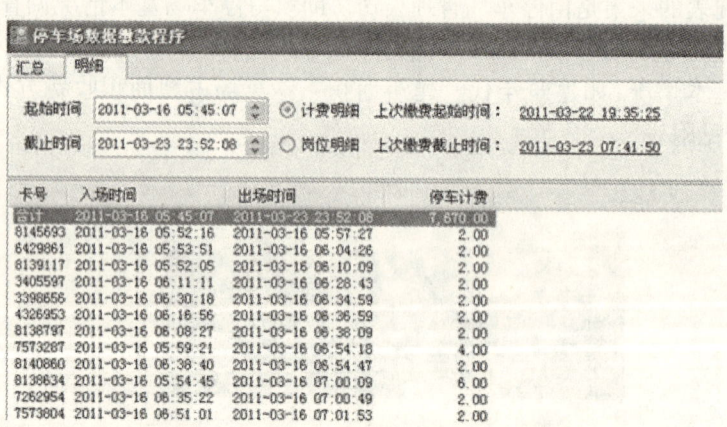
图 3-13 丰台区样本①停车场电子数据

4. 停车场数据调查情况统计

通过为期六个月的数据调查，采集到的北京市中心城停车场的基本情况统计见表 3-2 和表 3-3。

北京市中心城各区停车场基本情况调查—停车场数量统计　　　表 3-2

行政区	停车场类型	实调查数（个）	备案数（个）	抽样率（%）	实调查数合计（个）	有电子数据停车场个数（个）
朝阳区	公建配建	36	181	19.89	130	32
朝阳区	社会公共	85	377	22.55		
朝阳区	单位大院	9	49	18.37		

续表

行政区	停车场类型	实调查数(个)	备案数(个)	抽样率(%)	实调查数合计(个)	有电子数据停车场个数(个)
朝阳区	路侧占道	0	36	0.00	0	0
朝阳区	居住小区	31	881	3.52	31	0
合计		161	1524	10.56	161	32
海淀区	社会公共	57	577	9.88	57	9
海淀区	路侧占道	24	59	40.68	24	0
海淀区	居住小区	17	481	3.53	17	0
合计		98	1117	8.77	98	9
丰台区	公建配建	34	71	47.89		
丰台区	社会公共	2	58	3.45	37	12
丰台区	单位大院	1	4	25.00		
丰台区	路侧占道	19	30	63.33	0	0
丰台区	居住小区	42	248	16.94	42	2
合计		98	411	23.84	79	14
石景山	公建配建	17	21	80.95		
石景山	社会公共	0	6	0.00	23	8
石景山	单位大院	6	11	54.55		
石景山	路侧占道	18	31	58.06	18	0
石景山	居住小区	21	86	24.42	21	0
合计		62	155	40.00	62	8
东城区	公建配建	48	179	26.82		
东城区	社会公共	4	18	22.22	56	7
东城区	单位大院	4	14	28.57		
东城区	路侧占道	11	76	14.47	11	0
东城区	居住小区	29	141	20.57	29	3
合计		96	428	22.43	96	10
西城区	公建配建	32	115	27.83		
西城区	社会公共	1	4	25.00	52	16
西城区	单位大院	19	74	25.68		
西城区	路侧占道	21	98	21.43	21	0
西城区	居住小区	17	84	20.24	17	0
合计		90	375	24.00	90	16

北京市中心城停车场基本情况调查—停车场数量统计总汇　　表3-3

停车场类型	实调查数（个）	备案数（个）	抽样率（%）
公建配建	167	567	40.68
社会公共	149	1040	13.85

续表

停车场类型	实调查数(个)	备案数(个)	抽样率(%)
单位大院	39	152	30.43
路侧占道	93	330	33.00
居住小区	157	1921	14.87
合计	605	4010	15.08

由表3-2可知朝阳区备案停车场数为1524个停车场，调研样本为161个，抽样率为10.56%。石景山区备案停车场数为155个停车场，调研样本为62个，抽样率为40%。丰台区、东城区和西城区的抽样率大致相当，分别为23.84%、22.43%、24%。海淀区备案停车场数为1117个，调研样本为98个，抽样率为8.77%。

表3-3表明北京市中心城总体停车场基本情况调查的平均抽样率为15%，抽样率满足调查和数据分析要求。

北京市中心城各区停车场停车行为问卷调查数量统计（单位：个） 表3-4

停车场类型	石景山区	东城	西城	朝阳	丰台	海淀	合计
社会公共	0	12	0	311	170	365	858
办公	94	162	98	47	61	49	511
商业	220	199	263	108	151	35	976
学校	0	0	0	0	0	0	0
文化体育	0	0	0	10	0	20	30
工业	0	0	0	0	0	0	0
交通枢纽	0	50	0	40	16	28	134
游览场所	64	21	39	69	0	30	223
医院	74	83	80	0	67	20	324
居住区	62	0	0	0	0	0	62
路侧	0	0	0	0	0	0	0
合计	514	527	480	585	465	547	3118

北京市中心城停车场停车行为问卷总共调查3118份。从停车场划分的9种类型来看，除了学校以外，其他8种类型停车场的停车行为调查均有涵盖。

商业停车场的停车行为调查份数最多，有976份。从各城区来看，朝阳区调查的停车行为问卷最多为585份，调查过程要求调查的停车行为问卷份数至少为所调查停车场泊位数的15%，实际调查的停车场的停车行为问卷基本符合要求。

收集到的北京市中心城停车场电子管理数据总共有28个停车场，见表3-5。其中调取了北京市实施停车价格调价前后的6个停车场的电子管理数据，用于对比分析停车价格对停车行为和停车场运营的影响研究，这6个停车场分别是西城区样本②社会公共停车场、东城区样本①办公停车场、西城区样本③办公停车场、西城区样本④商业停车场、东城区样本③商业停车场和西城区样本⑤居住小区。

北京市中心城停车场电子管理数据收集情况统计　　　　表 3-5

停车场名称	数据采集时间段	行政区	类别
朝阳区样本①	2011.3.21~2011.3.27	朝阳区	社会公共
西城区样本①	2011.4.11~2011.4.17	西城区	
朝阳区样本②	2011.3.21~2011.3.27	朝阳区	
海淀区样本①	2011.3.1~2011.3.7	海淀区	
海淀区样本②	2011.1.22~2011.1.28		
丰台区样本①	2011.3.16~2011.3.23	丰台区	
丰台区样本②	2011.3.13~2011.3.19		
朝阳区样本③	2011.3.27~2011.4.2	朝阳区	
西城区样本②	2011.3.25~2011.4.7	西城区	
朝阳区样本④	2011.3.21~2011.3.27	朝阳区	办公
东城区样本①	2011.3.14~2011.3.20, 2011.4.11~2011.4.17	东城区	
西城区样本③	2011.3.21~2011.4.4	西城区	
朝阳区样本⑤	2011.3.27~2011.4.2	朝阳区	
东城区样本②	2011.3.18~2011.3.24	东城区	
丰台区样本③	2011.3.9~2011.3.15	丰台区	
朝阳区样本⑥	2011.3.1~2011.3.7	朝阳区	商业
西城区样本④	2011.3.25~2011.3.31, 2011.4.22~2011.4.28	西城区	
丰台区样本④	2011.3.21~2011.3.27	丰台区	
石景山样本①	2010.12.27~2011.12.28	石景山	
东城区样本③	2011.3.25~2011.3.31, 2011.4.8~2011.4.14	东城区	
朝阳区样本⑦	2010.12.21~2011.12.31	朝阳区	
朝阳区样本⑧	2011.3.31~2011.4.7		
海淀区样本③	2011.3.14~2011.3.20	海淀区	学校
石景山样本②	2010.12.27~2011.1.2	石景山	医院
丰台区样本⑤	2011.3.21~2011.3.27	丰台区	
西城区样本⑤	2011.3.28~2011.4.8	西城区	居住
丰台区样本⑥	2010.12.7~2011.1.1	丰台区	
丰台区样本⑦	2011.1.25~2011.1.30		

第四章 停车场特征量化解析分析

第一节 停车场特性概述

城市停车特性是城市停车行为的集计效果与停车供应设施利用程度的体现，反映了城市停车的主要特征、停车设施使用情况以及城市停车供需关系。城市停车特性是城市停车设施规划和评价的主要依据。了解城市停车特性有助于科学进行城市停车设施规划、制定停车政策和管理措施，更有效地调控城市停车供需结构，优化用地布局。

一、停车目的结构

停车目的指停车者的出行目的，主要有上班、公务、装卸货物、购物、文化娱乐、接送客、回家、餐饮等，停车目的在一定程度上决定了停车者的行为。城市停车设施规划与停车管理措施的制定需要考虑不同区域的停车目的结构对停车泊位供需调控和停车管理政策的影响。

二、平均停车时间

平均停车时间是一定时间段内所有车辆的停车时间与实际停车量之比的平均值，是反映城市停车设施使用情况的重要指标。停车时间的长短与城市规模、城市不同功能的区域、停车设施的类型、停车目的密切相关。不同目的的停车者对停车时间要求存在差异。我国多数城市尚没有采取措施来限制停车时间，导致路内停车时间偏长，使用效率较低，城市中心区交通拥挤现象较为突出。因此，停车调控政策更应关注限制停车时长问题。

三、高峰停放指数

高峰停放指数是指高峰时段累计停放车辆数与停车设施容量之比。它反映的是高峰时段停车设施的拥挤程度，同时也是确定停车设施规模的重要依据。随着城市建设用地开发强度的增大，大中城市的高峰停放指数出现偏高的现象，城市中心商业区停车设施的高峰停放指数甚至超过1，即停车泊位不能满足高峰时停车需求，导致大量机动车占路停放。

四、泊位利用率

泊位利用率是指在一定时间段内平均每个泊位停车占用时间与总停泊时间的比，反映停车泊位的时间利用效率，表达了停车设施的拥挤程度。平均泊位利用率越高，泊位的时间利用效率也就越高。泊位利用率的高低反映了泊位的时间利用效率和服务水平的差异。

五、泊位周转率

泊位周转率是指在一定的时间内每个停车泊位平均停放车辆的次数，常用在一天内的累计停放车辆数与停车设施容量的比来表示，它反映的是停车设施泊位的空间利用效率。停放周转率越高，泊位利用效率也就越高。城市不同区域、不同停车设施的泊位周转率有所差异，城市中心区的泊位周转率要高于中心外围区，路内停车周转率要高于配建停车和路外停车。

要从调查所得数据中发现停车设施现状的特征，必须对原始的调查数据进行处理，从原始数据中计算表征停车设施特性的若干指标——停车需求的波动性、停车时间、泊位周转率、平均泊位利用率、公共停车设施供应比例和规模。通过对停车设施特性指标的分析，总结概括城市停车所存在的问题。

第二节 北京市中心城停车设施的布局特点分析

一、北京市中心城停车设施分布

通过对北京市中心城各区备案停车场进行统计，共有备案停车场 4010 个，见表 4-1。其中朝阳区、海淀区的社会公共停车场数量最多，分别占全市总数的 24.74%、51.66%，而其他区的社会公共停车场偏少，其中西城区社会公共停车场数量最低，仅占全区停车场总数的 1.07%。

2010 年北京市中心城各区备案停车场情况统计表　　　表 4-1

	西城区	东城区	朝阳区	海淀区	丰台区	石景山区
公建配建	115	179	181	—	71	21
社会公共	4	18	377	577	58	6
单位大院	74	14	49	—	4	11
路侧占道	98	76	36	59	30	31
居住小区	84	141	881	481	248	86
总数	375	428	1524	1117	411	155
社会公共占总数比例(%)	0.10	0.45	9.40	14.39	1.45	0.15

二、停车设施总体供应现状分析

根据 2010 年北京市中心城各类机动车停车位备案统计，备案的停车位数为 68.6 万个，其中城六区备案停车位数为 0.40 万个，具体分布如图 4-1、表 4-2 所示，停车设施主要集中在朝阳、海淀、丰台等几个大区，其他各区相对较少。

图 4-1　北京市中心城现状停车场分布图

由表 4-2 可见，东、西城这两个老城区停车场和停车泊位数量和所占比例低，车位密度高于中心城其他四区。

旧城两区与外城四区停车设施分布表　　　　　表 4-2

行政区	停车场数(个)	比例(%)	停车泊位数(个)	比例(%)
外城四区	3207	79.98	558910	81.46
旧城两区	803	20.02	127231	18.54
城六区	4010	100	686141	100

各类停车设备得到不同程度发展，全市车位总量大幅度增长，见表 4-3：

全市停车设施分类发展对比表(市区)(单位：车位数)　　　　　表 4-3

分类	1999 年	2001 年	2004 年
公共停车	6.7	10.2	20.2
居住区停车	7.1	12.7	40.4
单位停车	33.7	37.0	49.2
合计	47.5	59.9	109.8

虽然停车泊位得到大幅度增长，但是面对迅猛扩张的停车需求，设施供应和需求之间仍然存在着很大的缺口。

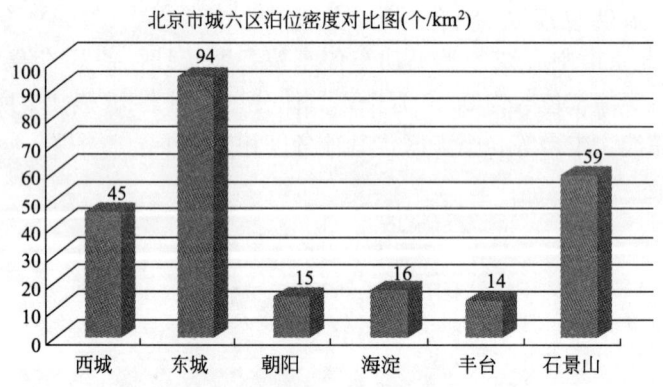

图 4-2　北京市中心城停车泊位密度示意图

北京市停车规划建设与发展实施差别化分区的政策停车，城六区分为首都功能核心区和城市功能拓展区两大类，前者包括合并后的东城区和西城区，后者包括朝阳区、海淀区、丰台区和石景山区。由图 4-2 可以明显看出，东城区和石景山区的停车泊位密度分别为 94 个/km^2 和 59 个/km^2，高于其他四个城区。

三、中心城停车设施特性分析

1. 地理区位分布

所调查的中心城停车场分布情况见表 4-4。由表中可见，进行基本情况调查的中心城社会公共停车场共 149 个，主要集中在朝阳区(85 个)和海淀区(57 个)。

北京市中心城基本情况调查表—地理区位分布   表 4-4

行政区	停车场类型	实调查数（个）	实调查数合计（个）	有电子数据停车场个数（个）
朝阳区	公建配建	36		
朝阳区	社会公共	85	130	32
朝阳区	单位大院	9		
朝阳区	路侧占道	0	0	0
朝阳区	居住小区	31	31	0
	合计	161	161	32
海淀区	社会公共	57	57	9
海淀区	路侧占道	24	24	0
海淀区	居住小区	17	17	0
	合计	98	98	9
丰台区	公建配建	34		
丰台区	社会公共	2	37	12
丰台区	单位大院	1		
丰台区	路侧占道	19	0	0
丰台区	居住小区	42	42	2
	合计	98	79	14
石景山	公建配建	17		
石景山	社会公共	0	23	8
石景山	单位大院	6		
石景山	路侧占道	18	18	0
石景山	居住小区	21	21	0
	合计	62	62	8
东城区	公建配建	48		
东城区	社会公共	4	56	7
东城区	单位大院	4		
东城区	路侧占道	11	11	0
东城区	居住小区	29	29	3
	合计	96	96	10
西城区	公建配建	32		
西城区	社会公共	1	52	16
西城区	单位大院	19		
西城区	路侧占道	21	21	0
西城区	居住小区	17	17	0
	合计	90	90	16

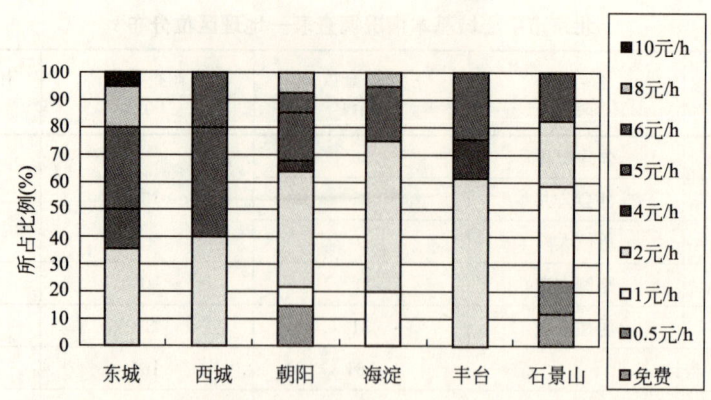

图 4-3 北京市中心城停车价格调价前各区不同收费标准停车场比例

2. 停车价格分布

对 2011 年 4 月 1 日起北京市实施停车价格调价前的各类型调研停车场的停车收费价格进行统计分析，如表 4-5 所示，各类型停车价格分区区间分布广，这与地域性差别有关，而地面停车的停车收费差异性不大。

北京市中心城调研各类型停车场停车价格分布　　　　表 4-5

停车场类型	停车价格(元/h)		
	地面	地下	停车楼
社会公共	0、2、3、4、5	1、2、3、4、5、6	4
办公	0、1、2、5、8	0、1、2、5、6、8	—
商业	0、1、2、5、6、8	0、1、2、4、5、6	2
文化体育	0、2、5	2	—
交通枢纽	2	4、5、6	
游览场所	0、1、2、4、5、8、10	—	—
医院	1、2、8	2、10	—
路侧	0、2、4、10		
合计	0、0.5、1、2、4、5、6、8、10		

根据停车场的地域性差别，越靠近城市中心停车费用越高，由图 4-5 可以看出，在 2011 年 4 月 1 日北京市实施停车价格调整前，作为首都功能核心区的东城、西城两区，接近 70% 的停车场收费标准在 5 元/h 以上，而丰台区、石景山区的停车场收费主要集中为 5 元/h 以下，丰台区停车收费主要集中在 2 元/h。

东城区医院停车场收费价格主要为 10 元/h、8 元/h，其中协和医院与同仁医院均为三甲医院，同仁医院共有车位 133 个，协和医院共有 320 个车位，通过调查发现这两个医院停车场车位经常处于饱和状态。6 元/h、8 元/h 停车收费主要集中在办公停车场，商场停车场收费价格主要集中在 2~6 元/h。

对于西城区停车场，西单商圈的商业停车场收费价格主要集中为 6 元/h，其他商业停车场的收费多为 2 元/h，而交通枢纽动物园与西直门的停车场收费为 5 元/h，医院的停车场收费价格集中在 5 元/h。

朝阳区停车场，东方梅地亚高档写字楼以及东直门地铁枢纽停车场停车价格为8元/h，商业停车场价格偏低，集中在0～5元/h。

海淀区的海淀医院停车场收费价格为8元/h，商业停车场停车价格主要集中为2、5元/h，办公停车场主要是2元/h。

丰台区停车场中，安安商场与方庄物美大卖场停车场收费价格为5元/h，立体停车楼大康大厦停车场的收费价格为4元/h，其他各类停车场收费主要集中为2元/h。

石景山区停车场，泽洋大厦停车收费价格为5元/h，其他类型停车场主要为1、2元/h，此地区停车场的收费价格较低。

3. 各类停车场停车设施服务特点

停车场泊位利用率 γ：它表示调查期间内停车场的使用情况。

$$\gamma = \frac{\sum_{i=1}^{s}(t_i \cdot P_i)}{T \times C} \times 100\% \tag{4-1}$$

式中　t_i——第 i 辆车停车时间(min)；

　　　P_i——停车时间为 t_i 的停车数量；

　　　T——调查时间长度；

　　　C——停车场的停车能力。

停车集中指数：指某一时刻停放量与停车设施容量之比，它反映了停车场在某一时刻的拥挤程度，可分为高峰小时停放指数和平均停车集中指数两种。

高峰小时停车集中指数 λ：

$$\lambda = \frac{S_j}{C} \tag{4-2}$$

式中　S_j——某时刻 j(停车高峰小时)的停车数量；

　　　C——停车场容量。

周转率 α：是衡量停车场每个停车位在调查期间被使用次数的指标。它大致表示了观测期间内，该停车场内每个停车位的平均利用次数。其计算公式如下：

$$\alpha = S/C \tag{4-3}$$

式中　S——调查期间实际停车辆；

　　　C——停车能力。

(1) 不同区域停车场日平均泊位利用率与日高峰停放指数的变化特点

1) 旧城地区

东城区样本②和西城区样本①的营业时间为24h，收费价格分别为5元/h、6元/h；东城区样本①的营业时间为16h，西城区样本③的营业时间为9h，收费价格均为6元/h；不同营业时间长度对平均泊位利用率的计算会有影响。通过图4-4、图4-5可知，西城区样本③的平均泊位利用率最高，且高峰停放指数在工作日接近1，说明停车场接近饱和，在假日则略有降低，这与办公停车场主要服务于工作日的停车需求有关。东城区样本①位于王府井地区，西城区样本①属于西单地区，从图4-4可以看出停车场的平均泊位利用率并不高，可以合理调节附近的停车需求，引导车辆来此停车场停车。

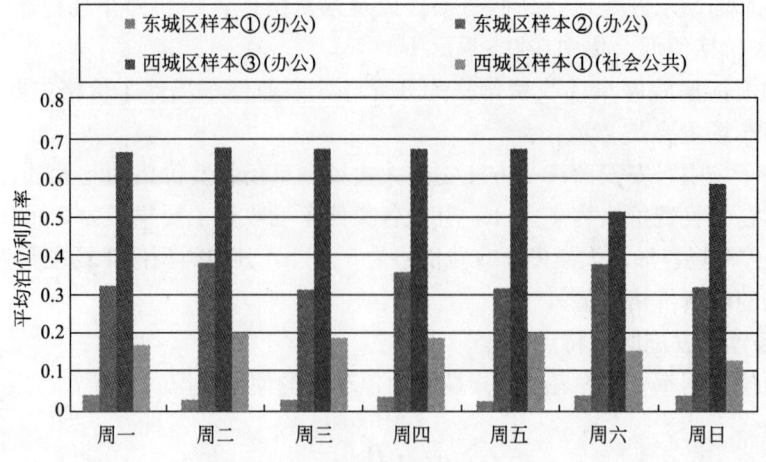

图 4-4 旧城平均泊位利用率分布图

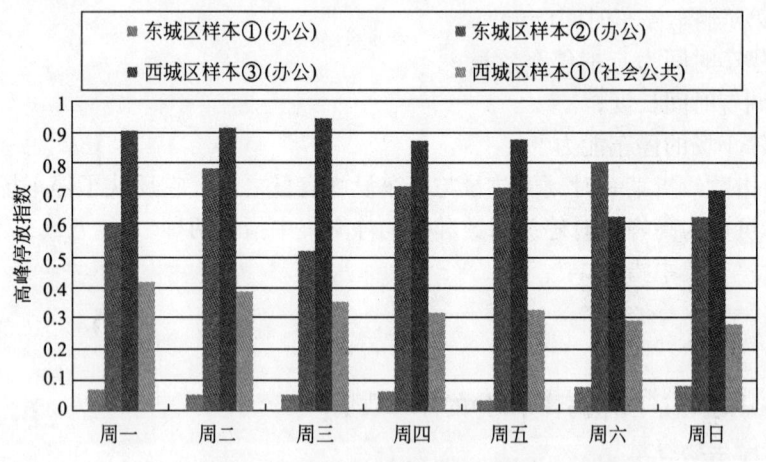

图 4-5 旧城高峰停放指数分布图

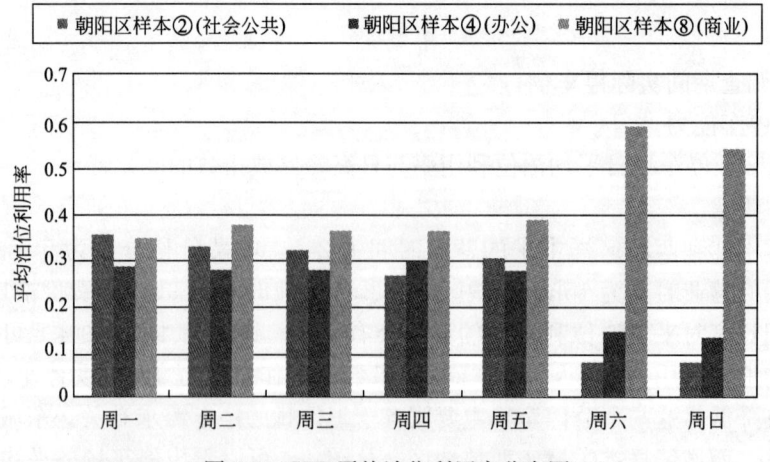

图 4-6 CBD平均泊位利用率分布图

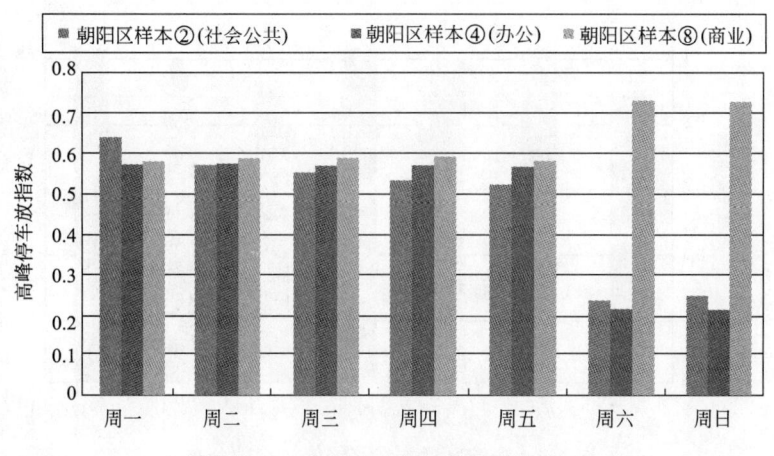

图 4-7 CBD高峰停放指数分布图

2) CBD 地区

朝阳区样本②和⑧收费价格为 5 元/h，朝阳区样本④收费价格为 4 元/h。朝阳区样本⑧停车场属于商业停车场，如图 4-6 所示，工作日平均泊位利用率为 0.35 左右，周末上升至 0.55 左右，车位比较充足。从图 4-7 可以看出高峰停放指数除周三和周六分别达到 0.6 和 0.8 外，其他时间均在 0.1 左右，说明停车位利用率严重不足，可以采取一定的办法，将车辆吸引至此处停车，周三和周六高峰停放指数急剧上升，可能与附近工人体育场有活动有关。朝阳区样本②停车主要目的为办公，工作日平均泊位利用率为 0.3 左右，高峰停放指数 0.55 左右，周末平均泊位利用率下降至 0.1 以下，高峰停放指数下降至 0.2 左右，周末停车场利用率较低，符合办公停车场停车特性。

3) 中关村地区

如图 4-8、图 4-9 所示海淀区样本②属于社会公共停车场，停车价格为 2 元/h。泊位数为 174 个，其平均泊位利用率在 0.7 以上，高峰停放指数接近 1，说明此停车场处于饱和状态。

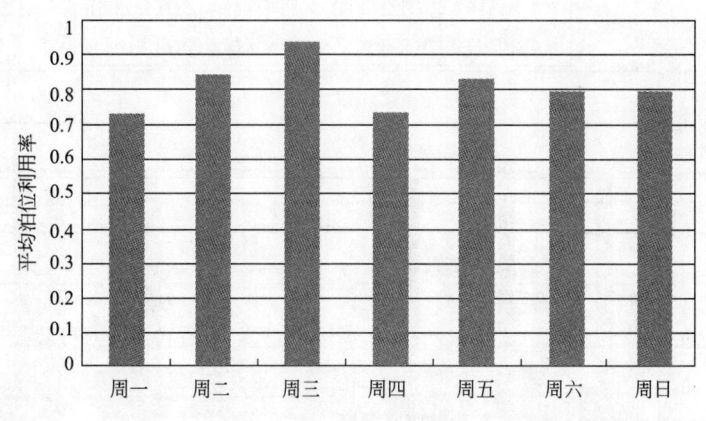

图 4-8 海淀区样本②平均泊位利用率分布

81

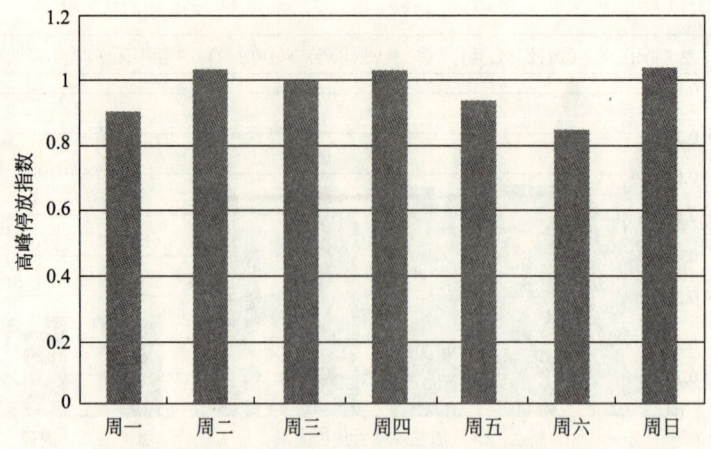

图 4-9 海淀区样本②高峰停放指数分布

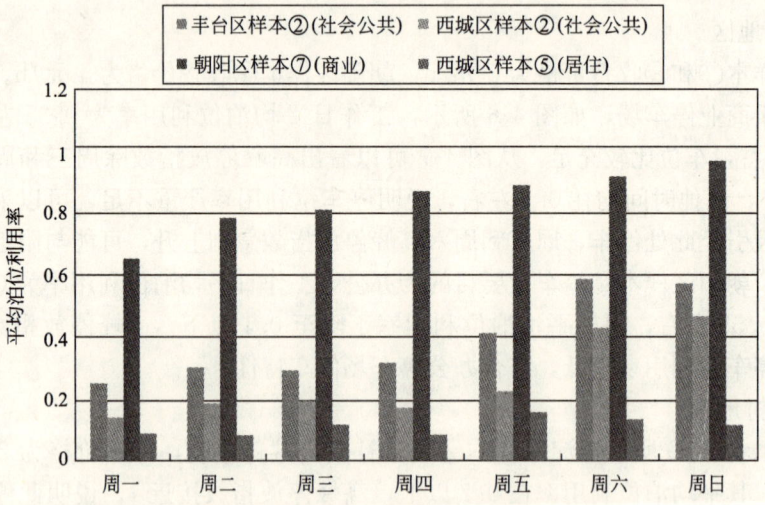

图 4-10 一类地区平均泊位利用率分布图

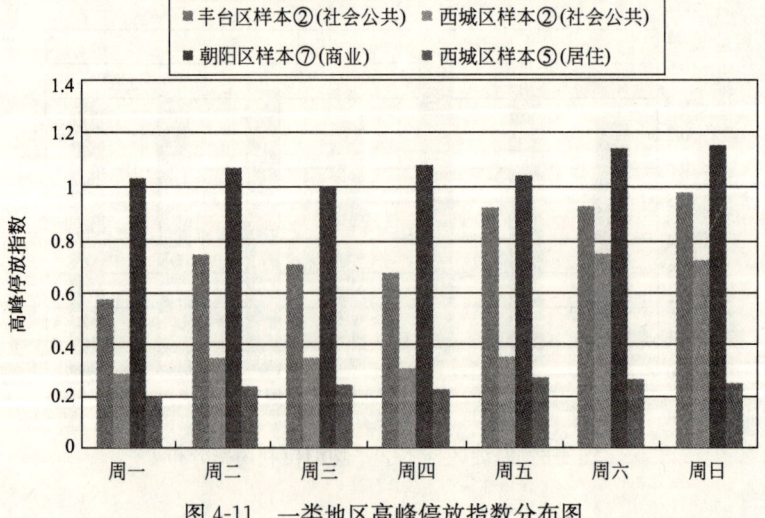

图 4-11 一类地区高峰停放指数分布图

4) 一类地区

如图4-10、图4-11所示，丰台区样本②停车场属于商业与办公综合停车场，收费价格为5元/h，一共有406个车位，营业时间为24h，平均泊位利用率较低，但是高峰停放指数均在0.6以上，且周末多为商业吸引停车数，高峰停放指数接近1，停车场接近饱和，高峰使用率较高。朝阳区样本⑦位于朝外大街的大型商业购物中心，收费价格为4元/h，共有77个停车位，泊位利用率接近1，且周末大于工作日，高峰停放指数大于1，这说明停车场的车位数严重不足。通过调查发现，朝阳区样本⑦附近的路内状况严重，这就需要采取一定的措施引导路内车辆进入正规停车场。西城区样本②停车场属于办公商业公用的停车场，收费价格为6元/h，工作日主要为以工作为目的的停车，周末则因为附近有大型商场，所以泊位利用率和高峰停放指数都大幅增加。这种停车场公用的模式有很大的借鉴意义。

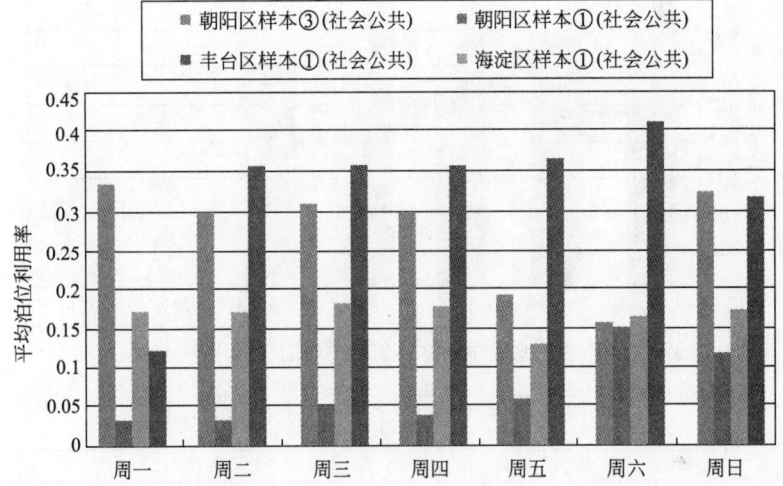

图4-12 二类地区社会公共停车场平均泊位利用率分布图

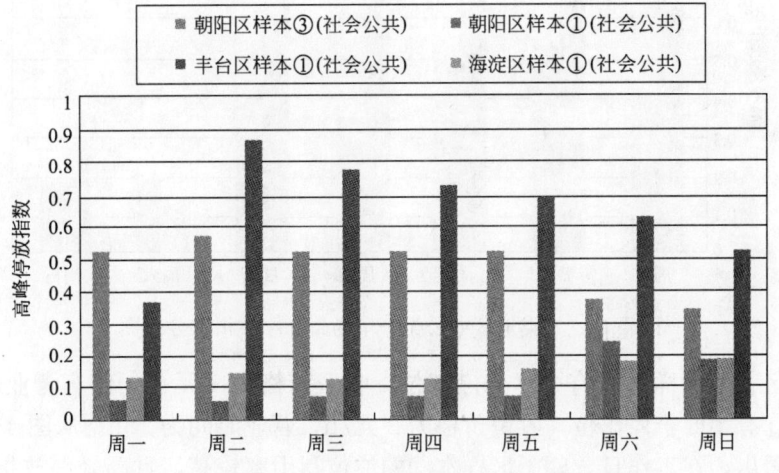

图4-13 二类地区社会公共停车场高峰停放指数分布图

5) 二类地区

对于二类社会公共停车场,朝阳区样本③有 2100 个车位,朝阳区样本①有 1015 个车位,收费价格均为 5 元/h;海淀区样本①有 1210 个车位,收费价格为 1 元/h;丰台区样本①有 155 个车位,收费价格均为 2 元/h。从图 4-12、图 4-13 可以看出,由于此类停车场容量比较大,各停车场的平均泊位利用率均低于 0.5,朝阳区样本①在周末多为观光的游客,停车场的使用率有所增加,但是总体来说停车的空置率较高。对于丰台区样本①客运枢纽中心,泊位利用率一周没有很大的变化,高峰停放指数在周末略有增加,但是停车场的利用率不足。

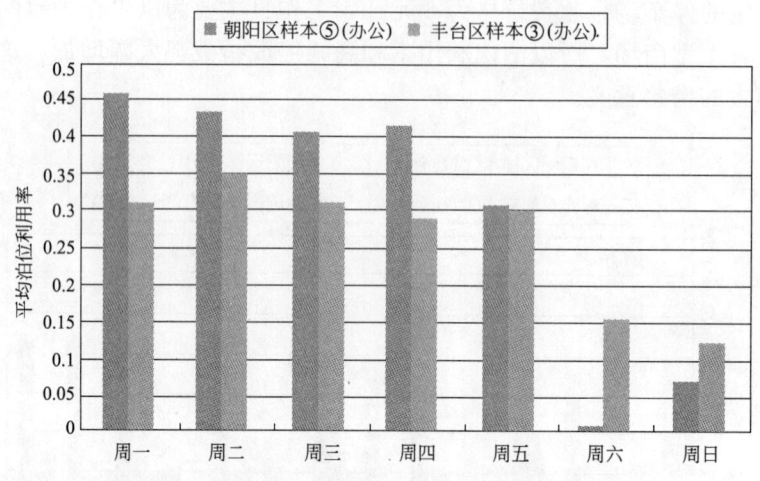

图 4-14 二类地区办公类停车场平均泊位利用率分布图

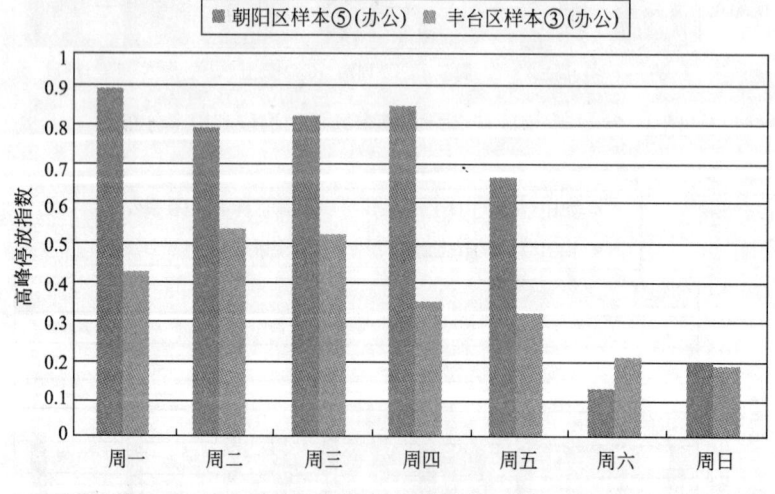

图 4-15 二类地区办公类停车场高峰停放指数分布图

二类地区朝阳区样本⑤有 260 个停车位,收费价格为 1 元/h,停车营业时间为 24h;丰台区样本③有 106 个停车位,收费价格为 2 元/h,营业时间为 18h。从图 4-14、图 4-15 就明显可以看出,在工作日,朝阳区样本⑤的泊位利用率较高,且高峰停放指数在 0.8 左右;而丰台区样本③的高峰停放指数最高达到 0.5,停车场使用率不足,这两个停车场到周末时间就处于闲置状态,高峰停放指数不足 0.2,这符合办公停车场的特性。

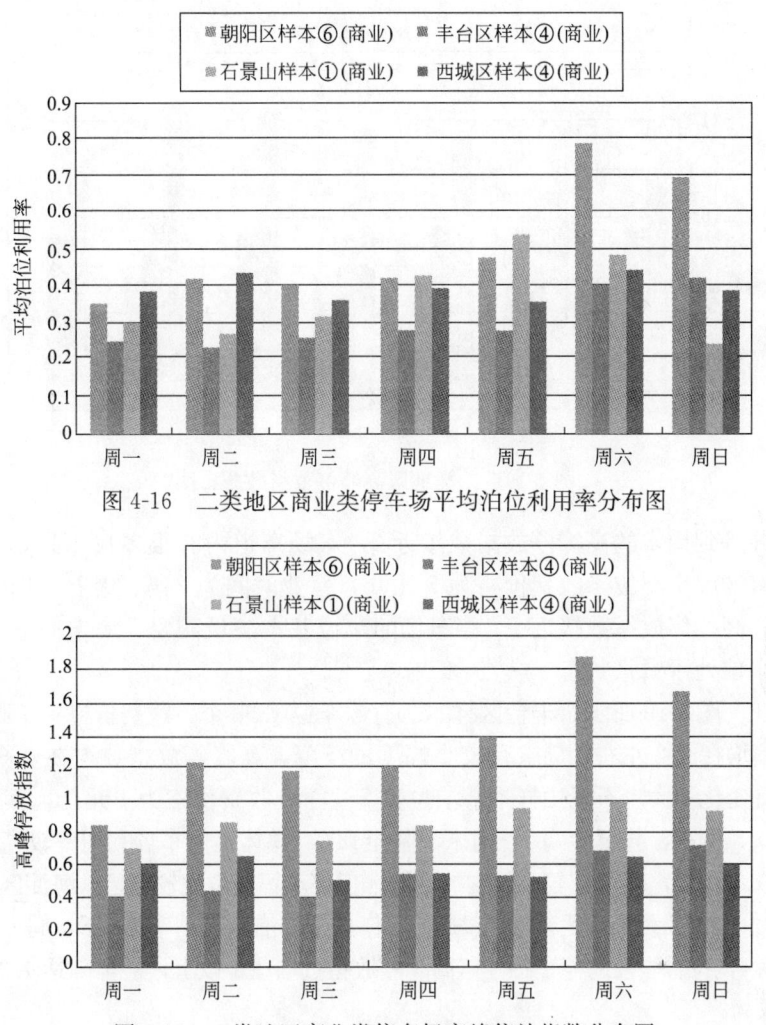

图 4-16 二类地区商业类停车场平均泊位利用率分布图

图 4-17 二类地区商业类停车场高峰停放指数分布图

朝阳区样本⑥有 760 个停车位，收费价格为 2 元/h，营业时间为 24h，从图 4-16、图 4-17 可以看出，周末车场的泊位利用率较高。且一周的高峰停车指数在 1 以上，车位

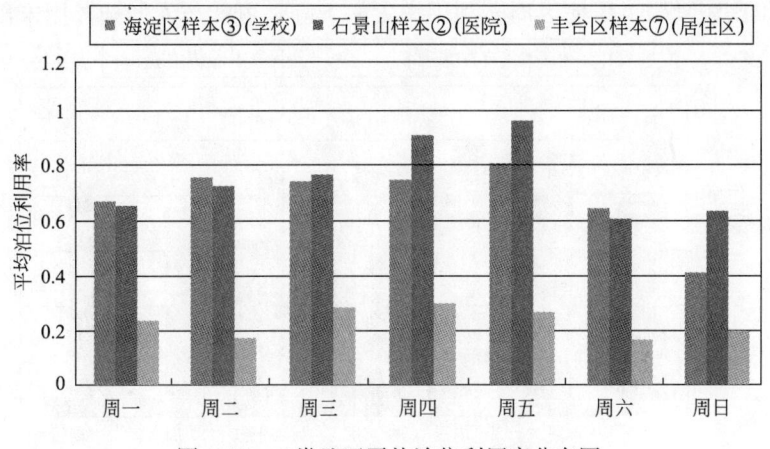

图 4-18 二类地区平均泊位利用率分布图

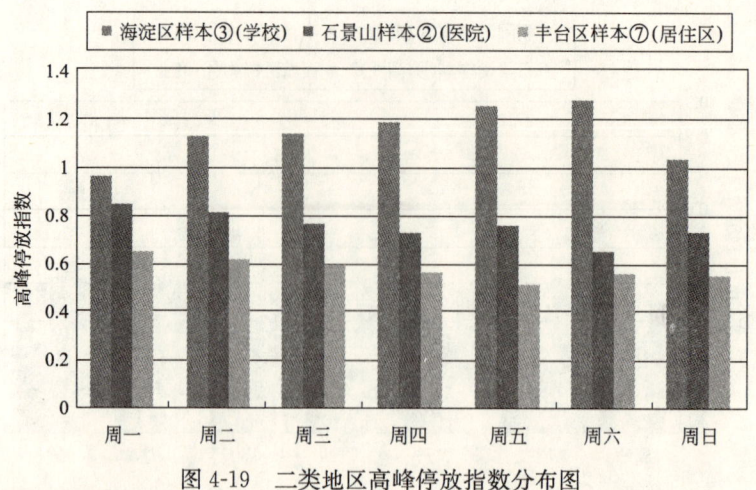

图 4-19　二类地区高峰停放指数分布图

供不应求，并且到周末的高峰停放指数接近 2，车场车道内有很多找不到车位的车辆。石景山样本①有 804 个车位，收费价格为 5 元/h，营业时间为 24h，周五、周六的停车泊位利用率较高，高峰停放指数接近 1，停车场的车位基本满足需要。周末商业类停车场的车流量较大，车位处于紧张状态。

如图 4-18、图 4-19 所示，丰台区样本⑦有停车位 1368 个，收费价格为 150 元/月，其平均泊位利用率均在 0.2 左右，周末有较小幅度的下降，高峰停放指数均在 0.6 左右，周六、周日与工作日变化不大。石景山样本②泊位数 184 个，收费价格为 1 元/h，其平均泊位利用率工作日在 0.8 左右，甚至达到 1，周末下降至 0.6，总体上停车场利用率较高，高峰停放指数工作日在 0.8 左右，周末有较小幅度的下降，但停车场车位比较充足。海淀区样本③停车位 300 个，收费价格为 2 元/h，运营时间 24h，工作日平均泊位利用率为 0.8，周末有较大幅度下降，下降至 0.4，符合学校的停车特性，高峰停放指数均在 1 以上，甚至高达 1.3，说明停车场车位供不应求。

6) 三类地区

如图 4-20、图 4-21 所示，丰台区样本⑤收费价格为 1 元/h，丰台区样本⑥为 2 元/h。三类地区医院的停车场泊位利用率工作日在 0.4 以上，周末略低。高峰停放指数接近 0.8，高峰时刻车位比较紧张。居住区周末利用率大幅下降，可能与人们选择周末出游有关。

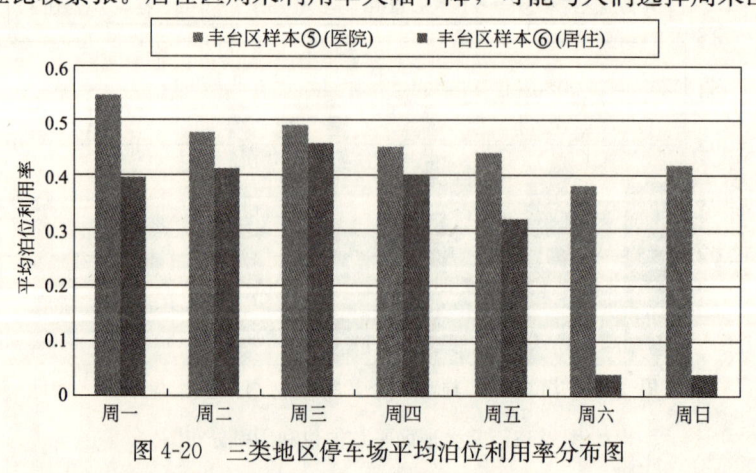

图 4-20　三类地区停车场平均泊位利用率分布图

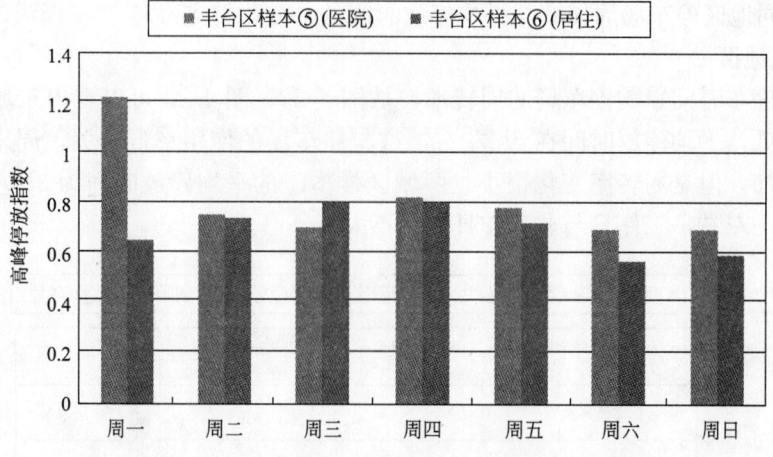

图 4-21 三类地区停车场高峰停放指数分布图

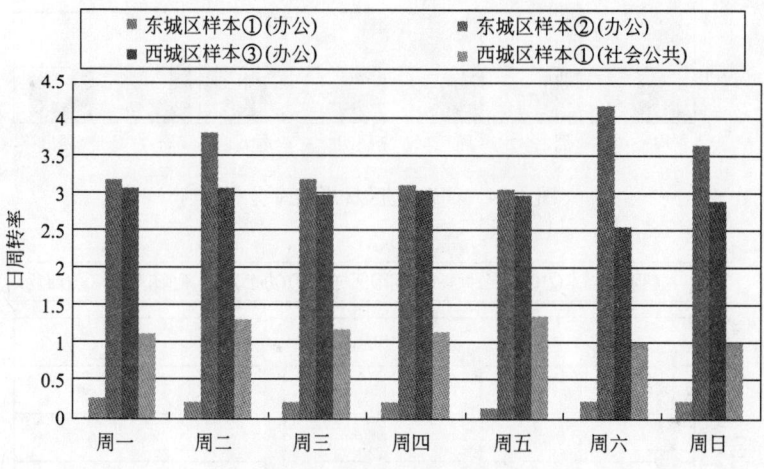

图 4-22 旧城地区日周转率分布图

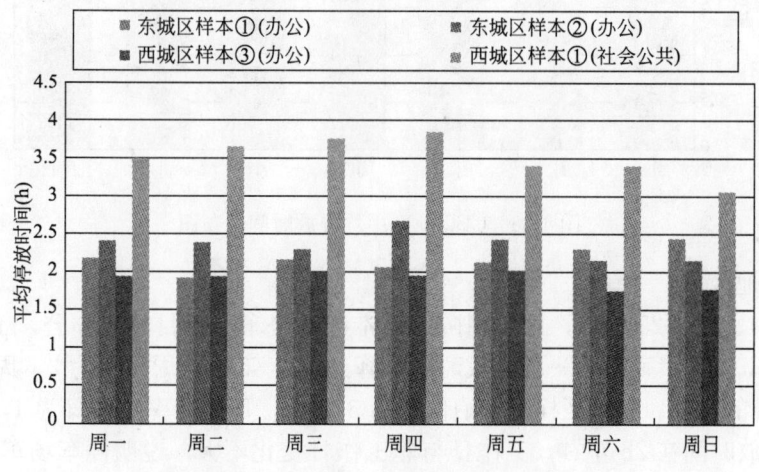

图 4-23 旧城地区平均停放时间分布图

（2）不同地区停车场周转率与平均停放时间的日变化特点

1）旧城地区

车辆的停车时间影响停车场的周转率，从图4-22、图4-23可以看出东城区样本①的日周转率最低，平均停放时间在2h左右，这与停车场的使用率低有关，周末的平均停车时间略有增加，但是周转率变化很小。西城区样本①的平均停放时间为3h左右，相应的周转率只有1左右，工作日与非工作日变化不大。

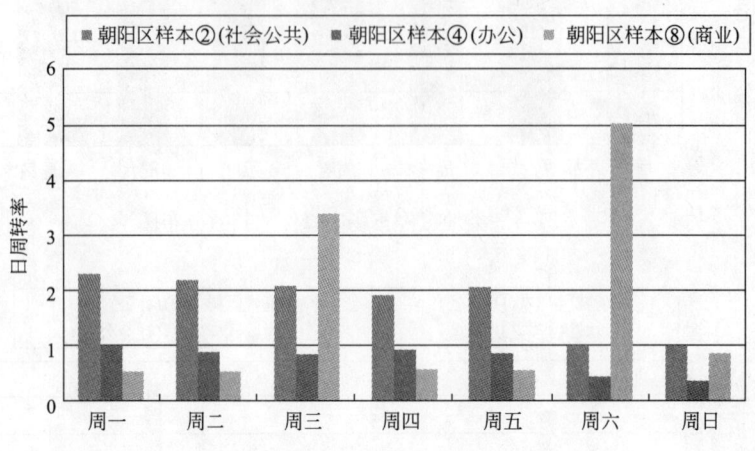

图4-24　CBD地区日周转率分布图

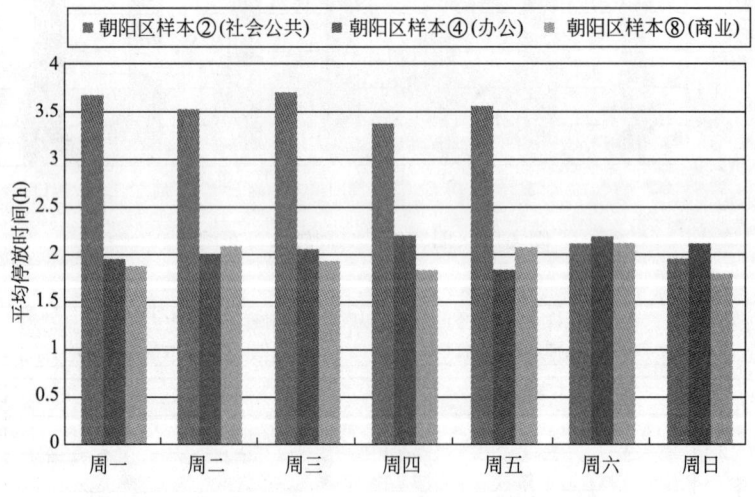

图4-25　CBD地区平均停放时间分布图

2）CBD地区

如图4-24、图4-25所示，对于朝阳区样本②，停车主要目的为办公，工作日平均停放时间在3.5h左右，而周末平均停放时间下降到2h，工作日周转率为2，周末下降至1，符合办公停车的特性。朝阳区样本④泊位数为322个，日周转率工作日为1，周末下降至0.5，平均停放时间在2h左右，工作日与非工作日变化不大，说明停车场车位比较充足，且使用情况符合办公停车场特性。

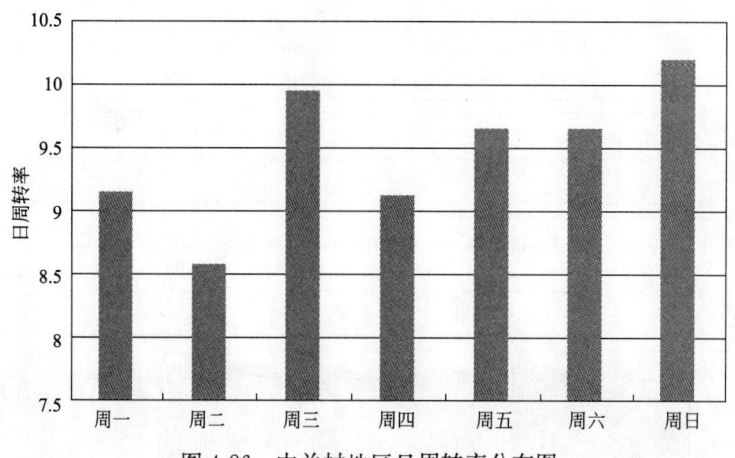

图 4-26 中关村地区日周转率分布图

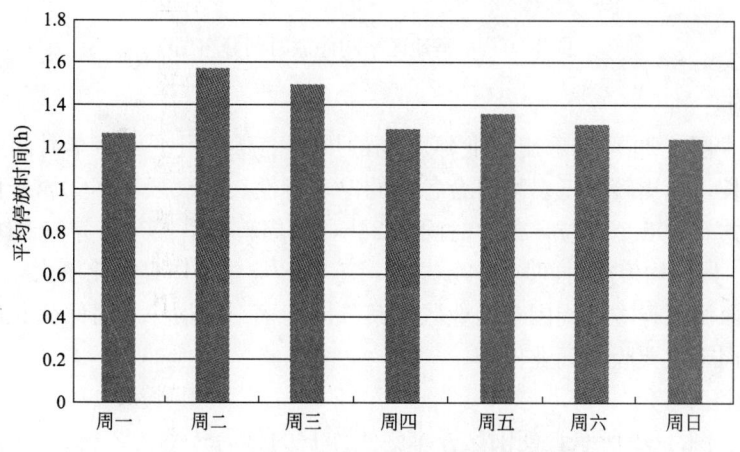

图 4-27 中关村地区平均停放时间分布图

3) 中关村地区

从图 4-26、图 4-27 可知中关村地区的周转率很高,最大高于 10,且平均停放时间在 1.2h 左右,整个停车场的周转率高则停车场的利用率高。

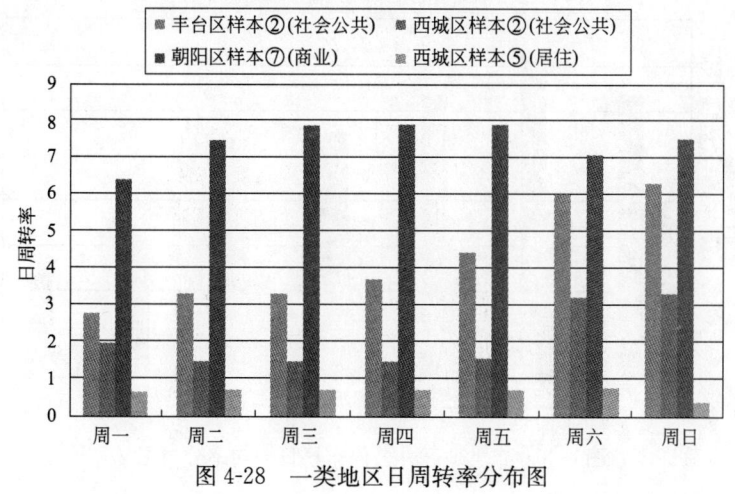

图 4-28 一类地区日周转率分布图

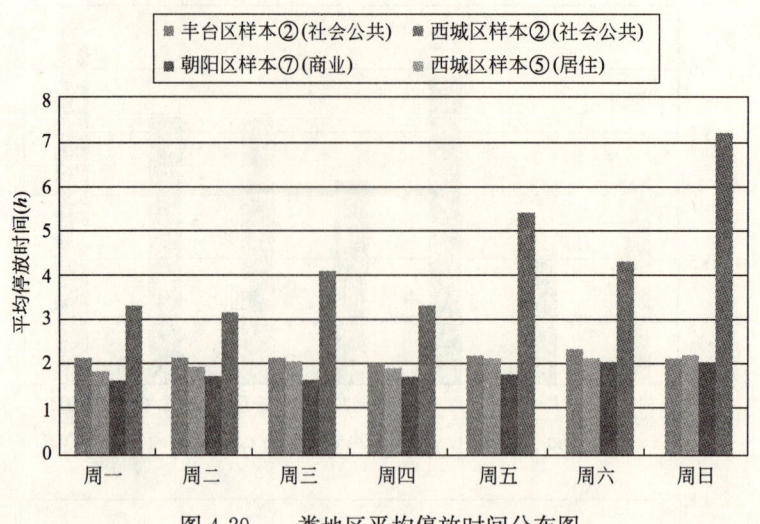

图 4-29　一类地区平均停放时间分布图

4) 一类地区

从图 4-28、图 4-29 可以看出商业停车场的周转率高，但平均停车时间短，居住区的平均停车时间长，但周转率低，均符合各自的停车特性。丰台区样本②属于商业与办公综合停车场，一共有 406 个车位，营业时间为 24h，其周转率呈上升趋势，工作日在 3 左右，周末上升至 6，其平均停放时间均在 2h 左右，工作日与非工作日变化不大，说明周末主要是商业停车。西城区样本②周围有商业区，其日周转率与平均停放时间变化趋势与丰台区样本②类似，周末主要吸引商业停车。

5) 二类地区

如图 4-30、图 4-31 所示，朝阳区样本⑤工作日的日周转率在 2 左右，周末下降至 0.5 以下，平均停放时间工作日为 5h 以上，周六仅为 1.5h 左右，周日达到 4h，说明周末停车场利用率不高。丰台区样本③日周转率工作日为 3 左右，非工作日下降至 1.5 左右，平均停车时间均在 2h 左右，这与停车场的利用率有关。

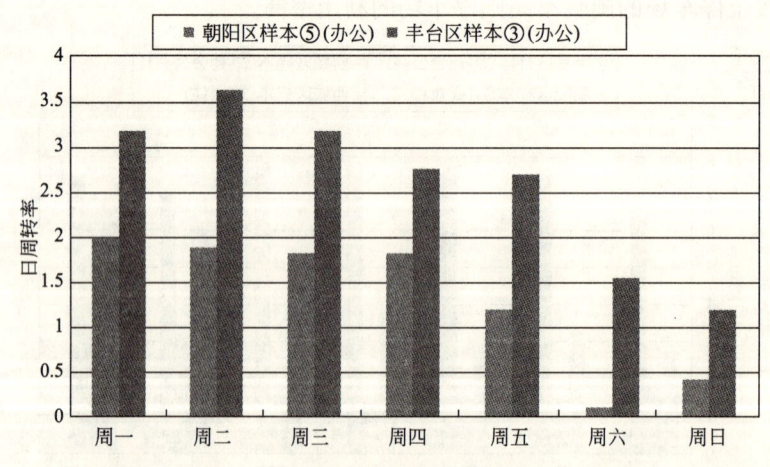

图 4-30　二类地区办公停车场日周转率分布图

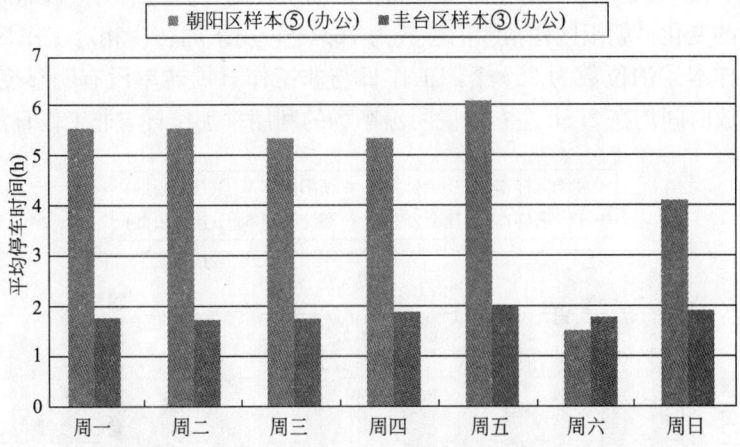

图 4-31 二类地区办公停车场平均停放时间分布图

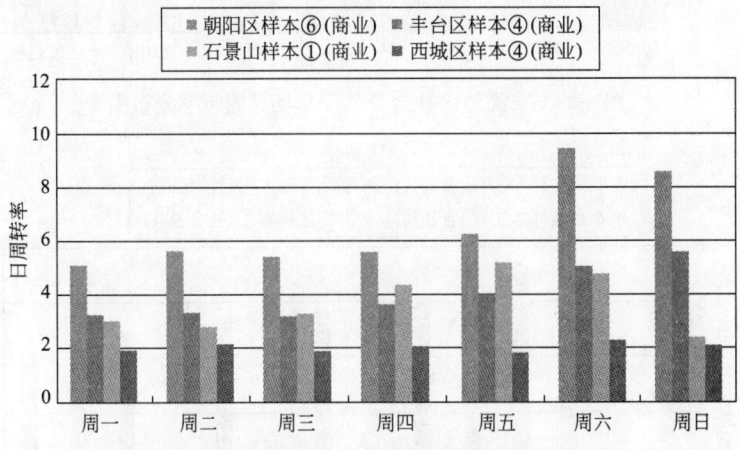

图 4-32 二类地区商业停车场日周转率分布图

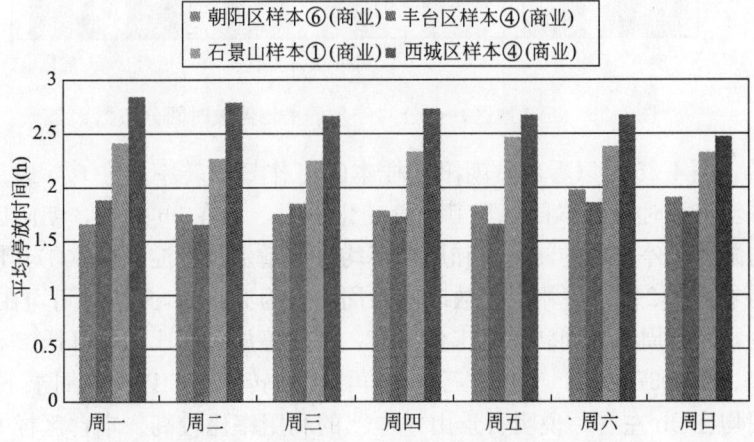

图 4-33 二类地区商业停车场平均停放时间分布图

如图 4-32、图 4-33 所示，商业停车的周转率周末较高，但是平均停放时间工作日与非工作日没有很大的变化。朝阳区样本⑥泊位数为 760 个，周末周转率相对工作日有较大幅度的提高，西城区样本④泊位数为 255 个，工作日与非工作日周转率没有明显变化，均在 2 左右，其平均停放时间均在 2.5h 左右，说明停车场的利用率工作日与非工作日没有明显变化。

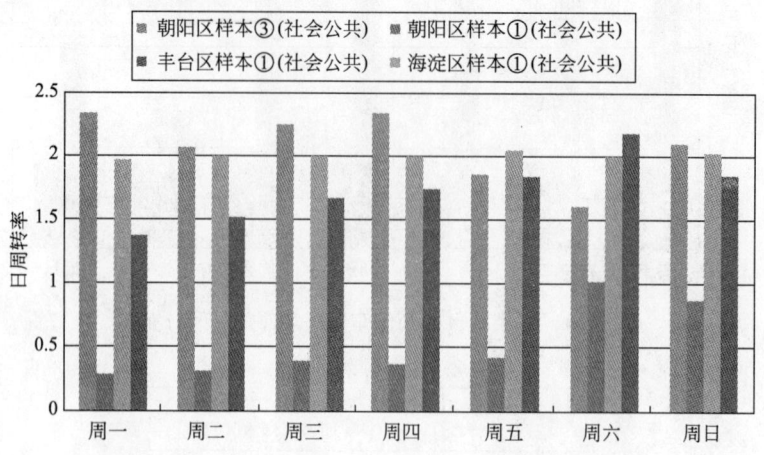

图 4-34　二类地区社会公共停车场日周转率分布图

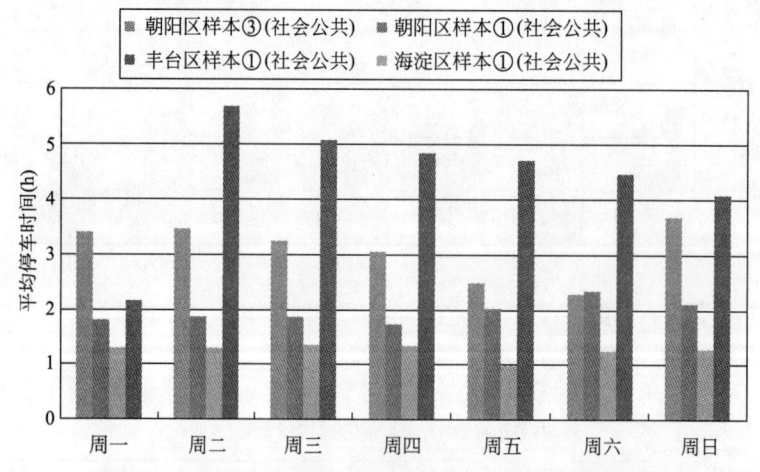

图 4-35　二类地区社会公共停车场平均停放时间分布图

从图 4-34、图 4-35 可以看出，朝阳区样本①工作日周转率均在 0.5 以下，周末上升至 1 左右，平均停放时间工作日与非工作日变化不大，均在 2h 左右，朝阳区样本①在周末多为观光的游客，停车场的使用率和周转率均有所增加。海淀区样本①其周转率呈逐渐上升趋势，周末达到 2 左右，平均停放时间除周一仅为 2h 外，其他时间均在 4h 以上，学校附近有商业，因此周末其周转率比工作日高，平均停放时间比工作日低。

如图 4-36、图 4-37 所示，工作日石景山样本②周转率在 7 以上，周末下降至 5 左右，平均停放时间均在 2h 左右，说明石景山样本②的利用率比较高。丰台区样本⑦的日周转率在 0.5 左右，说明其利用率较低，大约一半车位闲置，其平均停放时间工作日在 14h 左右，非工作日下降为 8h 左右，可能与周末居民出游有关，符合居住区停车场的停车特性。

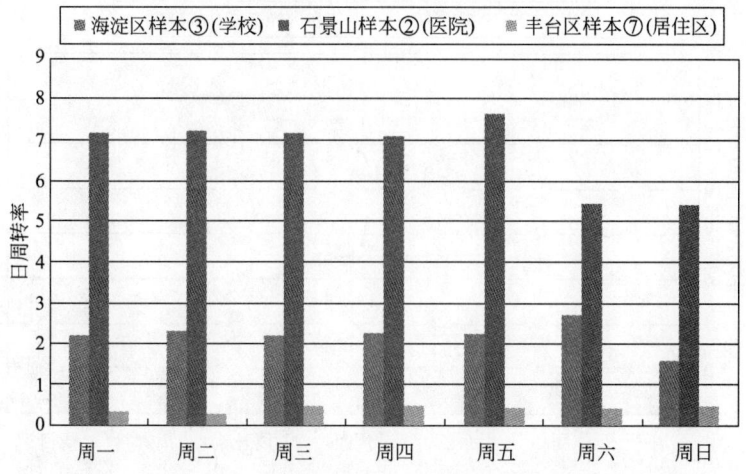

图 4-36 二类地区日周转率分布图

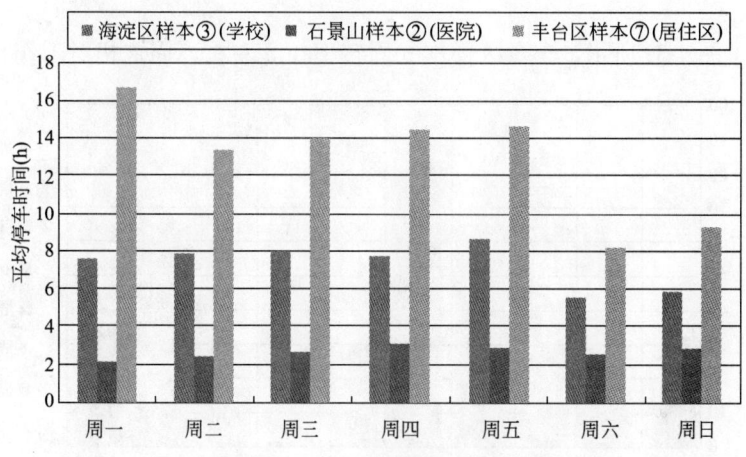

图 4-37 二类地区平均停放时间分布图

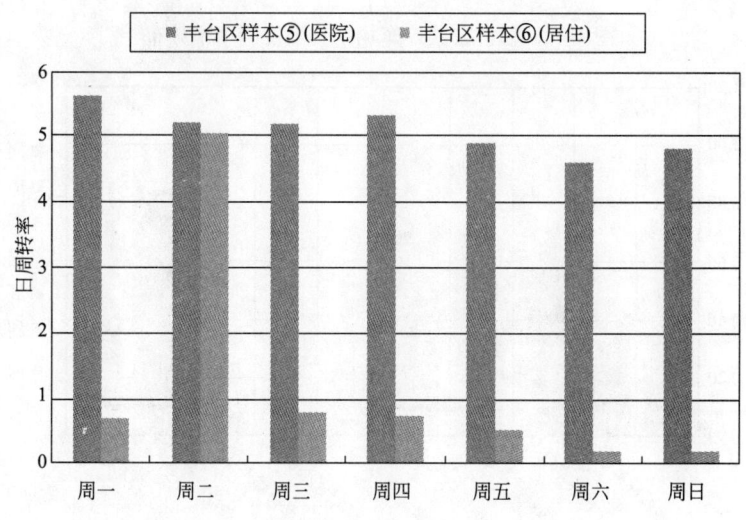

图 4-38 三类地区日周转率分布图

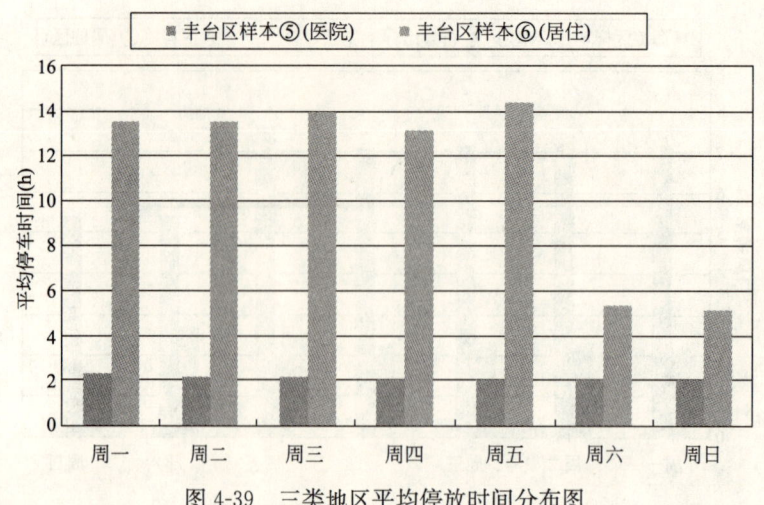

图 4-39 三类地区平均停放时间分布图

6) 三类地区

如图 4-38、图 4-39 所示，丰台区样本⑤周转率在 5 左右，周末相对工作日有较小幅度

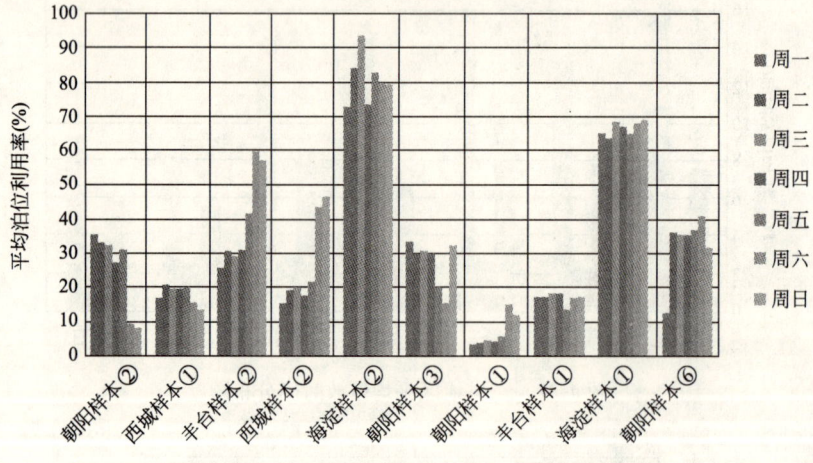

图 4-40 社会公共停车场平均泊位利用率分布

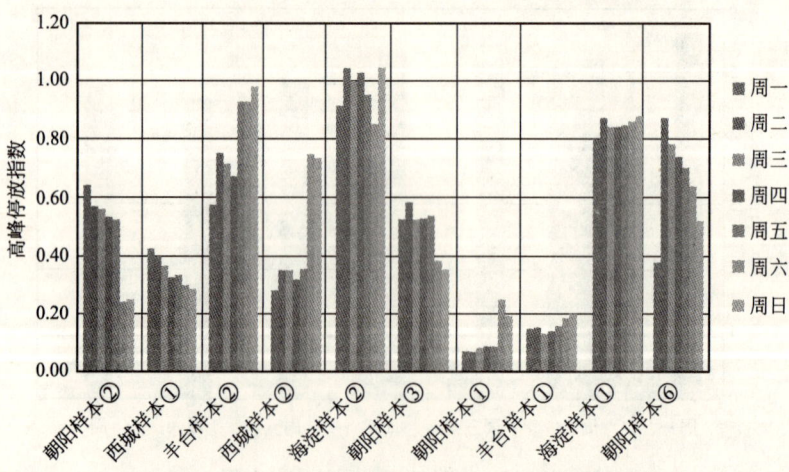

图 4-41 社会公共停车场高峰停放指数分布

的下降，平均停车时间均在 2h 左右，说明丰台区样本⑤停车场利用率高。丰台区样本⑥工作日周转率为 0.5 左右，周末下降至 0.1 左右，该停车场利用率较低，车位闲置情况比较严重，其平均停车时间工作日在 14h 左右，周末下降至 5h 左右，可能与居民周末出游有关。

(3) 社会公共停车场停车设施服务特点

社会公共停车场为除路内停车场外的城市公共停车场所，是弥补配建停车场不足而设立的停车场，因此分析社会公共停车的停车设施服务特点要从其弥补配建停车场的效果说明。

通过停车行为调查与停车基本情况调查，图 4-40、图 4-41 中 10 个样本的停车主要目的见表 4-6。

选取的 10 个社会公共停车场样本的主要停车目的表　　　　表 4-6

样本	朝阳②	西城①	丰台②	西城②	海淀②	朝阳③	朝阳①	丰台①	海淀①	朝阳⑥
主要停车目的	办公	办公	办公	办公	商业	商业	文体	枢纽	学校	商业

从图 4-40、图 4-41 看出，所有停车场的平均泊位利用率均大于 0，说明均有停车需求。对于弥补办公配建不足的停车场，朝阳样本②、西城样本①、丰台样本②、西城样本②的平均泊位利用率较低。朝阳样本②位于 CBD 地区，收费价格为 5 元/h，泊位数 300 个，停车主要目的为办公，工作日平均泊位利用率为 30% 左右，高峰停放指数 0.55 左右，周末平均泊位利用率下降至 10% 以下，高峰停放指数下降至 0.2 左右，周末停车场利用率较低，停车资源空置率高；西城样本①规律与其相似；丰台样本②与西城样本②停车场均属于弥补商业、办公配建不足停车场，丰台样本②共有 406 个车位，收费价格为 6 元/h，营业时间为 24h，日泊位利用率较低，但是高峰停放指数均在 0.6 以上，且周末多为商业吸引停车，泊位利用率大幅增加，高峰停放指数接近 1，停车场接近饱和，停车场使用率较高；西城样本②与丰台样本②性质相似，这类停车场利用模式有很大的借鉴意义，周末停车场对外公开，不仅能充分利用停车场资源，还能缓解周边商业停车场的压力。

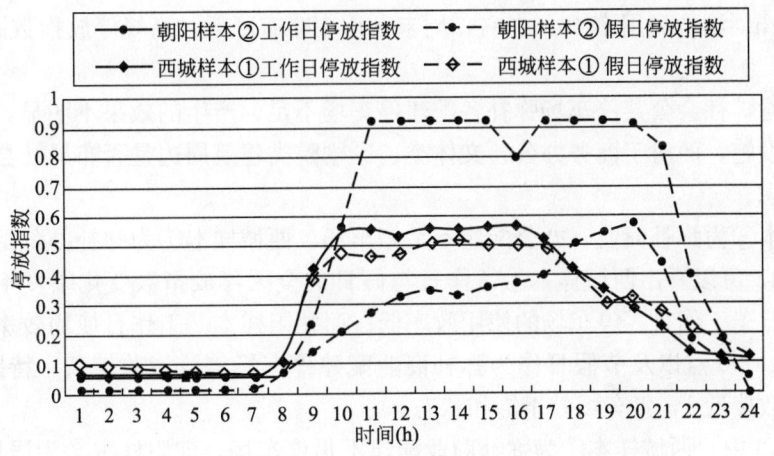

图 4-42　社会停车场资源共享分析

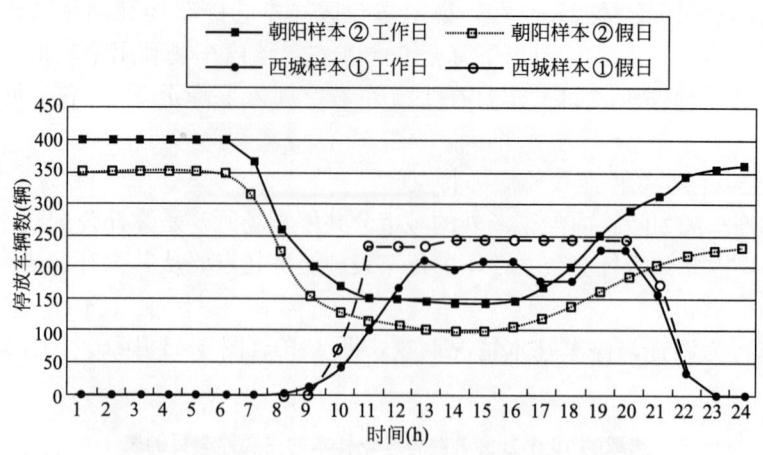

图 4-43 社会停车场与居民区停车场资源共享分析

对于弥补商业配建不足的停车场，一类地区泊位利用率高，二类地区泊位利用率低。海淀样本②位于中关村西区，泊位数为 174 个，收费价格 2 元/h，其平均泊位利用率在 70% 以上，高峰停放指数接近 1，说明此停车场处于饱和状态；朝阳样本③位于二类地区，收费价格为 5 元/h，泊位数为 2100 个，泊位利用率仅为 30%，高峰停放指数 0.5 左右，可知此停车场高峰时间停车场使用率较高，而其他时间停车场的使用率低，空置率较高。

对于弥补文体、影剧院类配建不足的停车场，朝阳样本①在周末多为观光的游客，收费价格为 5 元/h，停车场的使用率有所增加，非赛时或者活动期间的泊位利用率低，空置率较高，存在着资源浪费现象。为了弥补交通枢纽配建不足的停车场，丰台样本①为停车淡季的枢纽，海淀样本①为暑运时期的枢纽，属于旺季，收费价格 2 元/h，淡季与旺季的泊位利用率一周没有很大的变化，淡季空置率较高，停车场利用率低，而旺季相比淡季停车场利用率与高峰停放指数明显增加。

对于弥补学校配建不足的停车场，海淀样本①位于二类地区，泊位数为 1210 个，收费价格 1 元/h，泊位利用率 40% 左右，周末利用率略有降低，高峰停放指数高于 0.6，基本供需平衡。

总体来看，社会公共停车场弥补各配建停车场不足，产生的效果不明显，商业周围急需布设停车设施，而对于商务办公、文体类、影剧院类建筑周边是否布局社会公共停车设施需慎重考虑。

朝阳样本②为弥补商业、办公配建不足停车场，西城样本①为弥补办公配建不足停车场。由图 4-42 可以看出西城样本①工作日与假日的全天停放指数变化幅度不大，假日的停放指数略低于工作日，停车场的使用效率低；而朝阳样本②工作日使用效率较低，而且 18：00 至 22：00 点以及节假日作为弥补商业配建停车场停放指数较高，特别是节假日，白天停放指数接近 1，停车场处于饱和状态。

在图 4-43 中，西城样本①为弥补商业配建不足停车场，朝阳样本②为居住区停车场。西城样本①的停车场泊位数 172 个，停车场在营业时间(10：00 至 21：00)处于饱和状态，非营业时间停车场处于闲置状态；而朝阳样本②白天停车数较低，而到晚上停车场处于饱和状态,对于白天居住区停车场闲置状态很高,而商业、办公等类型的停车场利用率很高的情况,可以考虑协商各类停车场共享,以使停车场的使用效率达到最高且均衡。

第三节 北京中心城停车问题总结

通过对北京市中心城停车设施的总结分析,可以发现主要停车问题如下:

1. 停车位总量供需不平衡

据北京市交通委员会 2010 北京市交通发展研究报告的全市停车普查资料,2009 年全市共有各类机动车收费停车场 5274 个,停车泊位 1278129 个。与机动车保有量相比(2009年 387 万辆),停车泊位数量只占保有量数量 33%左右,与中心城内迅速增长的停车需求相比,停车设施的供给还严重滞后于停车需求的增长。

2. 停车设施使用效率偏低,空间布局不合理

对弥补商业公配建的社会公共停车场泊位使用率普遍偏低的情况,主要原因在于许多行政事业单位拒绝外来车辆的停放要求,仅仅面向本单位车辆提供服务,导致大量的停车位得不到充分利用,一些单位大院院内车位空闲、院外乱停乱放的情形随处可见,导致停车资源严重浪费。由于停车收费价格存在差异,加上车辆停放方便程度不同,就难免产生以下的尴尬情形:在同一个地区,地面停车场拥挤排队、地下停车库零零散散;路内停车场超额运营、路外停车场停放不足;结果导致一方面停车矛盾依然突出,另一方面大量的车位空闲得不到合理使用。

3. 停车价格对停车设施的利用率影响不显著

在对弥补公配建停车场的使用效率分析中,发现停车价格对于停车设施的引导作用与杠杆作用均不明显。本次调查的数据以停车价格提价前为主,根据对停车场价格与停车场地理区位的分布来看,当时的停车价格缺乏区位差异性;根据停车行为问卷调查结果的分析,当时接受调查的停车场使用者对停车价格大都表示满意。以上两方面的因素综合作用下,停车价格对停车设施的利用率影响不显著。调价前后泊位利用率对比见表 4-7。

北京市停车价格调价前后用于停车设施利用率对比分析　　　　　　表 4-7

停车场	泊位数(个)	停车场类型	停车收费区域划分	调价前停车价格(元/h)	调价后停车价格(元/h)	调价前泊位利用率(%)	调价后泊位利用率(%)
西城区样本③	159	办公	旧城	6	10	63.9	57.6
西城区样本②	276	社会公共	一类	6	10	26.2	30.5
西城区样本④	255	商业	二类	6	10	39.7	38.2
东城区样本③	500	商业	CBD	3	10	50	47

4. 停车场使用者对停车场服务水平满意度不足

对整体调研的停车场行为分析,如图 4-44,48.69%的停车场使用者认为停车场车位供不应求,也是停车场现状存在的最大不足;其次 22.56%的停车场使用者认为停车场秩序混乱,现状有很多停车场是既没有电子引导也没有人工引导的,只有标志标线指引,因此停车场会显得秩序混乱;停车场管理落后为满意度不足的第三个因素,16.93%的人认为停车场管理落后。调查过程中了解到很多停车场使用者认为在周末高峰时期停车场的秩序没有非高峰时期的好,这也是停车场管理落后的一个体现。

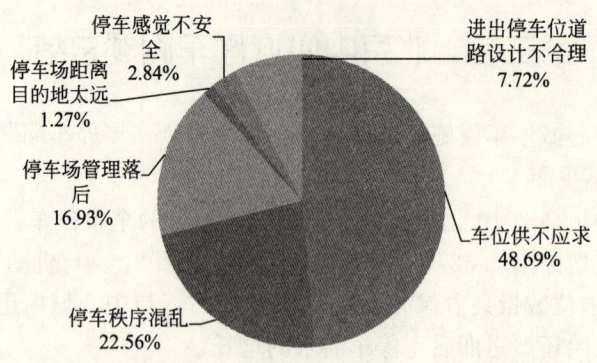

图 4-44 北京市中心城停车场停车问题分布图

第五章 停车场停车行为分析

受自身条件与外界条件的影响，不同的停车者在选择停车服务时会有不同的行为，不同区域的停车行为也有很大的差异，停车行为人在一定的交通环境下还表现出相应的特性。停车行为与特性体现了停车的根本特点，是分析城市停车供需关系，解析城市停车矛盾的基本依据。分析和掌握停车行为与特性是编制城市停车设施规划与制定停车政策的基础。

第一节 城市停车行为影响因素

停车者在选择停车服务时，供选对象往往不止一个，可以选择路内停车，也可以选择路外停车，停车者综合考虑各种因素最终选择适合自己的停车服务设施。受习惯、偏好影响，停车行为也有不确定性，在相同的环境下，不同出行者可能会做出不同的选择。一般而言，停车者在评估停车设施时主要受经济因素、使用效率、使用习惯、环境因素以及停车者自身特性、车辆特性的影响。

一、经济因素与停车行为

从经济角度看，停车者选择停车服务的过程是一种消费过程，停车者付出一定的代价来换取与之等值的停车服务，停车者的选择过程也遵循消费者的经济行为规律。经济是影响停车行为的主要因素。

(1) 停车收费对停车行为的影响

停车收费是影响停车行为的最为重要的因素之一。根据国外有关研究成果，个人出行的产生条件包括出行机会的产生、出行的效用大于出行的代价等，如果出行的代价大于出行所带来的效益，则出行者会考虑取消出行或者改用更为经济的出行方式。一般而言，由停车者自己支付停车费用时，停车者对于停车费用比较敏感，提高停车费用会使停车者转向选择其他停车设施。停车收费对出行目的地也产生明显影响。对于上班、公务等具有固定目的地的出行者而言，停车收费可以影响其出行方式的选择，但一般不会改变其出行目的地。对于购物、娱乐、休闲为目的的出行者来说，目的地有一定的选择余地，停车收费对出行目的地的选择就能产生影响。因此要达到预期的停车需求管理的效果，必须正确把握停车行为与停车费用的关系，过低或者过高的停车收费都会带来负面的影响。

通过调节停车费用可以有效地调控城市不同区域的停车供需关系、停车设施供应结构和汽车使用率。

(2) 停车人员类型对停车行为的影响

不同类型的出行者对停车费用的反应也存在很大的差异，这一差异主要源于停车者对时间价值观念的不同。出行时间和出行费用是出行者对出行成本估值的两个重要方面，出行费用是经济代价，而出行时间是时间代价。出行者对出行时间与停车费用的认识一般存在以下关系：出行者的时间价值越高，越在意出行时间的节约而相对忽略出行费用的影响；出行者的时间价值越低，越在意出行费用的影响而对出行时间要求相对宽松。

出行者对出行时间的价值估计往往与其家庭的经济收入相关，一般而言，收入越高的群体，出行费用占家庭可支配收入的比例越小，对出行时间的要求越高；收入越低的群体，出行费用占家庭可支配收入的比例越大，相对更介意出行费用的影响。因此停车费用价位的制定应首先了解不同类型人员的时间价值观念，正确把握规划停车设施影响区域内停车者对停车费用的敏感程度，才能恰到好处的利用经济杠杆的作用调控停车供需关系，达到预期的效果。

（3）停车可达时间对停车费用的折减

停车可达时间也会对停车行为产生一定的影响。停车可达时间是指停车到存时间和取离时间，是出行时间成本的一部分，停车可达时间短的停车设施对停车费用有一定的折减作用。一般而言，停车设施可达性越高则更容易吸引短时间的停车者，因此停车设施可达性越高，停车设施周转率就越高；而对于可达性低的停车设施，利用者往往停车时间较长，停车设施周转率较低。

二、使用习惯与停车行为

停车习惯是在个人偏好、社会环境、停车设施的供应特点等因素的影响下形成的。不同类型的城市其停车习惯有较大的差异，如停车时间长短对停车设施选择的心理差异、大中小城市对步行距离要求的差异等。

停车设施规划与停车政策的制定需要考虑一个城市停车习惯的影响，既要注意尊重城市特有的停车习惯，适应停车者的需求，同时也要从发展进步的角度改变不合理的停车习惯，创造和谐的城市停车环境。

三、环境因素与停车行为

人文环境对停车行为有一定的影响。如不同类型的住宅对应于不同层次的消费群体，居住区档次越高，住宅户均车辆拥有率和对停车服务的质量要求越高，停车者更注重停车的安全性，而对经济因素不敏感；低档住宅家庭收入相对较低，停车服务的选择除了安全性外，停车费用的影响较大。随着小汽车数量的增加以及收入水平的提高，人们对停车环境的安全性、便捷性将会提出更高的要求，停车设施规划应注意与地区环境需求相适应。

四、车辆特点与停车行为

车辆特点影响停车行为，主要表现为本地车与外地车、公车与私车、新车与旧车以及车辆价格的高低等所体现出来的停车行为差异。

外地车辆一般对停车设施的位置、收费等情况不熟悉，不愿意为寻找、选择停车设施而过多浪费时间，一般以距离目的地最近为原则或按习惯选择停车设施；本地车辆对停车的位置、收费等情况较为熟悉，停车者会综合考虑各方面的影响因素作出选择，一般以服务效用最大化为原则选择停车设施，即选择时间成本、经济成本和服务水平最适合自身要求的停车设施。

第二节 北京中心城社会公共停车场停车行为分析

北京市中心城停车场停车行为问卷总共调查 3118 份。进行问卷调查的停车场在北京市的分布如图 5-1 所示。其中包含了不同类型停车场的使用者，有社会公共、办公、商业、文化体育、交通枢纽、游览场所、医院和居住区的停车场。所调查的这几类停车场在中心城六区的分布见图 5-2。

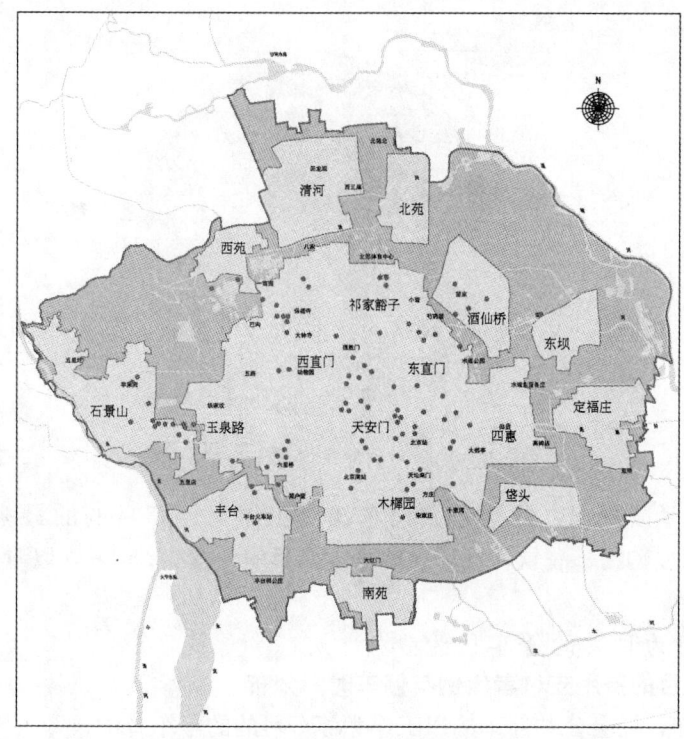

图 5-1　北京中心城调研停车场分布图

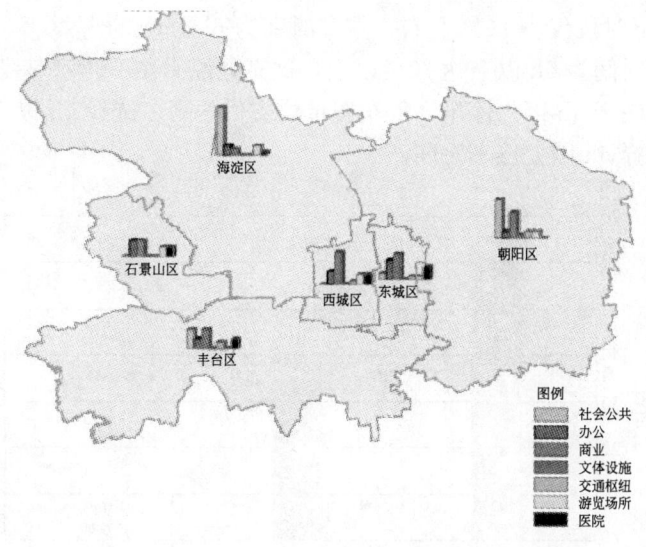

图 5-2　北京市中心城各区调研停车场类型分布

一、北京市中心城社会公共停车场目的的分布特点

在上述的北京市中心城停车场问卷调查中,总共完成社会公共停车场的停车行为调查问卷 858 份。停车目的调查结果分布见图 5-3:

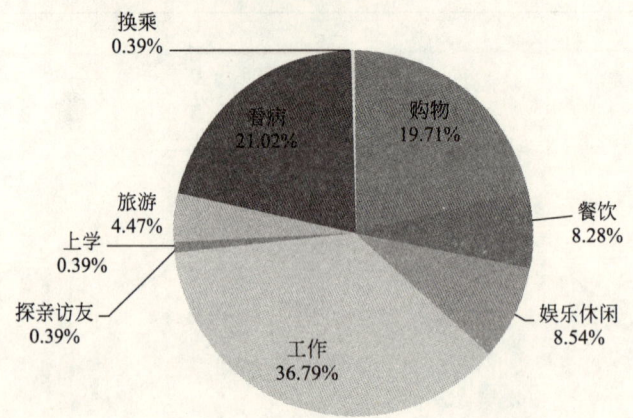

图 5-3　社会公共停车场停车目的分布

从图 5-3 中可以看出,社会公共停车场以工作为停车目的的最多,所占比例为 36.79%,其次为以购物、餐饮、娱乐休闲为主要目的,占 36.53%,以看病为停车目的占 21.02%。

二、以工作出行为目的的停车行为分析

1. 以工作为停车目的费用支付者比例与停车时间分布

从图 5-4 可知,社会公共停车场以工作为停车目的的停车者中,个人支付占 60.93%,单位报销为 35.13%,免费仅为 3.94%。如图 5-5 所示停车者的停车费用大多为自己支付,在停车价格的影响下,停车时间为 3h 以下时段占 60%,而停车费为单位支付的情况下,停车时间为 3h 以下时段仅占 20% 左右,停车时间为 6h 以上的占 40% 以上,而在停车免费的情况下,停车时间为 6h 以上达 70% 以上,这充分说明在不同停车费用支付者情况下,停车费个人支付倾向于 3h 以内停车,停车费单位支付的则多选择 4h 以上长时间停车,免费停车则更多的选择 6h 以上停车时间。

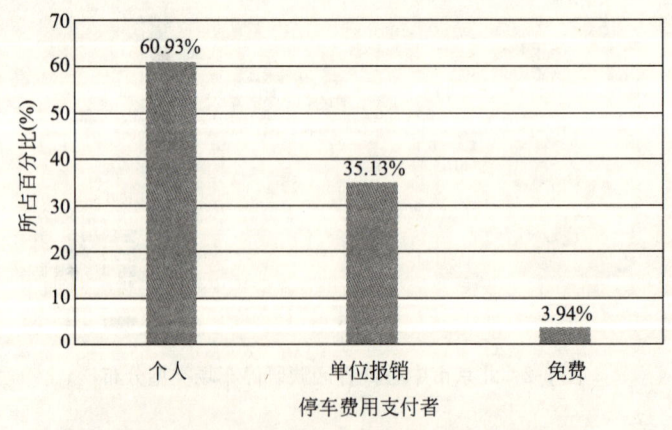

图 5-4　以工作为停车目的费用支付者比例分布

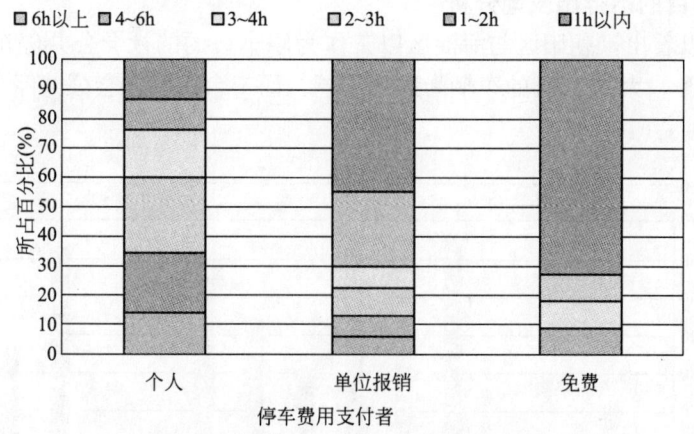

图 5-5 以工作为停车目的费用支付者停车时间分布

2. 以工作为停车目的选择停车场理由分析

从图 5-6 可知,社会公共停车场以工作为停车目的,停车者选择停车场的理由主要为距离目的地最近,占总数的 91.64%,其次为停车方便。

3. 以工作为停车目的停车价格满意度分析

从图 5-7 可知,停车费个人支付的情况下,有超过 40% 的停车者认为停车费用过高,认为停车费用合理的超过 50%,而单位支付中超过 70% 的停车者认为停车费用合理,认为停车价格过高的不到 20%,从中可以看出停车费用支付者为个人支付的停车者对价格较为敏感,而停车费用单位支付的停车者不在意停车费用。

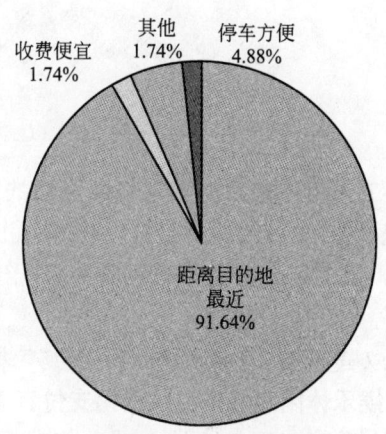

图 5-6 以工作为停车目的选择停车场理由分析

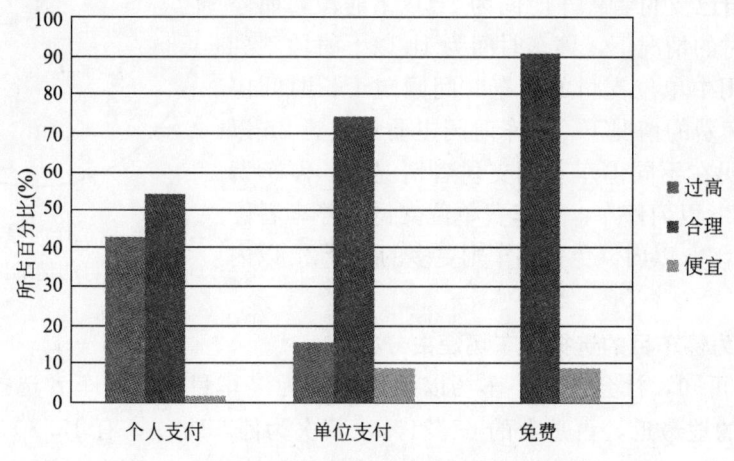

图 5-7 以工作为停车目的停车价格满意度分析

4. 以工作为停车目的的出行出发地分析

从图5-8可以看出,朝阳区与海淀区以工作为停车目的的社会公共停车场的吸引停车者主要为区内停车,大约30%的车辆为区外车辆。而丰台区的社会公共停车场主要吸引区外停车。

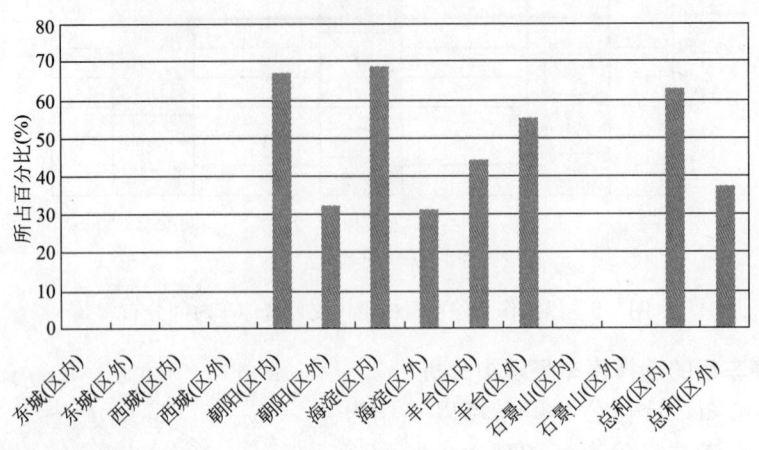

图5-8 以工作为停车目的的出行出发地分析

5. 以工作为停车目的停车场距离目的地的距离分析

从图5-9可知,社会公共停车以工作为目的的停车场距离目的地的距离,以5~10min为主,说明社会公共停车场弥补公配建办公停车场的便捷性需要加强,吸引更多的停车者来此停车。

三、以娱乐休闲为出行目的的停车行为分析

1. 以娱乐休闲为停车目的的费用支付者比例与停车时间分布

从图5-10可知,社会公共停车场以娱乐休闲为停车目的的停车者中,个人支付占总数的83.81%,单位报销仅为10.79%,免费所占最小。如图5-11所示,有30%左右停车费用自己支付者停车时间为1h以下时段,而停车费由单位支付的情况下,停车时间为1h以下时段不到20%,停车费用中单位支付的停车时间倾向于长时间停车,而停车费免费的情况下,停车时间主要集中为2h以内,这充分说明在不同停车费用支付者情况下,停车费个人支付倾向2h以内停车,停车费单位支付的停车者停车时间则多选择3h以内,免费停车则更多的选择2h以内停车时间。

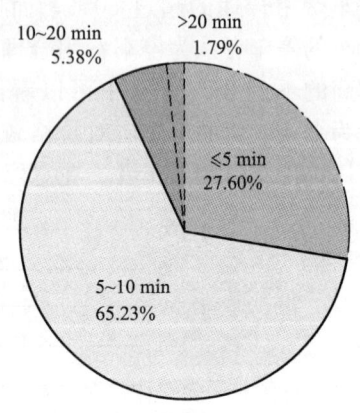

图5-9 以工作为停车目的的停车场距离目的地的距离分析

2. 以娱乐休闲为停车目的选择停车场理由分析

从图5-12可知,社会公共停车场以娱乐休闲为停车目的,停车者选择停车场理由主要为距离目的地最近,占总数的67.31%,其次为停车方便,有13.30%的停车者选择此停车场是因为收费便宜,说明停车者以娱乐休闲为停车目的的情况下,对价格比较敏感。

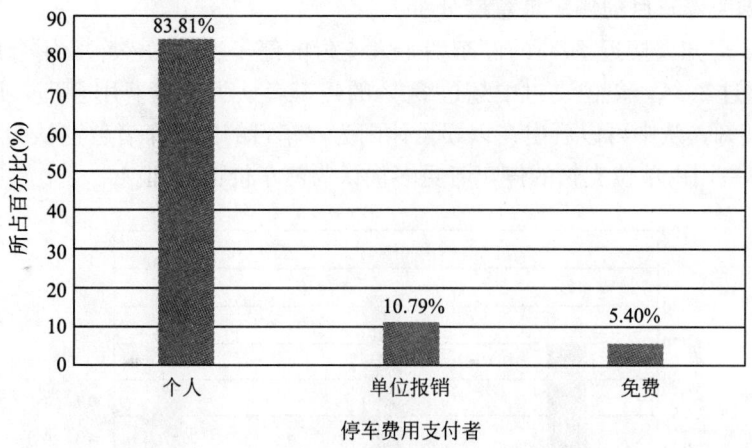

图 5-10 以娱乐休闲为停车目的费用支付者比例分布

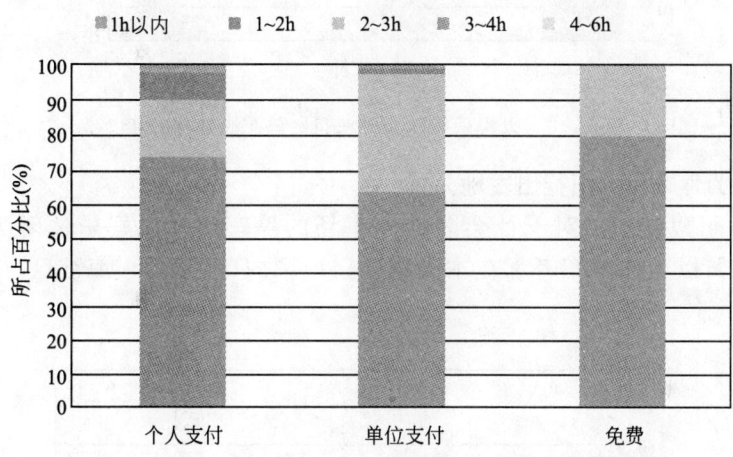

图 5-11 以娱乐休闲为停车目的费用支付者停车时间分布

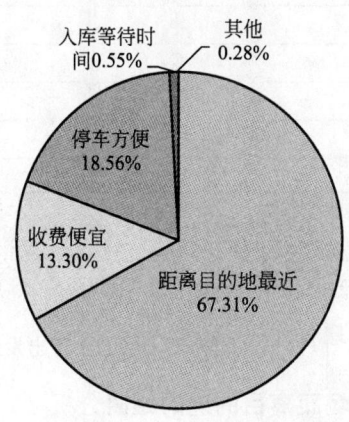

图 5-12 以娱乐休闲为停车目的选择停车场理由分析

3. 以娱乐休闲为停车目的停车满意度分析

从图 5-13 可知，接近 70% 的停车费个人支付的停车者认为停车费用合理，认为停车费用过高的超过 20%，单位支付中超过 80% 的停车者认为停车费用合理，认为停车价格过高的不到 15%，从中可以看出在以娱乐休闲为停车目的的停车者普遍认为停车价格是合理的，且停车费用由单位支付的停车者更多地认为停车价格合理。

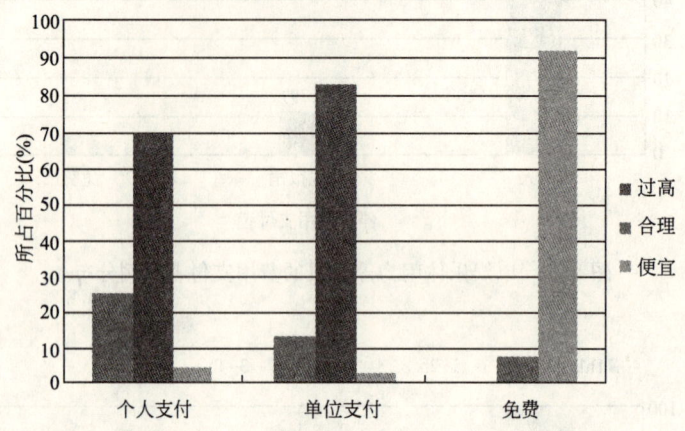

图 5-13 以娱乐休闲为停车目的停车满意度分析

4. 以娱乐休闲为停车目的出行出发地分析

从图 5-14 可以看出，对于社会公共停车场的停车用户以娱乐休闲为停车目的交通出行中，70% 以上的停车者都在本人居住区范围内（朝阳区、海淀区、丰台区）出行停车。

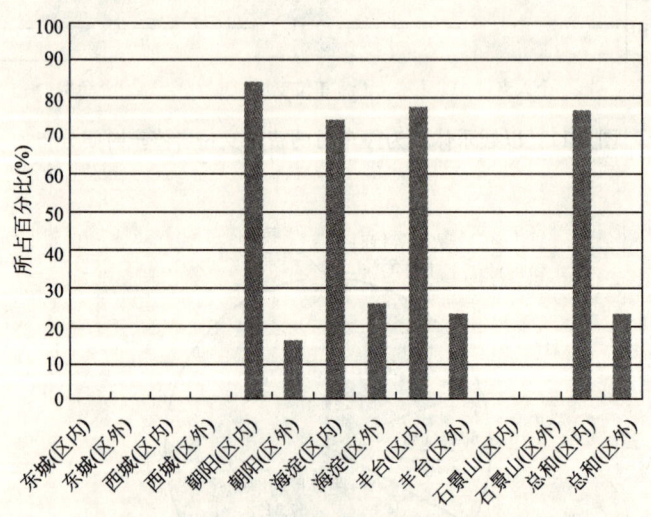

图 5-14 以娱乐休闲为停车目的出行出发地分析

5. 以娱乐休闲为停车目的停车场距离目的地的距离分析

从图 5-15 可以看出，社会公共停车以娱乐休闲为出行目的的停车场距离目的地的距离，以 5～10min 为主，说明社会公共停车场弥补商业办公停车场的便捷性不足。

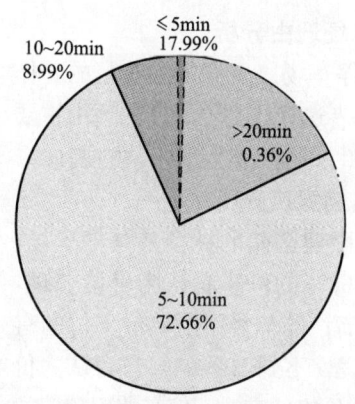

图 5-15 娱乐休闲为停车目的停车场距离目的地的距离分析

四、以看病为出行目的的停车行为分析
1. 以看病为停车目的费用支付者比例与停车时间分布

从图 5-16 可知，社会公共停车场以看病为停车目的的停车者中，个人支付占总数的 93.75%，单位报销仅为 6.25%，所有弥补配建医院的停车场均收费。如图 5-17 所示，停车费用个人支付的情况下，停车时间主要集中在 1~3h，停车费用单位报销的停车时间主要在 2h 以内。

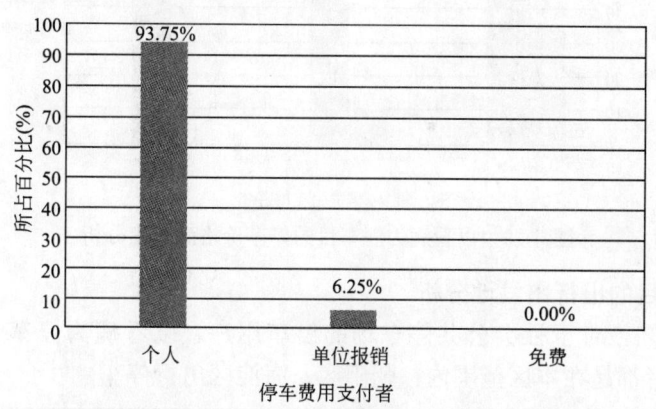

图 5-16 以看病为停车目的费用支付者比例分布

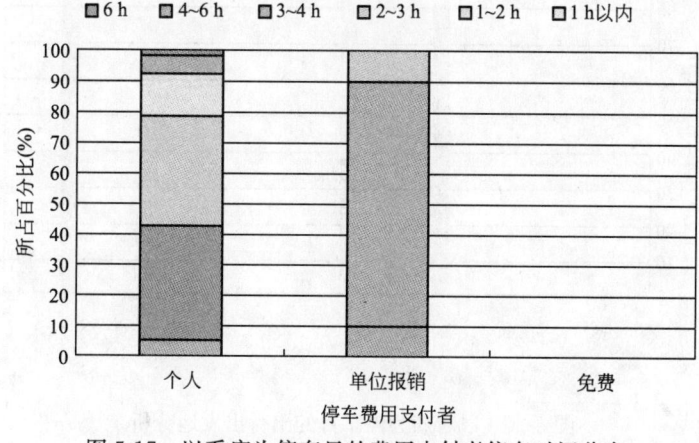

图 5-17 以看病为停车目的费用支付者停车时间分布

107

2. 以看病为停车目的选择停车场理由分析

从图 5-18 可知，社会公共停车场以看病为停车目的，作为弥补配建医院的停车场，停车者选择此类停车场的理由主要为距离目的地最近，占总数的 91.93%，其次为停车方便。

3. 以看病为停车目的停车价格满意度分析

从图 5-19 可知，作为弥补配建医院的社会公共停车场，停车费用由个人支付的有超过 60% 的停车者认为价格合理，超过 30% 的停车者认为价格过高；停车费用由单位支付的有接近 80% 的停车者认为价格合理，不到 10% 的停车者认为价格过高，接近 10% 的停车者认为价格便宜，而停车费用免费的均认为停车价格合理。总体来看，作为弥补配建医院的社会公共停车场停车价格满意度较高，说明停车价格设置合理。

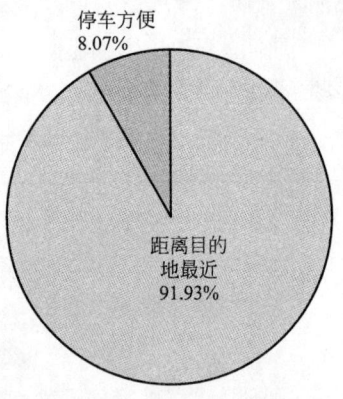

图 5-18 以看病为停车目的选择停车场理由分析

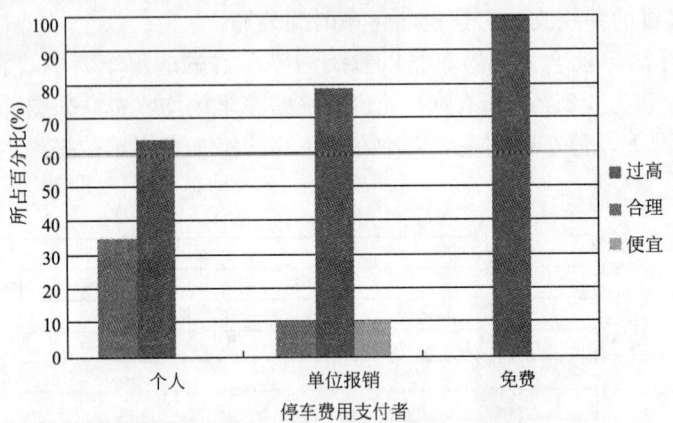

图 5-19 以看病为停车目的停车价格满意度分析

4. 以看病为停车目的出行出发地分析

从图 5-20 可知，对于社会公共停车场的停车用户，以看病为停车目的交通出行中，80% 以上的停车者都是在本区范围内：朝阳区、海淀区出行停车。

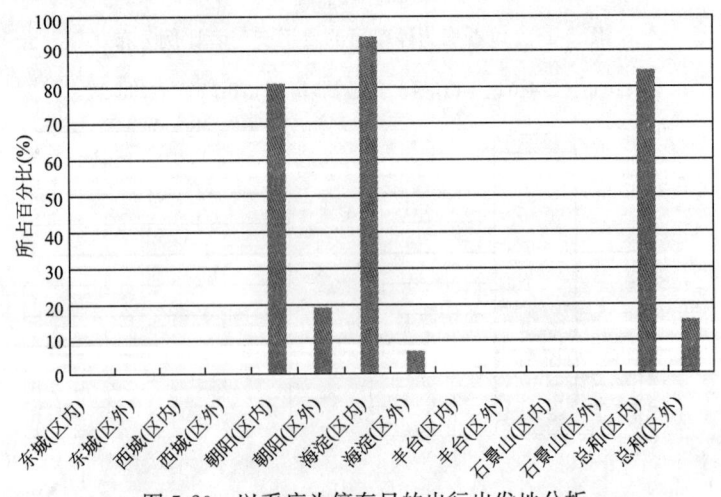

图 5-20 以看病为停车目的出行出发地分析

5. 以看病为停车目的停车场距离目的地的距离分析

从图 5-21 可知，作为弥补配建医院的社会公共停车场，停车场距离目的地的距离主要在 5min 以内，占 53.75%，说明停车者能短时间的到达目的地，停车场的便捷性较高。

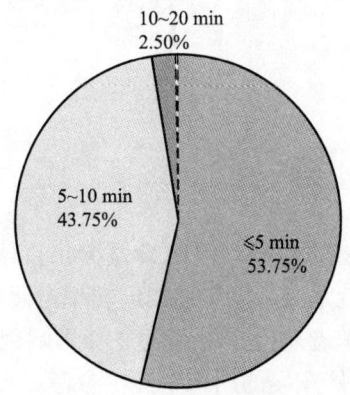

图 5-21 以看病为停车目的停车场距离目的地的距离分析

第三节 社会公共停车场停车行为小结

综上所述，作为弥补配建的社会公共停车场在不同的停车目的条件下，停车行为有一定的差异性。

作为弥补配建办公的停车场，有超过一半的停车费用为个人支付，个人支付的情况下停车时间集中在 3h 以内，由单位支付停车费用的，其停车时间多为 6h 以上，认为停车价格合理的占多数，有部分个人支付的停车者认为停车费用较高；停车场主要吸引本区内停车，且距离目的地的时间大多为 5~10min，便捷性不强。

作为弥补配建商业的停车场，大多数的停车费用为个人支付，个人支付的情况下停车时间集中在 2h 以内，由单位支付停车费用的，其停车时间为 2~3h 的占一定的比例，在由单位支付停车费用的停车者中，绝大多数认为停车费用合理；停车场主要吸引本区内停车，且距离目的地的时间为 5~10min，便捷性不强。

作为弥补配建医院的停车场，主要为个人支付停车费用，停车费用由个人支付的情况下，停车时间主要集中在 1~3h，停车费用由单位报销的停车时间主要在 2h 以内；有部分个人支付的停车者认为停车费用较高，大部分停车费用单位支付的停车者认为停车费用合理；停车场主要吸引本区内停车，且距离目的地的时间大多为 0~5min，便捷性较高。

由此可知，停车费用支付者，停车目的以及停车价格是影响停车时间的主要因素，从而影响整个停车场的周转率。

第六章 停车设施与停车行为关系

第一节 概　述

随着机动车保有量的迅速增加,停车问题日益突出,停车难成为大家日益关心的问题。解决停车问题的途径之一就是提高停车场的周转率,而每辆车的停车时间长短直接关系到停车场的周转率。研究停车者对停车时间的选择影响因素,为利用政策因素(如停车价格)调节停车时间长度、提高停车场的周转率提供参考。

本章采用多分类 logistic 模型建立停车时间与停车行为之间的关系模型。多项式 logistic 回归分析用于研究多项分类变量与影响因素之间的关系,是二项式 logistic 回归分析的发展。对于无序多分类 logistic 回归,模型会首先定义因变量的某一水平为参照水平,其他水平与其相比,建立广义 logit 模型,模型个数=水平数-1,以因变量取 4 个水平为例,因变量的取值水平分别为:1,2,3,4,对 p 个自变量拟合 2 个广义 logit 模型,分别见式(6-1)~式(6-3)。

$$\log \frac{\pi_1}{\pi_4} = \alpha_1 + \beta_{11} x_1 + \cdots + \beta_{1p} x_p \tag{6-1}$$

$$\log \frac{\pi_2}{\pi_4} = \alpha_2 + \beta_{11} x_1 + \cdots + \beta_{2p} x_p \tag{6-2}$$

$$\log \frac{\pi_3}{\pi_4} = \alpha_3 + \beta_{31} x_1 + \cdots + \beta_{2p} x_p \tag{6-3}$$

同时应当有 $P_1 + P_2 + P_3 + P_4 = 1$,且水平 4 为水平 1、2、3 的共同参照组。

基于第五章停车行为特性分析,停车时间与停车目的,停车价格,停车费用支付者之间有明显的关系,故将这些变量带入模型,建立停车行为模型。根据不同停车场类型,分别建立社会公共、商业和办公停车行为模型。

第二节 社会公共停车场停车行为研究

一、社会公共停车场停车行为主要影响因素分析

社会公共停车场作为弥补配建不足的停车场,可以分为弥补办公配建不足,弥补商业配建不足,弥补医院配建不足等停车场,停车时间的分布范围广,根据上一章的分析,将停车时间与各个停车行为指标进行相关分析,找出停车时间与停车目的,停车价格,停车费用支付者之间的相关关系,从而建立停车行为模型。

二、停车场停车时间影响因素量化分析

设停车者选择方案构成如表 6-1 所示。

社会公共停车场停车者选择方案　　　　　　　　　　表 6-1

选择方案	选择方案特性								
	分类变量								连续变量
停车时间(h)			停车目的				停车费用支付者		停车价格(元/h)
1	2	3	1	2	3	4	1	2	3	
0~2	2~4	>4	娱乐休闲	工作	看病	其他	自付	单位报销	免费	1~6

选取停车时间大于 4 小时的概率 P_{3n} 作为 P_{1n} 和 P_{2n} 的参照组，建立停车时间选择模型。故停车时间为因变量，将停车目的、停车费用支付者作为分类变量，停车价格作为连续变量带入模型，得到结果如式(6-4)、式(6-5)所示：

$$\ln\frac{P_{1n}}{P_{3n}}=\theta_1+\theta_3 Cost_{1n}+\theta_{41}User1_{1n}+\theta_{42}User2_{2n}+\theta_{51}Goal1_{1n}+\theta_{52}Goal2_{2n}+\theta_{53}Goal3_{3n} \quad (6\text{-}4)$$

$$\ln\frac{P_{2n}}{P_{3n}}=\theta_2+\theta_3 Cost_{1n}+\theta_{41}User1_{1n}+\theta_{42}User2_{2n}+\theta_{51}Goal1_{1n}+\theta_{52}Goal2_{2n}+\theta_{53}Goal3_{3n} \quad (6\text{-}5)$$

式中　$Cost_{in}$——第 n 个停车者选择时长 i 的停车场收费价格；

　　　$User_{in}$——第 n 个停车者停车费用支付者哑元变量；

　　　$Goal_{in}$——第 n 个停车者停车目的哑元变量；

　　　θ_k——参数。

三、模型结果分析

从调查数据中筛选出 36 个停车场，社会公共商业停车场停车行为的有效样本共 976 个，利用这些样本建立模型，结果如表 6-2 所示。

社会公共停车场数据汇总　　　　　　　　　　表 6-2

		百分比(%)
停车时间(h)	1(0~2)	52.3
	2(2~4)	31.0
	3(>4)	16.7
停车目的	1(娱乐休闲)	32.4
	2(工作)	32.5
	3(看病)	18.6
	4(其他)	16.4
费用支付者	1(自付)	78.6
	2(单位报销)	16.4
	3(免费)	5.0
	有效	100.0

表 6-2 对总体数据进行分析，社会公共停车场的停车时间主要集中在 0~2h，所占比例为 52.3%；工作和娱乐休闲为主要停车目的占 64.9%，停车费用由自己支付的占 78.6%。

表 6-3 为总模型的似然比检验结果，可见最终模型和只含有常数项的无效模型相比，似然比卡方检验结果 $P<0.01$，说明至少有一个自变量系数不为 0，模型有意义。

模型的似然比检验结果　　　　　　　　　　　　　　　表 6-3

模型	模型拟合标准	似然比检验		
	−2倍对数似然值	卡方	df	显著水平
仅截距	606.552	—	—	—
最终	265.792	340.760	12	0.000

注：df 为自由度。

表 6-4 为对每个自变量的作用进行似然比检验。在拟合的方程中，各自变量的 $P<0.05$，说明各自变量对模型的作用是有统计意义的。

各自变量似然比检验　　　　　　　　　　　　　　　表 6-4

效应	模型拟合标准	似然比检验		
	简化后的模型的−2倍对数似然值	卡方	df	显著水平
截距	265.792	0.000	0	—
收费价格	288.596	22.805	2	0.000
停车目的	476.115	210.323	6	0.000
费用支付者	320.641	54.849	4	0.000

注：df 为自由度。

参数估计结果　　　　　　　　　　　　　　　　　　表 6-5

停车时间		B[①]	标准误	Wald[②]	df[③]	显著水平
1	截距	−0.034	0.613	0.003	1	0.955
	收费价格	0.441	0.096	20.956	1	0.000
	[停车目的=1]	1.158	0.601	3.719	1	0.054
	[停车目的=2]	−3.022	0.440	47.105	1	0.000
	[停车目的=3]	−0.632	0.518	1.488	1	0.222
	[停车目的=4]	0[④]	—	—	0	—
	[费用支付者=1]	1.594	0.505	9.967	1	0.002
	[费用支付者=2]	−0.130	0.547	0.056	1	0.813
	[费用支付者=3]	0[④]	—	—	0	—
2	截距	−0.978	0.663	2.174	1	0.140
	收费价格	0.342	0.095	13.015	1	0.000
	[停车目的=1]	1.316	0.626	4.421	1	0.036
	[停车目的=2]	−1.529	0.459	11.116	1	0.001
	[停车目的=3]	0.564	0.538	1.101	1	0.294
	[停车目的=4]	0[④]	—	—	0	—
	[费用支付者=1]	1.679	0.540	9.680	1	0.002
	[费用支付者=2]	−0.160	0.578	0.077	1	0.782
	[费用支付者=3]	0[④]	—	—	0	—

① 常数项；
② 卡方值；
③ 自由度；
④ 此参数冗余，设其为 0。
注：对照组 3：停车时间>4h。

得出模型结果如式(6-6)、式(6-7)所示。

$$\ln\frac{P_{1n}}{P_{3n}}=-0.034+0.441Cost_{1n}+1.594User1_{1n}-0.13User2_{2n}$$
$$+1.158Goal1_{1n}-3.022Goal2_{2n}-0.632Goal3_{3n} \tag{6-6}$$

$$\ln\frac{P_{2n}}{P_{3n}}=-0.978+0.342Cost_{1n}+1.679User1_{1n}-0.16User2_{2n}$$
$$+1.316Goal1_{1n}-1.529Goal2_{2n}+0.564Goal3_{3n} \tag{6-7}$$

式中 $Cost_{in}$——第 n 个停车者选择时长 i 的停车场收费价格；

$User_{in}$——第 n 个停车者停车费用支付者哑元变量；

$Goal_{in}$——第 n 个停车者停车目的哑元变量。

对于社会停车场，停车时间为0～2h相对于4h以上，停车目的工作为主要影响因素，其次为停车价格，停车价格越高，停车者越倾向于短时间停车。再次个人支付也是停车者选择0～2h停车时间长度的一个影响因素。

停车时间为2～4h相对于4h以上，停车价格为停车时间长度选择的主要影响因素，且停车价格越高，停车者越倾向于短时间停车。其次是以工作为停车目的的停车者选择此停车时间长度。再次为个人支付的停车者多选择相对短时间停车。

通过类似分析发现，停车时间大于4h以上相对于短时间停车，停车价格为停车时间长度选择的主要影响因素，且停车价格越高，停车者则倾向于短时间停车，其次为停车目的。

第三节 商业停车场停车行为模型

一、商业停车场停车行为主要影响因素分析

根据上一章的分析，商业停车场的主要停车目的为娱乐休闲，停车费用支付者主要为个人支付，将停车时间与各个停车行为指标进行相关分析，得出停车时间与停车目的、停车价格有明显的关系，在不同费用支付者的条件下，找出影响停车时间的主要因素。

二、停车场停车时间影响因素量化分析

设停车者选择方案构成如表6-6所示。

商业停车场停车者选择方案　　　　表6-6

选择方案			选择方案特性					
停车时间(h)			分类变量				连续变量	
			停车目的				停车费用支付者	停车价格(元/h)
1	2	3	1	2	3	4	1	0～6
0～2	2～4	>4	购物	餐饮	工作	其他	自付	

选取停车时间大于4h的概率 P_{3n} 作为 P_{1n} 和 P_{2n} 的参照组，建立停车时间选择模型。故停车时间为因变量，将停车目的作为分类变量，停车价格作为连续变量带入模型，得到结果如式(6-8)、式(6-9)所示：

$$\ln\frac{P_{1n}}{P_{3n}}=\theta_1+\theta_3Cost_{1n}+\theta_{41}Goal1_{1n}+\theta_{42}Goal2_{2n}+\theta_{43}Goal3_{3n} \tag{6-8}$$

$$\ln\frac{P_{2n}}{P_{3n}} = \theta_2 + \theta_3 Cost_{1n} + \theta_{41} Goal1_{1n} + \theta_{42} Goal2_{2n} + \theta_{43} Goal3_{3n} \tag{6-9}$$

式中 $Cost_{in}$——第 n 个停车者选择时长 i 的停车场收费价格;

$Goal_{in}$——第 n 个停车者停车目的哑元变量;

θ_k——参数。

三、模型结果分析

从调查数据中筛选出 44 个停车场,商业停车场有效样本共 860 个,利用这些样本建立模型,结果如表 6-7 所示。

商业停车场数据汇总 表 6-7

		百分比(%)
停车时间(h)	1(0~2)	67.6
	2(2~4)	27.3
	3(>4)	5.1
停车目的	1(购物)	66.2
	2(餐饮)	16.4
	3(工作)	11.2
	4(其他)	6.3
有效		100.0

表 6-7 对总体数据进行分析,商业停车场的停车时间主要集中在 0~2h,所占比例为 67.6%;作为商业停车场,66.2% 的停车目的为购物,另有 6.3% 为其他停车目的,比如探亲访友、换乘等。

表 6-8 为总模型的似然比检验结果,可见最终模型似然比卡方检验结果 $P<0.01$,说明至少有一个自变量系数不为 0,模型有意义。

模型的似然比检验结果 表 6-8

模型	模型拟合标准	似然比检验		
	−2 倍对数似然值	卡方	df	显著水平
仅截距	306.432	—	—	—
最终	205.115	101.317	8	0.000

注:df 为自由度。

表 6-9 为对每个自变量的作用进行似然比检验。在拟合的方程中,各自变量的 $P<0.05$,说明各自变量对模型的作用是有统计意义的。

各自变量似然比检验 表 6-9

效应	模型拟合标准	似然比检验		
	简化后的模型的−2 倍对数似然值	卡方	df	显著水平
截距	205.115	0.000	0	—
收费价格	223.796	18.682	2	0.000
停车目的	280.980	75.865	6	0.000

注:df 为自由度。

参数估计结果 表6-10

停车时间		B①	标准误	Wald②	df③	显著水平
1	截距	1.784	0.509	12.265	1	0.000
	收费价格	0.020	0.085	0.056	1	0.813
	[停车目的=1]	1.721	0.529	10.570	1	0.001
	[停车目的=2]	1.436	0.734	3.825	1	0.051
	[停车目的=3]	−1.261	0.515	5.982	1	0.014
	[停车目的=4]	0④	—	—	0	—
2	截距	−0.142	0.592	0.058	1	0.810
	收费价格	0.190	0.088	4.615	1	0.032
	[停车目的=1]	2.008	0.602	11.122	1	0.001
	[停车目的=2]	2.444	0.788	9.620	1	0.002
	[停车目的=3]	−0.363	0.594	0.373	1	0.542
	[停车目的=4]	0④	—	—	0	—

① 常数项；
② 卡方值；
③ 自由度；
④ 此参数冗余，设其为0。
注：对照组3：停车时间>4h。

得到logistic模型结果如式(6-10)、式(6-11)所示：

$$\ln\frac{P_{1n}}{P_{3n}} = 1.784 + 0.02Cost_{1n} + 1.721Goal1_{1n} + 1.436Goal2_{2n} - 1.261Goal3_{3n} \quad (6-10)$$

$$\ln\frac{P_{2n}}{P_{3n}} = -0.142 + 0.190Cost_{1n} + 2.008Goal1_{1n} + 2.444Goal2_{2n} - 0.363Goal3_{3n} \quad (6-11)$$

式中 $Cost_{in}$——第 n 个停车者选择时长 i 的停车场收费价格；

$Goal_{in}$——第 n 个停车者停车目的哑元变量。

对于商业停车场，在停车费用支付为个人的条件下，停车时间受停车价格的影响，停车价格越高，停车者越倾向于短时间停车。停车时间长短的选择还主要是停车目的的影响，停车目的中购物占的比例较大。

通过类似的分析发现，在停车费用为单位支付的条件下，停车目的是影响停车时间的主要因素，停车价格对停车时间的影响效果不显著。

第四节 办公停车场停车行为模型

一、办公停车场停车行为主要影响因素分析

根据上一章的分析，办公停车场的主要停车目的为工作，停车费用支付者主要为单位支付，个人支付也有一定的比例。将停车时间与各个停车行为指标进行相关分析，得出停车时间与停车目的、停车价格有明显的关系，在不同费用支付者的条件下，找出影响停车时间的主要因素。

二、停车场停车时间影响因素量化分析

设停车者选择方案构成如表 6-11 所示。

办公停车场停车者选择方案 表 6-11

选择方案			选择方案特性				连续变量
			分类变量				
停车时间(h)			停车目的			停车费用支付者	停车价格(元/h)
1	2	3	1	2	3	1	1~8
<4	4~6	>6	娱乐休闲	工作	其他	自付	

选取停车时间大于 6h 的概率 P_{3n} 作为 P_{1n} 和 P_{2n} 的参照组，建立停车时间选择模型。故停车时间为因变量，将停车目的作为分类变量，停车价格作为连续变量带入模型，得到结果如式(6-12)、式(6-13)所示：

$$\ln \frac{P_{1n}}{P_{3n}} = \theta_1 + \theta_3 Cost_{1n} + \theta_{41} Goal1_{1n} + \theta_{42} Goal2_{2n} + \theta_{43} Goal3_{3n} \quad (6-12)$$

$$\ln \frac{P_{2n}}{P_{3n}} = \theta_2 + \theta_3 Cost_{1n} + \theta_{41} Goal1_{1n} + \theta_{42} Goal2_{2n} + \theta_{43} Goal3_{3n} \quad (6-13)$$

式中 $Cost_{in}$ ——第 n 个停车者选择时长 i 的停车场收费价格；

$Goal_{in}$ ——第 n 个停车者停车目的哑元变量；

θ_k ——参数。

三、模型结果分析

从调查数据中筛选出 34 个停车场，办公停车场行为问卷有效样本共 511 个，利用这些样本建立模型，结果如表 6-12 所示。

表 6-12 对总体数据进行分析，办公停车场的停车时间主要集中在 4~6h，所占比例为 41.3%；以工作为主要停车目的占 54.5%，其次为娱乐休闲。

办公停车场数据汇总 表 6-12

		百分比(%)
停车时间(h)	1(<4)	40.2
	2(4~6)	41.3
	3(>6)	18.5
停车目的	1(娱乐休闲)	25.4
	2(工作)	54.5
	3(其他)	20.1
有效		100.0

表 6-13 为总模型的似然比检验结果，可见最终模型和只含有常数项的无效模型相比，似然比卡方检验结果 P<0.01，说明至少有一个自变量系数不为 0，模型有意义。

表 6-14 为对每个自变量的作用进行似然比检验。在拟合的方程中，各自变量的 P<0.05，说明各自变量对模型的作用是有统计意义的。

模型的似然比检验结果 表 6-13

模型	模型拟合标准	似然比检验		
	−2倍对数似然值	卡方	df	显著水平
仅截距	261.478	—	—	—
最终	152.150	109.328	6	0.000

注：df为自由度。

各自变量似然比检验 表 6-14

效应	模型拟合标准	似然比检验		
	−2倍对数似然值	卡方	df	显著水平
截距	152.150a	0.000	0	—
收费价格	161.706	9.556	2	0.008
停车目的	244.716	92.567	4	0.000

注：df为自由度。

参数估计结果 表 6-15

停车时间		B[①]	标准误差	Wald[②]	df[③]	显著水平
1	截距	2.390	0.449	28.313	1	0.000
	收费价格	−0.003	0.067	0.002	1	0.960
	[停车目的=1]	0.689	0.843	0.668	1	0.414
	[停车目的=2]	−2.406	0.461	27.263	1	0.000
	[停车目的=3]	0[④]	—	—	0	—
2	截距	0.892	0.485	3.379	1	0.066
	收费价格	0.139	0.062	4.988	1	0.026
	[停车目的=1]	2.190	0.858	6.514	1	0.011
	[停车目的=2]	−1.120	0.496	5.100	1	0.024
	[停车目的=3]	0[④]	—	—	0	—

① 常数项；
② 卡方值；
③ 自由度；
④ 此参数冗余，设其为0。
注：对照组3：停车时间>6h。

得出模型结果如式(6-14)、式(6-15)所示：

$$\ln \frac{P_{1n}}{P_{3n}} = 2.390 - 0.003 Cost_{1n} + 0.689 Goal1_{1n} - 2.406 Goal2_{2n} \quad (6\text{-}14)$$

$$\ln \frac{P_{2n}}{P_{3n}} = 0.892 + 0.139 Cost_{2n} + 2.190 Goal1_{1n} - 1.120 Goal2_{2n} \quad (6\text{-}15)$$

式中 $Cost_{in}$——第 n 个停车者选择时长 i 的停车场收费价格；

$Goal_{in}$——第 n 个停车者停车目的哑元变量。

对于办公楼停车场，在停车费用为个人支付的条件下，停车时间主要受停车价格的影响，停车价格越高，停车者越倾向于短时间停车。停车时间为0~4h的停车者主要停车目的为工作，这其中多为办公楼访客，对停车价格不敏感。停车时间受停车目的的影响，长时间停车的多以工作为目的。

通过类似的分析发现，在停车费用为单位支付的条件下，停车目的是影响停车时间的主要因素，停车价格对停车时间的影响效果不显著。

第五节　停车场停车时间影响因素小结

综上所述，对于不同类型停车场，不同停车时段的停车时间其影响因素不同：

（1）对于社会停车场，停车时间为 0～2h 相对于 4h 以上，停车目的工作为主要影响因素，其次为停车价格，停车价格越高，停车者越倾向于短时间停车。停车时间为 2～4h 相对于 4h 以上，停车价格为停车时间长度选择的主要影响因素，且停车价格越高，停车者越倾向于短时间停车。

（2）对于商业、办公停车场，在停车费用为个人支付的条件下，停车时间主要受停车价格的影响，停车价格越高，停车者越倾向于短时间停车；在单位支付的条件下，价格因素影响效果不明显，主要受停车目的的影响。商业停车场停车时间长短的选择主要是受停车目的的影响，停车目的中购物占的比例较大。办公停车场停车时间为 0～4h 的停车者主要停车目的为工作，这其中多为办公楼访客，对停车价格不敏感。

第七章 停车需求预测

当车辆驾驶者因活动需要产生出行而有空间上的移动，并在出行终点需要空间和时间停放交通工具，由此所需的停车空间与时间即成为停车需求，可表示为车位·小时。根据停车时间来划分，停车需求有日间停车需求及夜间停车需求。日间停车需求是为了满足各种社会、经济活动的目的所引发的需求，主要表现为社会停车需求，它本身也是一种交通运输行为的派生需求。夜间停车需求是因车辆保有及夜间活动引起的停车需求，主要表现为基本停车需求，因为大部分夜间停车需求是为居民或单位车辆夜间停放服务的。夜间停车需求的发生地点比较固定，其出行目的也比较单纯，故一般较日间停车需求容易估算。

停车需求还可以划分为可见需求和潜在需求。可见需求是指在某一地区内可调查得到的需求，比如路边停车数、路外停车数等，均可通过实际调查得到；潜在需求是指因找不到停车位而在道路上流动的车辆，以及因停车不便而选择其他交通工具者，甚至包括计划购车且准备开车至该地者，因无法进行实地调查，必须依赖间接方式（如问卷调查）推算得到。

美国ITE（交通工程师协会）出版的《停车生成》（Parking Generation）中介绍了大量各类建筑物的停车需求统计数据，这些数据都是由志愿者收集和提供的，其目的在于为规划设计者提供参考，使其合理设置停车位。这些统计数据按照各种用地类型、各种时间段（工作日、非工作日）、各种统计单位（建筑面积、座位数、房间数等）等给出。《停车生成》中提到了分区域计算停车需求，将用地类型分为5个区域：中心商业区（CBD）、非核心的中心城区（CND）、非中心城区的CBD地区（SBC）、外城区（SUB）及乡村地区（RUR）。

CBD（Central Business District）地区的特性包括：好的公交服务、共享泊位、发达的步行系统、高层建筑、收费停车场及多功能的用地类型等。由于这些特性，停车需求或停车指标的建立必须能确保混合用地的需要。

CND（Central City, Not Downtown）是指大城市中核心区以外的城市中心区。这类地区具有比外城区大、比CBD地区小的土地利用强度。

SBC（Suburban Center）是指外城中具有CBD用地性质的地区，这些活动中心具有以下特点：好的公交服务、具有地面和建筑物中的混合停车场、连通的街道、发达的步行系统和多功能用地。由于一般的外城地区没有这些特点，因此SBC地区的停车需求应单独计算。

SUB（Suburban）位于大都市中心城的外围，一般具有以下特性：具有有限的公交服务、路面停车场、不完善的步行系统、单层建筑、独立用地和大型建筑。

RUR（Rural）是指大城市外部的乡村区域。

此外，该书还列举了影响停车需求的因素，其中所在位置的相关因素包括建筑物的活动特性、城市的区域位置、市场地区特性、建筑物大小空间特性、员工密度、停车费用、停车方便性、换乘方便性、共乘的倾向、人口统计的因素等。

第一节 停车需求影响因素

车辆的停放是城市的社会、经济、交通发展到一定程度产生的结果，因此，城市停车需求量受到多方面的影响，可以归纳为几个方面：

(1) 规划区内的土地利用及未来发展状况。土地利用的不同，单位土地面积所产生的停车需求也有所不同。例如，对于同样面积的农业用地和商务用地所产生的停车需求有着很大的区别。相同土地面积的开发强度不同，停车需求也不同。例如，将容积率作为评价指标，通常情况下，容积率越大（意味着开发强度越大）停车需求量越大，反之亦然。

(2) 规划区内的人口、就业、机动车拥有水平以及社会经济发展状况。人们的出行需求和经济发展水平成正比，因而，停车需求也和经济发展水平成正比。例如，以人们的平均收入为评价指标，通常，平均收入越高，意味着经济发展水平越高，停车需求量越大，反之亦然。

(3) 城市发展战略、交通发展策略、交通整体规划以及停车管理水平。如当停车管理作为交通需求管理手段时，规划和建设的停车设施应当满足相应的管理需求，如以公共设施为主。

(4) 规划区内的交通体系构成及运行状况。如路网容量对停车需求有着制约和引导的作用。此外，发达的公共交通体系可以有效降低停车需求。

(5) 其他。例如，某城市的交通政策，地理、气候条件、风俗习惯、文化等，都会对停车需求产生影响。

具体到某个（或某些）停车场，停车需求又受到停车场、停车者等特性的制约。停车场的地理位置（到达目的地设施的距离）、收费费率、停车场结构（它关系到存取车方便程度、安全性等）、周边道路的交通状况等因素都会影响到停车者对停车场的选择，从而影响到停车需求；停车者年龄、职业、收入以及停车目的等因素也会影响到停车者对停车场的选择，从而影响到停车需求；停车诱导信息是否完善等因素同样会影响到停车者对停车场的选择，从而影响到停车需求。

第二节 停车需求预测方法

一、停车生成率模型

停车生成率（Parking Generation Rates）是指单位土地利用指标所需的停车泊位数。停车生成率模型是建立在土地利用性质与停车需求生成率之间关系的基础上的。其基本思路是将区域内各种不同土地利用性质的地块都看做是停车吸引源，而区域总的停车需求量等于这些单个地块吸引量之和。

停车生成率模型的表达式见式(7-1)。

$$P_d = \sum_{j=1}^{n}(R_{dj}) \cdot (L_{dj}) \quad (j=1,2,\cdots,n) \tag{7-1}$$

式中 P_d——第 d 年高峰时间停车需求量（泊位数）；

R_{dj}——第 d 年 j 类用地单位停车需求生成率；

L_{dj}——第 d 年 j 类土地使用量(面积或雇员数)。

在目前的停车规划中停车生成率模型应用较多，尤其是计算大型公用建筑的配建停车泊位时更为实用。该模型方法比较直观、对数据要求单一且容易得到，单样本量要求较高，否则偏差较大，空间上适合分区预测，时间上适合于近期停车预测。其不足之处在于：各城市在制定停车生成率指标时需要进行详细的停车特性调查，工作量大；其次，在计算区域停车需求量时，将区域看做是各种用地性质地块停车需求量的简单相加，而不考虑其相互作用；土地利用情况是复杂的、可能是多功能的，比如存在综合性建筑的停车位共享问题，该模型并不适用于这些情况。该方法适合于城市新区的开发，可根据区域详细规划来预测未来的停车需求。

停车生成率法的基本原理是根据用地性质建立单位建筑面积的停车需求比率，用该比率计算停车需求，如式(7-2)所示。

$$y_i = \sum_{k=1}^{n} a_i^k \times X^k \tag{7-2}$$

式中 y_i——第 i 种车辆(机动车、自行车)的停车需求量(辆)；

a_i^k——第 k 种建筑物的第 i 种车辆的停车需求生成率；

X^k——第 k 种建筑物的建筑(营业)规模。

通常，停车需求生成率需要通过调查、研究才能获得。有时人们也根据建筑物的配建指标作为参考；应当指出，建筑物配建指标通常用来检查建筑物规划停车场的容量标准，因此不能等同于停车需求预测阶段的停车需求生成率。

肖飞等针对一般停车生成率模型在混合土地利用方面存在的局限性，在停车生成率模型的基础上，提出了基于泊位共享的停车需求模型，如式(7-3)所示。

$$P = \max\left[\sum_{i=1}^{n}(R_{ij}L_i)\right] = \max P_j \tag{7-3}$$

式中 P——规划年各类用地的高峰停车需求总量，即混合用地模式下泊位共享停车需求总量；

R_{ij}——规划年第 i 类用地 j 时刻的停车产生率；

L_i——规划年第 i 类用地的基数单位(如建筑或营业面积、户数、岗位数量等)；

P_j——各类用地在同一时刻 j 的共同停车量；

i——为用地类型；

j——为 6：00～24：00 的某一时刻。

二、用地与交通影响分析模型

用地与交通影响分析模型是建立在城市停车需求与该区域的经济活动特性和交通特性密切相关的基础上。通过对停车特征调查和土地利用性质调查，从机动车保有量、土地利用等现状及其变化趋势入手，确定它们与停车需求的关系，进而来分析现状停车需求及预测未来的停车需求。该模型是停车生成率模型的扩展，既具备了生成率模型的特点，又将停车生成率与道路交通量相结合，较好地兼顾了停车与土地利用和交通之间的关系，该模型表达式见式(7-4)。

$$P(t) = f(x_i) \cdot f(\gamma_q) \tag{7-4}$$

式中　$P(t)$——规划区域内 t 年度的日停车需求量(标准泊位);

　　　$f(x_i)$——停车需求的地区特征函数;

　　　x_i——第 i 区域的土地利用规模,可用相应不同类型的用地面积来表示,也可以用相应不同类型用地的从业人数来表示;

　　　$f(\gamma_q)$——日停车需求的交通影响函数;

　　　γ_q——规划区域内交通量的年平均增长率(%)。

其中,$f(x_i)$ 是不同区域的土地利用特性所产生的日停车需求和不同用地设施类型特性之间的线性关系模型。用建筑面积作为土地利用的特性指标,表达式见式(7-5)。

$$f(x_i) = \sum_{j=1}^{n} (\partial_{ij}) \cdot (L_{ij}) \tag{7-5}$$

式中　$x_i = \sum_{j=1}^{n} L_{ij}$;

　　　L_{ij}——第 i 区 j 类土地使用量(建筑面积);

　　　∂_{ij}——第 i 区 j 类土地使用单位建筑面积停车生成率。

若用从业人员数作为各类用地的特性指标则表达式见式(7-6)。

$$f(x_i) = \sum_{j=1}^{n} C_{ij} \cdot e_{ij} \tag{7-6}$$

式中　$x_i = \sum_{j=1}^{n} e_{ij}$;

　　　C_{ij}——回归系数(即单位人口停车生成率);

　　　e_{ij}——为第 j 类型从业人员数(人)。

交通影响函数 $f(\gamma_q)$ 反映了区域内路网流量增加对机动车停车需求的影响程度,见式(7-7)。

$$f(\gamma_q) = (1 + \gamma_q)^t \cdot k \tag{7-7}$$

式中　γ_q——城区路网流量的年平均增长率(%);

　　　t——规划年限(年);

　　　k——停车率变化的修正系数。

要计算交通影响函数 $f(\gamma_q)$,首先求路网流量,路网流量是指城市路网各路段交通量的加权(里程权)平均值,记作 q_n(辆/日),其计算见式(7-8)。

$$q_n = \sum q_i \frac{L_i}{L_N} = \sum q_i p_i \tag{7-8}$$

式中　q_i——第 i 个路段交通量(辆/日);

　　　L_i——第 i 个路段里程(m);

　　　L_N——城市机动车主干道的总里程(m),$L_N = \sum L_i$;

　　　p_i——第 i 个路段的里程权数,$p_i = \frac{L_i}{L_N}$。

根据历年道路路网各路段交通量资料,计算路网流量,可得到路网流量的年增长率。然后,对城市中心区主干道路网流量进行预测。由于机动车保有量对路网流量具有重要影响,故可采用弹性系数法进行路网流量的预测,见式(7-9)。

$$E_r = \frac{\gamma_q}{v_q} \tag{7-9}$$

式中 E_r——路网流量增长弹性系数;
  γ_q——路网流量的年增长率(%);
  v_q——机动车保有量的年增长率(%)。

假定未来路网流量弹性系数不变,根据规划的机动车保有量年增长率,就可求出路网流量的年增长率。

对城市中心区机动车停车需求总量进行预测。根据分别建立的 $f(x_i)$ 和 $f(\gamma_q)$ 函数模型,最终确定的日停车需求预测模型见式(7-10)、式(7-11):

$$P(t) = \left[\sum_{j=1}^{n}(\partial_{ij}) \cdot (L_{ij})\right] \cdot (1+\gamma_q)^t \cdot k \quad (7\text{-}10)$$

或

$$P(t) = \left[\sum_{j=1}^{n} C_{ij} \cdot e_{ij}\right] \cdot (1+\gamma_q)^t \cdot k \quad (7\text{-}11)$$

由于该模型是生成率模型的扩展,因此具备生成率模型的所有特点。将停车生成率与道路交通量相结合,兼顾停车在土地利用和交通两方面的特点,分析与预测的结果将更为合理。

三、用地分析模型

用地分析模型,又称商业用地停车分析模型,是基于停车需求与用地性质、雇员数量之间的关系来对以商业为主的地区,进行未来规划年的停车需求预测。其基本假设为:一个以商业为主的地区,长时间停车需求是由雇员上班出行引起的,而短时间停车需求是由在该地区进行的商业活动引起的。

该模型是1984年由美国的 H. S. Levinson 提出并在 New Haven 城区的总体交通规划研究中的停车需求预测上进行了应用。具体预测模型见式(7-12)。

$$d_i = A_L \cdot \left(e_i \Big/ \sum_{j=1}^{J} e_j\right) + A_S \cdot \left(F_i \Big/ \sum_{j=1}^{J} F_j\right) \quad (7\text{-}12)$$

式中 d_i——第 i 区高峰停车需求(泊位数);
  A_L——长时间停车总累计停车数;
  A_S——短时间停车总累计停车数;
  e_i——第 i 区雇员数;
  e_j——第 j 区雇员数;
  F_i——第 i 区零售及服务业建筑面积(m^2);
  F_j——第 j 区零售及服务业建筑面积(m^2);
  J——小区数。

用地分析模型对数据要求简单,但对建筑面积和雇员数的准确性要求较高。该模型适用于用地较为单一、以商业服务为主的城区。而对于用地十分复杂的大城市,停车需求分析与预测精度较差。

四、出行吸引模型

停车需求的生成与地区的经济社会强度有关,而社会经济强度又与该地区吸引的出行车次有密切关系。如果能获得该地区的出行吸引量,则只要将其分配成小汽车的吸引比例,再换算为实际到达的车辆数,最后再换算成高峰时间小汽车停放需求数。出行吸引模型的原理是建立高峰小时停车需求泊位数与区域机动车出行吸引量之间的关系。模型建立的基础条件是开展城市综合交通规划调查,根据各交通小区的出行分布模型和各小区的停放吸引量建立数学模型，由此推算获得停车车次的预测资料。

把车辆出行作为停车需求生成的基础，考虑停车的交通特性。出行吸引模型需估计城市各分区所吸引的以机动车为交通工具的出行端点数，并通过城市总体交通规划或抽样率较高的大规模城市居民出行调查获取该数据的。随着经济的发展和其他因素的变化，停车生成与车辆出行之间的关系在现状与未来会有很大不同，因此用该类模型进行预测的预测期不宜过长。

中国城市规划设计研究院提出的停车需求模型也是以停车需求与出行的关系为基础。停车需求模型的基本形式见式(7-13)。

$$p_i = [N_i + (D_{i1} \cdot f(s) - O_{i1})] + (D_{i2} \cdot f(s) - O_{i2}) \tag{7-13}$$

式中　p_i——第 i 小区高峰停车需求量(泊位数)；
　　　N_i——第 i 小区夜间停车量(泊位)；
　　　D_{i1}——第 i 小区高峰时段前累计交通吸引量(车次)；
　　　O_{i1}——第 i 小区高峰时段前累计交通发生量(车次)；
　　　D_{i2}——第 i 小区高峰时段末累计交通吸引量(车次)；
　　　O_{i2}——第 i 小区高峰时段末累计交通发生量(车次)；
　　　$f(s)$——机动车停车生成率。

出行吸引量模型清晰明了，适用于各类规划项目，它以车辆出行作为停车需求生成的基础，充分考虑了停车的交通特性。但是模型没有考虑高峰时停车场的停放周转率，预测结果与实际的偏差较大；而且使用该模型进行预测需要完整的出行起讫点(即 OD 数据)，对 OD 数据的依赖性强，空间分布弱，预测期不宜过长。

五、多元回归分析预测模型

在研究城市停车需求的本质与因果关系中，可以发现停车需求与城市经济活动、土地使用等多因素相关。回归分析模型是根据若干年相关变量的历史资料，用回归分析计算出其回归系数值，并进行统计检验。同时，通过线性趋势预测方法预测各影响因素的未来值，代入回归式中，即可预测未来停车需求。具体预测模型见式(7-14)。

$$\begin{aligned} p_{di} = & K_0 + K_1(EP_{di}) + K_2(PO_{di}) + K_3(FA_{di}) + K_4(DU_{di}) \\ & + K_5(RS_{di}) + K_6(AO_{di}) + \cdots \end{aligned} \tag{7-14}$$

式中　p_{di}——d 年第 i 区高峰时间停车需求量(泊位数)；
　　　EP_{di}——d 年第 i 区就业岗位数；
　　　PO_{di}——d 年第 i 区人口数；
　　　FA_{di}——d 年第 i 区建筑面积；
　　　DU_{di}——d 年第 i 区企业数；
　　　RS_{di}——d 年第 i 区零售服务业数；
　　　AO_{di}——d 年第 i 区小汽车保有数；
　　　K_i——回归系数，$i=1, 2, 3, 4, 5, 6, \cdots$。

上述模型是根据若干年所有变量的资料，用回归分析计算出其回归系数值，并要通过统计检验。只要将有关变量的未来预测值代入回归式中，即可预测未来高峰时间的停车需求量。

回归分析模型所需的数据大多为社会经济数据，比较容易获得。但是由于对停车需求的预测是基于各因素的预测数据,本身已有一定的预测误差,因此不宜进行长期预测,该模型较适于进行一个城市或较大范围区域的停车需求预测。

六、交通量—停车需求模型

任何地区的停车需求必然是到达该地区行驶车辆被吸引的结果,停车需求泊位数为通过该地区流量的某一百分比。如果该地区用地功能较为均衡、稳定,则建模的预测较为可靠。

该模型的表达式见式(7-15)。

$$\lg P_j = A + B\lg V_j \tag{7-15}$$

式中 P_j——j 分区高峰小时停车需求量(标准车车次);

V_j——j 分区高峰小时交通流量;

A,B——回归系数。

交通量-停车需求模型的预测方法简单,思路明确,适用于用地功能均衡、稳定地区的短期预测。由于我国的用地变化快,功能不均衡,所以该模型在我国很少使用。该模型忽略了不同种类车辆停车生成率的偏差,不能反映因交通政策或控制手段引发的交通流组成的变化对停车需求的影响;而且利用交通量—停车需求模型进行预测,无法具体得到区域内每一土地使用的停车设施需求量,所以该模型仅作为验证其他预测模型预测结果的方法。

七、其他停车需求预测模型

1. 基于 G-Logit 的停车需求预测模型

该模型是一种建立在随机效用理论基础上的停车需求预测模型,认为停车需求是由交通量(即居民出行量)所引起的,所以在模型中加入了交通量函数以及机动车出行概率的影响参数。其总体思路为:根据 G-Logit 模型确定出行者选择不同出行方式(不同种类的车型认为是不同的出行方式)的概率,根据该概率和交通出行总量计算出不同车型的出行量,进而建立该出行量与停车需求的关系模型,根据随机效用理论对车辆出行选择停泊场所的行为进行分析,结合不同车型的停车需求,就可以预测出不同车型对不同停泊场所的停车需求。这种预测模型克服了单纯基于出行 OD 调查建立模型的缺陷,能够分析与停车需求相关的全部因素,计算出所有停车出行影响因素对出行量的影响程度;而且模型还考虑了车辆选择不同停车场的概率,可以做详细的规划模型。

2. 基于 Box-Cox Dogit 的停车需求预测模型

该模型是根据非集计模型中由 Gaudry 和 Dagenias 基于 Box-Cox 非线性变换的 Dogit 模型提出的,Dogit 模型克服了 Logit 模型的选择限制和选择概率与第 k 个变量本身无关的两个缺陷,并且其解析式和应用计算比 G-Logit 模型简单。所以易武等根据非集计方法中的随机效用理论,从停车需求是由居民出行引起的基本思想出发,建立了基于 Box-Cox Dogit 的停车需求预测模型。基于 Box-Cox Dogit 的停车需求预测模型充分体现了非集计方法的优越性,不但解析式及计算过程简单,而且综合考虑了社会个人的出行特性、出行方式的选择概率,预测结果准确。该模型适应性强,较灵活实用,所需的交通量可采用四阶段法预测。

3. 停车需求—供应预测模型

现有停车需求预测方法没有考虑价格因素、服务水平等对停车需求量的影响,同时,没有考虑停车场利用率、周转率对停车需求的折减,关宏志等在停车生成率模型的基础上,充分考虑了上述诸多因素,提出实用性较强的停车需求—供应模型。该模型在现有模型的基础上,乘以相应的因子,包括高峰时间周转率、高峰时间利用率、价格因素影响率、服务水平影响率等。

4. 基于神经网络的停车需求预测模型

龙东华等在结合停车需求特点分析了停车需求影响因素的基础上,提出了基于主成分分析的 BP 神经网络停车需求预测模型,该模型主要是通过对城市中心区停车需求的经济、土地、交通的特征分析,利用主成分分析法,明确了影响停车需求的主成分,简化了神经网络的输入样本,消除了网络输入之间的相关性,提高了网络的性能,实现了公共停车需求的准确预测。选取的停车需求影响因素主要包括:经济,包括单位(企业)数、居住用地面积、人均收入;土地,包括营业建筑面积、就业岗位数;交通,包括机动车高峰小时吸引量、汽车保有量、平均日交通量。

目前停车需求的预测方法多种多样,表 7-1 详细比较了几种停车需求模型所需要的资料及其优缺点。

部分停车需求模型比较 表 7-1

模型	输入资料	优点	缺点
停车生成率模型	各地区各类土地使用的停车需求产生率; 各地区未来各类土地使用的发展状况; 停车需求产生率与土地使用、建筑物形态等变量彼此独立	由停车需求产生率推算停车需求较为精确、直接	各地区未来的土地使用资料取得不易,需从事大量调查
用地与交通影响分析模型	各地区各类土地利用规模(用地面积或从业人数); 各地区单位建筑面积停车生成率或单位人口停车生成率; 交通影响函数	具备停车生成率模型的优点; 兼顾了停车与土地利用和交通之间的关系	各地区未来的土地使用资料取得不易,需从事大量调查; 交通影响函数计算比较复杂
用地分析模型	各分区就业机会人数; 中心商业区就业总人数; 各区的商业及零售业楼地板面积	模型的建立简单且具有合理性	各区的就业机会人数不易取得; 长短时间不易划分; 模型中的分配数值在长期不一致
出行吸引模型	各分区未来小汽车吸引量; 各分区小汽车承载率; 各分区停车高峰系数	模型的理论性强; 模型的精度较高	各分区的出行吸引量、交通方式分担率、小汽车承载率等资料取得不易
多元回归分析预测模型	各地区未来的社会经济发展情况; 各地区未来的土地使用情况	模型使用简便; 经由统计分析可了解模型的精确性	模型的精确性较差
交通量—停车需求模型	各地区未来的交通流量	当应用于小区域时,模型甚为简便实用	当预测区域扩大时,交通流量与停车需求关系将随之改变,其准确性也相应降低

第八章 停车场服务水平评价体系研究

第一节 停车场服务水平概念

停车管理水平的高低可以从很多角度进行评价，如公众是否满意、停车需求的满足程度、车位距离目的地的时间等，需要一个综合的、系统的方法对停车管理的水平进行客观评价，处于不同地理特点的中心城区的停车场，因停车目的不同、停车管理政策和停车场价格差异，都会对停车行为特征产生影响。停车场服务水平是用来度量停车设施提供给用户停车服务质量好坏的一个指标，它反映了停车设施在不同区域满足停车需求，以及给用户提供的停车环境(停车便捷、方便、价格合理)等方面的服务质量。

停车场服务水平可以作为停车场规划、设计与管理的基本依据。停车场服务水平的主要作用可以概括为以下两个方面：

(1) 用于停车场规划设计

尽管在规划和设计阶段考虑复杂的服务水平因素是比较困难的，但也是非常必要的。根据停车场高峰小时停放指数与停车成本因子，可以为考虑远景的停车场的规划项目提供措施建议。

(2) 用于设施现状分析

鉴于现有的服务水平评价方法多针对评价城市轨道交通、公交运营服务水平、交通安全以及通行能力等，而对停车场暂时没有相关量化的服务水平分级标准，因此，有必要针对停车场的特征，选取相应的评价指标对停车场的服务水平进行量化分级，从而为评价停车场的服务水平提供一定的依据。

第二节 停车场服务水平的技术路线

通过量化研究北京市中心城停车特征，建立停车场的服务水平等级与划分标准体系。首先基于北京市中心城停车场特征、停车特征和停车政策现状分析成果，结合停车场服务质量问卷调查结果确定影响停车场服务水平的指标。分析量化各指标与服务水平的关系，构建停车场的服务水平等级划分体系。利用停车场基本情况调查表中的高峰小时停放指数与距离目的地的时间以及停车价格数据进行停车场服务水平分级。构建北京市中心城停车场服务水平划分思路如图 8-1 所示。

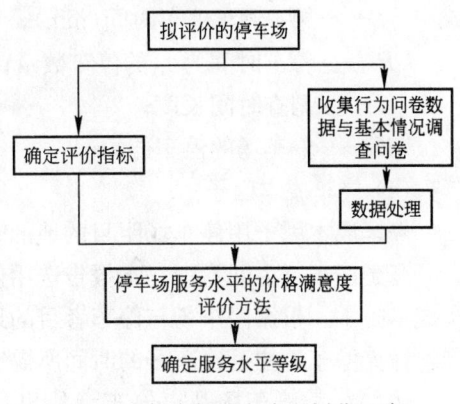

图 8-1 停车场服务水平划分思路

第三节　北京市中心城停车场服务水平指标的选取

影响停车场服务水平的因素有很多，如停车特性指标，包括停车配建标准、停车设施容量、停车时间、停放车指数、停放周转率、收费价格、停车泊位利用率等。其中停放周转率包括平均停放周转率和高峰小时停放周转率，停车泊位利用率包括平均停车泊位利用率与高峰小时停车泊位利用率。经过之前的分析，鉴于各个停车场的停车特性都不相同，平均泊位利用率与平均周转率不能充分体现停车场的特性，因此只选取高峰时期的指标来评价停车场的服务水平。综合各个指标，北京市中心城停车场服务水平的评价指标从以下5个指标提取，分别是高峰周转率、高峰停放指数、高峰泊位利用率、停车成本因子和停车价格满意度。各个指标的概念如下：

(1) 高峰周转率

用来衡量停车场每个停车位在调查期间被使用次数的指标。表示了观测期间内，该停车场内每个停车位的利用次数。其计算公式见式(8-1)：

$$\alpha = S/C \tag{8-1}$$

式中　S——调查期间实际停车辆；

　　　C——停车能力。

(2) 高峰停放指数

指高峰时刻停放量与停车设施容量之比，它反映了停车场在高峰时刻的拥挤程度，如式(8-2)所示。

$$\lambda = \frac{S_j}{C} \tag{8-2}$$

式中　S_j——停车场高峰时刻 j 的停车数量；

　　　C——停车场容量。

(3) 高峰泊位利用率

表示调查期间内停车场被使用的情况。其计算公式如式(8-3)所示：

$$\gamma = \frac{\sum_{i=1}^{s}(t_i \cdot P_i)}{T \times C} \times 100\% \tag{8-3}$$

式中　t_i——第 i 辆车停车时间(min)；

　　　P_i——停车时间为 t_i 的停车数量；

　　　T——调查时间长度；

　　　C——停车场的停车能力。

(4) 停车成本因子

停车成本因子用停车场距目的地的时间折合成的停车收费成本。

基于停车行为问卷中：本报告选用停车场与停车者目的地之间的往返时间成本作为停车成本因子。根据停车场与停车者目的地之间往返所需的步行时间，结合停车场的收费标准，计算停车者往返停车场的时间所需支付的停车费用。

例如：某停车场距离停车者的出行目的地的步行时间为 8min，其往返停车场的步行时间即为 16min，该停车场的收费价格为 3 元/15min，则该停车场的停车成本因子为 $16 \times \frac{3}{15} = 3.2$ 元。

(5) 停车价格满意度

停车行为特征调查问卷中设计了有关于停车场使用者对停车场的价格满意程度的问题，其中三个选项："过高"、"合理"、"便宜"，本报告所采用的停车价格满意度为：

$$停车价格满意度 = \frac{(合理+便宜)问卷数}{所有问卷数}$$

为了提取停车场服务水平的评价指标，需要对上述 5 个指标进行相关性分析。相关性分析(见表 8-1)结果表明有 3 个指标的相关性较高，分别是：高峰周转率(X_1)、高峰停放指数(X_2)与高峰泊位利用率(X_3)的相关性很高。

高峰周转率、高峰停放指数与高峰泊位利用率相关矩阵　　　　表 8-1

	高峰周转率	高峰停放指数	高峰泊位利用率
高峰周转率	1.000	0.659	0.624
高峰停放指数	0.659	1.000	0.962
高峰泊位利用率	0.624	0.962	1.000

由表 8-1 可以看出，三者存在较高的相关性，因此需采用主成分分析法筛选此三个变量作为最终的停车场服务水平评价指标。

主成分分析法考虑各指标间的相互关系，利用降维的思想，以较少的主成分来综合代替原来较多的评价指标，并使这些主成分能尽可能地反映原来指标的信息，而且彼此之间互不相关。主成分分析法实际上作了两个层次的线性合成，第一层次将原始指标通过恰当的线性组合而成主成分，按累计方差贡献率不低于某个值(比如 0.9)的原则确定前几个主成分，这反映了原始指标的信息；第二层次是各主成分以各自的方差贡献率为权重，通过线性加权求和得到综合评价指标来分析优劣，这反映了各主成分的信息。一般情况下，如果前 m 个主成分的累积贡献率大于或等于 85%，则取前 m 个主成分即能反映全部 n 个变量的绝大部分信息了。

主成分分析法的数学模型如下：

设 $X = (X_1, \cdots, X_P)'$ 是一个 p 维随机向量，有二阶矩存在，记 $\mu = \varepsilon(X)$，$\sum = D(X)$，考虑它的线性变换

$$\begin{cases} Y_1 = l_1'X = l_{11}X_1 + \cdots + l_{p1}X_P \\ Y_p = l_p'X = l_{1p}X_1 + \cdots + l_{pp}X_P \end{cases} \tag{8-4}$$

易见 $Var(Y_i) = l_i' \sum l_i$，$Cov(Y_i, Y_j) = l_i' \sum l_j$，

$i = 1, 2, \cdots, p$

假如用 Y_1 来代替原来的 p 个变量 $X_1, \cdots, X_P$，这就要求 Y_1 尽可能地反映原 p 个变量的信息，这里的信息用 Y_1 的方差来表示，在上述条件下，使得 $Var(Y_1)$ 达到极大，Y_1 可称为第一主成分。如果一个 Y_1 不足以代表所有变量，可以考虑采用 Y_2，为了最有效地代表原变量的信息，Y_1 与 Y_2 不相关。即 $Cov(Y_1, Y_2) = 0$。于是，求 Y_2 使 $Var(Y_2)$ 达到极大，所求的 Y_2 称为第二主成分，类似的，可以定义第三主成分 Y_3、第四主成分 Y_4。一般

来说，X 的第 i 主成分 $Y_i = l'_{ix}$ 是指在 $Cov(l'_i x, l'_k x) = 0$，$(k<i)$ 求 l_i，使得 $Var(Y_1)$ 达到极大。令 $\lambda_1 \geqslant \lambda_2 \geqslant \cdots \geqslant \lambda_p \geqslant 0$ 为 Σ 的特征值，由上述条件可得 $Var(Y_1) = \lambda_i$ $i = 1, 2, \cdots, p$。当然，用主成分法的目的在于减少变量的个数，故一般决不会用 p 个主成分，而用 $m(m<p)$ 个主成分。则主成分 Y_k 的方差贡献率 $\alpha_k = \lambda_k \Big/ \sum_{i=1}^{p} \lambda_i$，主成分 $Y_1, \cdots, Y_m$。$Y_1, \cdots, Y_m$ 的累计方差贡献率 $\alpha = \sum_{i=1}^{m} \lambda_i \Big/ \sum_{i=1}^{p} \lambda_i$。根据实际需要取一定值的累计方差贡献率 $\alpha(0 < \alpha \leqslant 1)$ 时，可以得出需要引入的主成分数量 m。最后，将各主成分的方差贡献率作为权重，对评价对象进行各主成分的线性加权求和，所得结果作为最终的评价值 Y。即 $Y = \sum_{i=1}^{m} Y_i \alpha_i$，$m < p$。

具体步骤如下：

(1) 各评价指标原始数据的标准化处理：$y_{ij} = (x_{ij} - x_j)/S_{ij}$，$(i = 1, 2, \cdots, p; j = 1, 2, \cdots, p)$，其中 x_{ij} 表示第 i 个指标值，x_j、S_{ij} 分别表示第 j 项指标的样本均值和样本标准差；

(2) 计算矩阵 $(y_{ij})_{n \times 6}$ 的相关矩阵 R；

(3) 计算 R 的特征值：$\lambda_1 \geqslant \lambda_2 \geqslant \cdots \geqslant \lambda_p \geqslant 0$。以及对应的标准正交化特征向量 $u_1, u_2, \cdots, u_p$；

(4) 求主成分：$z_k = \sum_{i=1}^{p} u_{kj} y_j (k = 1, 2, \cdots, p)$，其中 y_j 是第 j 个标准化指标；

(5) 计算累计方差贡献率 $E = \sum_{i=1}^{p} \lambda_k \Big/ \sum_{i=1}^{p} \lambda_j$，$E$ 表示前 m 个主成分反映的信息量的和，m 的确定一般取 $E \geqslant 85\%$ 时的最小 m 值；

(6) 标准化指标 y_j 的加权处理：$y_j^* = w_j y_j (j = 1, 2, \cdots, p)$，其中 w_j 表示第 j 个指标的重要性权数；

(7) 以方差贡献率为权数求和计算综合评价指数值其值 $Z = \sum_{i=1}^{p} (\lambda_k / \sum_{i=1}^{p} \lambda_j) \times (\sum_{j=1}^{p} u_{kj} y_j^*)$ 大小。

由表 8-2 可以看出，特征值大于 1 的成分只有一个，累积方差贡献率大于 85%，且其权值等于 1，因此，所包含的信息可以由高峰停放指数体现出来，因此其他两个因素可以剔除，即高峰停放指数能对其他两个数据给出充分概括，达到减少变量个数的目的。

解释的总方差   表 8-2

成分	初始特征值		
	合计	方差的百分比(%)	累积百分比(%)
1	2.508	83.607	85.607
2	0.455	15.178	98.785
3	0.036	1.215	100.000

成分矩阵   表 8-3

主成分变量	累计贡献率	主成分变量	累计贡献率
高峰周转率	0.816	高峰泊位利用率	0.954
高峰停放指数	0.965		

注：采用主成分分析方法提取主要成分。

综上，提取高峰停放指数、停车价格满意度和停车成本因子作为北京市中心城停车场服务水平的评价指标。

第四节 北京市中心城停车场服务水平量化分级标准

根据本报告的数据样本中停车价格满意度与高峰停放指数关系图的分布趋势，尽管不同停车场的高峰停放指数在0～1.4之间变化，停车价格满意度指标体现的是针对各个停车场运营情况下的用户评价，集中分布在25%～45%之间。本报告选取25%与45%满意度情况下的停车场所对应的相关评价指标作为停车场服务水平划分的阈值，将停车场服务水平的划分为A、B、C级。

停车满意度为45%以下部分的停车场服务水平为A级服务水平，停车满意度为45%与25%之间的停车场服务水平为B级服务水平。停车满意度为25%以上的停车场服务水平设定为C级服务水平。不同等级停车场服务水平的定性描述如下：

A级服务水平：停车场车位基本能满足高峰小时内的停车需求，运营情况良好，停车场使用者认为停车场收费价格较为理想且停车场位置距离停车者目的地距离较近，停车场服务水平较高；

B级服务水平：停车场在停车高峰时段会有拥挤现象出现。停车场使用者尚可接受停车场收费价格，停车场位置距离停车者目的地步行需要5～10min，停车场服务属于中等水平，需采取一定的措施改善停车场服务水平；

C级服务水平：停车场车位基本不能满足停车需求，高峰小时停车场拥挤，停车排队长，高峰停车场泊位利用率大于80%且停车场使用者认为停车价格偏高，停车场位置距离停车者目的地步行时间超过10min，停车场服务属于较差水平，亟需采取相关措施改善停车场服务水平。

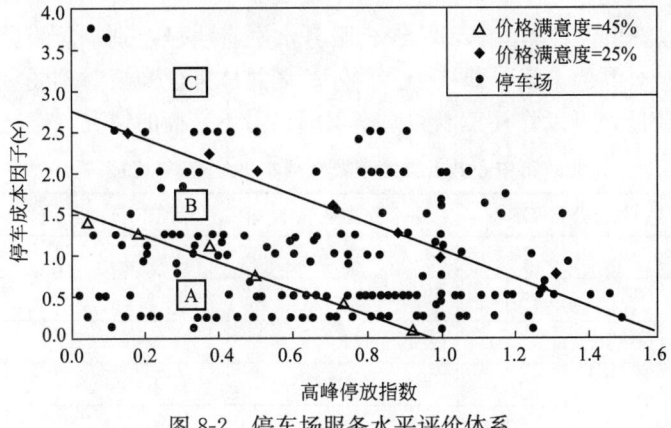

图 8-2 停车场服务水平评价体系

第五节 北京市中心城停车场服务水平现状评价

得到了停车场的服务水平以后,根据所研究的停车场的高峰停放指数与停车成本因子就可以确定停车场的服务状况。将抽样调查的北京市按地理位置进行评价,评价结果如表 8-4 所示。

北京市中心城各区域停车场服务水平分布(单位:%)　　　表 8-4

停车场服务水平	二环内停车场	二环~三环之间停车场	三环~四环之间停车场	四环外停车场
A 级	15	15	15	42
B 级	35	62	71	52
C 级	50	23	14	6
总和	100	100	100	100

由表可以看出,二环内大部分的停车场的服务水平低于期望水平,需采取一定的改善措施。从旧城区到外城四区,停车场的综合服务水平是在逐渐升高的。因此,停车收费也要体现区域差别性,提高中心区的停车收费,收费体系由内向外逐级递减,形成显著的收费水平级差关系。配建指标、停车政策均应体现区域差异性,能有效调节停车场"中心区拥挤、外围区空置"的现象。根据建筑物所处的区位不同,对停车需求客观存在的差异,将城市中心区、次中心区及外围区采用不同的配建标准,体现了停车标准的区域差异性,避免了"一刀切"的现象。

由表 8-5 中的数据可以看出,四环外的 A 级服务水平的停车场最多,三环到四环之间、二环到三环之间的停车场 B 级服务水平最多。

北京市中心城各区域社会公共停车场服务水平分布(单位:%)　　　表 8-5

停车场服务水平	二环~三环之间停车场	三环~四环之间停车场	四环外停车场
A 级	18	17	54
B 级	63	70	44
C 级	19	13	2
总和	100	100	100

由表 8-6 可以看出,各类停车场的综合服务水平有明显差别,A 级服务水平停车场所占比例最多的社会公共停车场,即社会公共停车场总体来说高峰时刻的利用率没有达到饱和,停车成本也较低,可以弥补其他类型停车场供需不平衡的情况。

北京市中心城各类停车场服务水平分布(单位:%)　　　表 8-6

停车场服务水平	社会公共停车场	办公配建停车场	商业配建停车场	医院配建停车场
A 级	33	18	14	0
B 级	56	58	57	73
C 级	11	24	29	27
总和	100	100	100	100

朝阳区的东方梅地亚停车场为地下办公停车场,现有建筑面积为 11 万 m^2,现有停车位 327 个,其中地上有 15 个,地下有 312 个,该停车场工作日停车高峰时段为 8:30～10:00,该停车场有出入口各有两个,出入方便。根据图 8-2 的服务水平划分标准,该停车场的服务水平属于 A 级。经调查表明:该停车场工作日早上 9:00 左右,属于该停车场高峰期,但空置率仍然很高,高峰停放指数仅为 0.28,在同类停车场属于较低水平。该停车场 92% 的使用者其目的地在 5min 之内能够到达,停车成本相对于相同停车价格的停车场属较低水平。

图 8-3　东方梅地亚停车场

朝阳区的样本⑥停车场为商业停车场,朝阳区样本⑥现有建筑面积为 4 万 m^2,现有停车位 1084 个,其中地上有 324 个,地下有 760 个,该停车场工作日停车高峰时段为 19:00～22:30,该停车场有出入口各有三个,出入方便。经过图 8-2 的服务水平划分,该停车场的服务水平属于 B 级。该停车场所在建筑物每百平方米拥有的泊位数为 0.78 个。由于朝阳区样本⑥地处中心地带,白天停车吸引较大,平均一周的泊位利用率达到 50.8%,在同类商业配建停车场属于较高水平,高峰停放指数在工作日小于 1,非工作日均在 1 左右,该停车场高峰时刻用地紧张。现有中心商业区的停车主要是采用地面停车,地下停车也有,但在节假日、周末等人、车流量很大时,该地面停车规划已不能满足,车辆在路边停放又影响交通,各个方面反映控制地面的停车数量是很有必要。

图 8-4　朝阳区样本⑥停车场

石景山区样本②停车场属于医院地上停车场,该建筑物现有建筑面积为 10 万 m^2,现有停车位 184 个,该停车场工作日停车高峰时段为 8:00～18:00,该停车场有出入口各一个,高峰时期出入口显得紧张。根据图 8-2 的服务水平划分,该停车场的服务水平属于 C 级。高峰时期该停车场的停放指数大于 1,即许多车辆进入到停车场仍不能马上找到车位,造成停车场秩序的混乱与拥挤。通过对该停车场的调查发现,大部分停车者认为该停车场车位提供不足。在其周围的停车场例如石景山游乐园停车场（高峰停放指数为 0.16）、中国科学院玉泉路科技园停车场（高峰停放指数为 0.33）以及苹果园地铁停车场（高峰停放指数为 0.1）车位供应充足，停车者可以利用这些停车场驻车，实现停车换乘以达到车位充分利用的目的。

图 8-5　石景山区样本②停车场

第六节　北京市中心城停车场建设模式探讨

停车设施建设模式按出资主体分主要有政府投资委托经营模式、政府和企业联合投资、企业投资三种模式。

(1) 政府投资—委托经营模式。政府投资—委托经营模式是一种政府信托行为，它是指政府以财政收入投入公共停车设施所需的全部建设资金，在停车设施竣工之后，政府作为委托人将该资产委托给某企业（受托人）经营，经营期间取得的收入全额返还政府，政府再从收入中按一定的比例，以资产管理费的形式支付给受托企业的一种投融资模式。采用该模式短期内能够在一定程度上弥补停车设施供给不足，缓解停车供需矛盾，并能够发挥停车泊位作为"准公共产品"的社会效益，也有利于政府部门直接监管停车收费状况。由于新建停车设施所需资金量大，而需要政府投入的公共设施和社会事业较多，对快速发展的地区尤其如此，能投入到停车设施建设中的资金十分有限，因此单纯依靠政府投资建设停车设施显得较为乏力。

(2) 政府和企业联合投资模式。政府企业（包括民营企业和外资企业）投资经营模式是指由政府将国有土地使用权和特许经营权等资产无偿授让给资产管理公司（国有独资），资产管理公司和企业以资产为纽带组建公共停车设施经营管理公司，资产管理公司为控股公司，企业为参股公司，股份公司向资产管理公司租赁土地使用权，向企业融资，但不增加双方注册资本金，经营过程中所取得的收益先抵补融资费用，再按投资各方所占的股份进行利润分配。该模式的特点是投资主体由政府和企业构成，并以股份制的形式形成利润共享、风险共担的实体。其优点在于一方面投资企业不需支付昂贵的土地使用费而加大投资成本，降低了投资风险，另一方面政府在参与公共停车设施建设时不需投入现金资产，却完成了城市公共停车设施的建设，创造了社会效益。

(3) 企业投资模式。企业投资建设的停车场，主要以政府激励政策，设立停车场建设基金。指企业作为项目的投资主体，投入设施建设所需资金，并进行经营的一种公共停车设施建设投融资模式。企业在对停车设施进行投资时可以采取独资形式，也可以采取合资形式。当采用合资形式时，通常情况下是由几个企业按照利益共享、风险共担的原则以股份制的形式共同组建公共停车设施经营管理公司，股份公司负责投融资活动，并直接参与停车设施的经营管理，取得的利润按股份进行分配。采取该模式的主要优点是促进停车产业化的发展，有效地解决了因财政困难而无法提供必要的公共停车设施建设资金的问题。同时，该模式也有一定的缺点，由于企业建设停车设施时是从经济效益的角度出发，考虑到利润最大化，政府调控难度较大，会影响到整个城市的规划和社会效益。建筑物的配建停车场多采取此建设模式。

考虑到社会公共停车场的性质与建设资金大的特点，推荐北京市中心城停车场建设的模式：政府和企业联合投资模式。由政府划拨停车场用地，由企业进行社会公共停车场的建设与运营管理。

第九章 停车配建指标

美国和英国的研究表明，机动车平均在一天内95%的时间都是处于停放状态。对于车辆的停放，我们至少需要提供3种不同的地方：回家后的停放、到工作单位后的停放、其他出行所需要的停放。至于停放地点，国外通常将其分为路侧停车和路外停车两类，而路外停车设施的供给主要来源于建设项目的配建停车场，约占全部停车位的80%~85%。配建停车场是指为公共建筑和居住区配套建设的停车场所，主要为与该建筑业务和居住区、生活活动相关的驾车者提供停车服务。通常由建筑物业主负责建设与管理，其规模参考相关部门的具体规定。配建停车场一般紧邻主体建筑布设，其间距一般小于100m，最多不超过150m。配建停车场的规模与主体建筑的规模、性质、区位有关。由此可见，配建指标的高低或是否合理将直接影响到停车设施对停车需求的满足程度。

本章将对比分析国内、国外在停车设施配建标准方面的差异，从而为我国城市未来修订停车设施配建指标提供参考和借鉴，并对北京市提出停车配建指标分区及配建指标的建议值。

第一节 相关政策分析

一、停车配建指标的出现及演变

停车管理作为一项公共政策可以追溯至20世纪初，当时世界上发达城市的中心城区出现了由警察和交通工程师制定的停车管理规定。如1915年美国底特律对路侧停车时间进行了限制，1920年波士顿也发布了同样的管理规定。随着机动车保有量的快速增长，一些城市认为路侧停车降低了公共空间的利用效率并对交通产生了很大的负面影响，由此在1928年芝加哥的CBD地区开始禁止路侧停车，纽约曼哈顿地区夜间路侧停车也开始被严格禁止。

1913年美国俄克拉荷马市有3000辆小汽车，到1930年达到50000辆。大量的上班族将路侧的停车位整天占据，迫使零售商购物者将车辆停放在很远的地方，于是市政当局开始对路侧停车施加管理。1935年7月16日，175个路侧停车咪表在世界上首次问世并安装在城市中心区的街道，咪表由于被认为能够提高停车位使用的周转率而迅速流行开来。至1955年，几乎所有美国大城市的CBD地区以及零售商业集中的街道都实施了咪表的路侧停车管理，目的是将路侧空间提供给短时的购物者使用。

尽管咪表在20世纪40年代出现，并在60年代广为流行，但管理者并没有意愿去提高路侧停车的收费标准，从而导致了安装咪表的地区其停车位周转率仍然很低。1956年，美国开始了州际公路建设计划，同时BPR(Bureau of Public Roads，公共道路管理局)发布了具有深远影响的停车问题与解决方法方面的小册子《城市停车指南》(Parking Guide for Cities)。认为机动车是最好的出行方式，公路既适合于短途的商业出行、长途的城市间及城市与郊区之间的出行，也适合于去大型的商业中心，公路应该免费，并且其通行能力应该适应不断增加的需求。由此人们普遍认为停车也应该像使用道路一样，不仅免费而且还不应由于寻找停车位而多消耗时间或增加了步行。同时，在20世纪40、50年代，由于机动车保有量迅速增加，停车问题开始显现。为了应对日益严峻的停车需求压力，许多城市不得不增加路侧停车及路外停车设施的供给。不仅废除了路侧停车方面的限制措施，还建造了大量由政府或企业出资建设的路外停车场、商业街道咪表管理的路侧停车设施等，并最终演变为所有居住或商业建设项目均要求配备停车设施。到1960年，美国几乎所有城市都出现了建设项目最低停车位配建标准。最低停车位配建标准来源于城市规划者的一个简单认识，即停车问题之所以出现，是因为停车供给不足造成的。

至今，最低停车设施配建标准在世界各地广泛使用了约60年，由此也带来了一系列的问题，主要表现在：

（1）导致了城市土地利用的分散与城市的蔓延。由于停车设施需要占用大量的土地，使得一些建设项目占用了更多的土地。如对于一个平均每人$16\sim 23m^2$的办公性质建筑，每辆车则需要$18.6m^2$的路侧停车空间，或者$27.9\sim 32.5m^2$的地下停车空间。又如2008年纽约曼哈顿建设的河东购物中心其营业面积约4.5万m^2，但其停车设施面积则高达6.37万m^2；

（2）最低停车位配建标准导致的城市用地分散削弱了其他交通方式的作用。城市用地的日益分散使得出行目的地越来越远，步行和自行车交通已经变得不再可能，由于居住和商业的过于分散公交线路也难以有效组织。

我国最早出现的停车设施配建标准是由公安部和建设部于1988年颁布并于1989年开始实施的《停车场规划设计规则》（试行），它给出了13类建设项目的停车位配建标准，对当时合理引导停车资源的配置起到了重要的指导作用。但由于我国机动化水平的不断提高，这个标准所要求的停车位配建指标在今天看来已经明显不足。近年来，随着我国城市化和机动化水平的快速提高，许多省市都颁布了一系列新的停车设施配建指标。这些指标使停车位配建有了科学的依据，促进了停车设施的供给，缓解了大城市日趋尖锐的停车矛盾。

二、国内停车配建指标的比较

如前所述，我国的停车设施配建标准是由公安部和建设部于1988年颁布的《停车场规划设计规则（试行）》（以下简称《规则》），给出了13类建设项目的停车位配建指标，主要为旅馆、饮食店、办公楼、商业场所、体育馆、影剧院、展览馆、医院、游览场所、火车站、码头、住宅等。然后又将部分建设项目类型根据其规模或区位细化为不同子类，共计21个子类。但由于当时我国的机动化水平较低，停车矛盾并不突出，与目前的社会经济以及机动化水平相比，《规则》已经远远不能够适应当前的停车设施配建需要。其问题主要表现在以下几个方面：

（1）建设项目类型少。以住宅为例，《规则》仅将住宅类建设项目分为两类，其中一类为国内高级住宅以及外国人、华侨、港澳同胞等使用的住宅，二类为普通住宅。这种划分方式显然过于粗略，难以反映不同类型住宅的停车需求强度；

（2）配建指标过低。当时由于我国大城市的机动化水平较低，私人拥有机动车规模非常小，城市公共空间足以满足有限的停车需求，因此许多类型的建设项目停车设施配建标准非常低甚至没有配建要求。同样以住宅为例，《规则》仅要求一类项目每户配建 0.5 个车位，而对于普通住宅，并没有要求配建停车位。目前，我国大城市居住区停车设施严重不足已经成为一个普遍的现象；

（3）区位体现不明显。《规则》中对城乡的停车位配建差别化要求已经有所体现，但对于城市的中心区或 CBD 地区与外围地区的停车位配建则没有进行区分，难以体现通过停车设施配建引导机动车出行的交通需求管理理念。

针对《规则》的不足，我国部分城市陆续发布了停车设施配建的地方标准。2003 年，北京市规划委员会发布了《北京地区建设工程规划设计通则（试用稿）》（以下简称《通则》），其中对停车配建标准进行了新的规定。《通则》将建设项目分为大中型公共建筑和居住区，其中前者又分为旅馆、办公楼、餐饮、商场、医院、展览馆、电影院、剧院（音乐厅）、体育场馆 9 大类 14 小类，居住区分为普通居住区、公寓和别墅区 3 小类，其中普通居住区又按其地理位置划分为三环以内和三环以外两种类型。相对于《规则》，北京市所发布的《通则》最大的变化就是大幅度地提高了停车配建标准，并且非常注重住宅区的停车位配建。以旅馆为例，《规则》给出的一类（以国外及港澳同胞华侨为主）配建标准为 0.2 车位/客房，二类（接待国内旅客）配建标准为 0.08 车位/客房；而《通则》则按照旅馆的分级标准，针对一级、二级、三级和四级旅馆分别配建 0.6 车位/客房、0.4 车位/客房、0.4 车位/客房、0.2 车位/客房。以居住区为例，《规则》并没有要求普通住宅配建停车位，而《通则》给出的普通住宅停车位配建标准为三环路以内及以外分别为 0.3 车位/户和 0.5 车位/户。

表 9-1 为国内部分城市所发布的建设项目停车设施配建标准情况，并以住宅和商业为例说明其建筑类型划分及配建指标。

国内部分城市停车位配建标准的基本情况　　　　表 9-1

内容	发布时间	大类数	小类数	是否按照分区配建	有无最高配建指标	是否有残疾人停车位配建指标	住宅 类型数	住宅 子类数	商业 分类数	商业 城市中心区大型商业配建标准（车位/100m²）
北京	2003	10	17	是	否	否	3	4	2	0.65
天津	2010	12	43	是	否	否	1	4	3	1
上海	2006	14	29	是	否	否	1	3	3	0.8
重庆	2006	11	13	是	否	否	3	3	1	0.5
广州	2007	11	33	是	是	否	3	3	4	1.0～1.5
南京	2010	15	33	是	是	否	4	7	4	0.5～1.1
杭州	2009	13	39	是	否	是	5	11	5	0.8
长春	2005	8	20	否	否	否	5	5	2	0.4
沈阳	2011	12	35	是	否	否	3	6	3	0.6
哈尔滨	2009	9	36	否	否	否	3	3	3	0.5～1.0
南昌	2011	8	19	是	否	否	2	5	5	0.8
长沙	2005	15	34	否	否	否	4	4	3	0.6

注：广州的数据来源于研究报告。

从表9-1可以看出，目前我国一些城市的停车配建标准中，建筑物类型划分的详细程度有着较大差异，杭州、沈阳等在大类的基础上进行了更为细致的建筑子类划分，而重庆、北京等城市建筑类型的划分则较为粗略。这种区别在住宅类的建筑类型划分中尤为明显。

从配建标准上看，以城市中心区大型商业配建标准为例，各个城市之间的配建标准有一定的差异，这主要受到当地的社会经济发展水平和机动化水平的影响，同时还受到商业设施分类的影响。因为有些城市对商业设施的划分较为粗略，而另一些城市则划分的相对较为细致，甚至一些城市在商业设施配建标准中并没有突出其地理位置或建筑规模。

三、与国外停车配建指标间的差异

（1）国外建筑类型的划分更为详细

美国停车配建标准主要来源于ITE（交通工程师协会）出版的《停车生成》（Parking Generation）。《停车生成》是全美各地停车设施配建标准的基础，尽管其一再强调它的目的不是成为标准或手册，但由于所提供的信息数据较为丰富，成为了停车位配建的普遍参考。2010年，《停车生成》出版了第四版，按照10种土地使用类型进行调查数据的回归分析，给出各种类型的停车需求模型。每种土地使用类型又划分为若干小类，共计106个小类。它所包含的10个大类主要有港站及枢纽、工业、居住、旅馆类、文化娱乐、公共事业、医疗、办公、零售和服务业等。

相对于我国各城市的停车位配建标准，美国《停车生成》在建筑类型上要划分的更为详细得多。以美国居住类型为例，又进一步划分为9个子类，包括家庭独立式住宅、低层公寓、高层公寓、出租类联排别墅、销售类联排别墅、联立式老人住宅、集中式医疗设施、护理居住和集中式退休护理社区等。

（2）最低与最高停车位配建标准相结合

目前美国各个城市都有自己的停车配建标准，特别对大城市来说，配建标准往往更为详细和复杂，如多将城市中心区、CBD地区和公共交通站点附近地区和其他区域区分开来，而对于城市中心区、CBD、TOD地区，往往有着明确的最高停车位配建限制，以减少机动车的使用。如在美国华盛顿州首府奥林匹亚市的中心区，停车配建指标可以降至目前所要求的60%；洛杉矶公交导向开发的区域，对于靠近公交站点的地区，停车配建指标可以降低40%；马里兰的蒙哥马利郡所有停车位配建均可在原要求的基础上降低20%。考虑到对大气质量的影响，在纽约曼哈顿地区，不仅没有停车位配建要求，而且路外停车场的建设是被严格禁止的。

我国部分城市已经考虑到了中心城的交通压力以及中心城的公共交通便利程度，在制定停车配建标准时有意识地采用停车的手段实施交通拥挤地区的交通需求管理。但目前最高停车位配建标准在我国的城市中应用还不是很普遍；而且在制定配建标准的过程中，尚缺乏对用地、动态交通、公共交通等各方面的综合考虑。

（3）残疾人车位的配建

在澳大利亚，残疾人车位占总体车位的比例在各个地方均有所区别，但一般为1%～4%。在英国，如果停车位总数不足200个，那么残疾人车位可以为2～3个或总数的5%～6%，如果总数超过200个，残疾人车位则为4～6个再加上总车位数的2%～4%。

美国几乎所有停车场都配备有残疾人停车位。美国残疾人法案对残疾人停车位的几何尺寸、位置等都有着明确的规定。从停车位配建标准的角度，美国规定的残疾人停车位配建标准如表 9-2 所示。

美国残疾人法案所要求的残疾人车位配建情况（单位：个） 表 9-2

车位数	残疾人车位数	车位数	残疾人车位数	车位数	残疾人车位数
1～25	1	101～150	5	401～500	9
26～50	2	151～200	6	501～1000	总数的 2%
51～75	3	201～300	7	1001 及以上	21 加总数减去 1000 后，每超过 100 增加 1
76～100	4	301～400	8		

我国停车位配建标准目前大多没有涉及残疾人车位的供给，但随着残疾人驾驶员的日渐增多，我们应该在停车场的建设中为这部分人群不仅提供专门的停车空间，而且在管理上也应该像发达国家一样将残疾人车位安排在最便利的位置上。

（4）考虑公交可达性水平

建筑物周边公交、地铁服务水平对停车需求有比较大的影响。因此应根据建筑物附近的公交情况，对停车需求采取必要的修正，以便对配建标准进行相应的调整。国外一般根据公交可达性水平来给城市制定不同的配建标准。公交可达性指数（AI）可以根据步行时间（T_m）和平均等待时间（T_n）计算出来。最后根据公交可达性指数，得出公交可达性水平（PTAL）（表 9-3）。英国采用的方法是根据城市不同的公交可达性水平，对商店等建筑的最大停车配建标准做一定的折减。

公交可达性水平 表 9-3

公交可达性水平	指数范围	公交可达性水平	指数范围
1（最差）	0.00～5.00	4	15.01～20.00
2	5.01～10.00	5	20.01～25.00
3	10.01～15.00	6（最好）	＞25.01

第二节 国内外相关城市停车配建指标

一、国内大城市停车配建指标

1. 北京市

2003 年，北京市规划委员会发布了《北京地区建设工程规划设计通则（试用稿）》，其中对停车配建标准进行了规定，见表 9-4。

北京市大中型公共建筑停车场标准 表 9-4

建筑类别		计算单位	标准车位数（个）	
			小型汽车	自行车
旅馆	一类	每套客房	0.6	—
	二类	同上	0.4	—
	三类	同上	0.2	—

续表

建筑类别		计算单位	标准车位数(个)	
			小型汽车	自行车
办公楼		每1000m² 建筑面积	6.5	20
餐饮		每1000m² 建筑面积	7	40
商场	一类	每1000m² 建筑面积	6.5	40
	二类	同上	4.5	40
医院	市级	同上	6.5	40
	区级	同上	4.5	40
展览馆		同上	7	45
电影院		每100座位	3	每1000m² 45
剧院(音乐厅)		同上	10	同上
体育场馆	一类	同上	4.2	同上
	二类	同上	1.2	同上

注：1. 露天停车场的占地面积，小型汽车按每车位25m² 计算，自行车按每车位1.2m² 计算。停车库的建筑面积，小型汽车按每车位40m² 计算，自行车按每车位1.8m² 计算；

2. 旅馆中的一类指《旅游旅馆设计暂行标准》规定的一级旅游旅馆，二类指该标准规定的二、三级旅游旅馆，三类指该标准规定的四级旅游旅馆；

3. 餐饮中的一类指特级饭庄，二类指一级饭庄；

4. 商场中的一类指建筑面积10000m² 以上的商场，二类指建筑面积不足10000m² 的商场；

5. 体育场馆中的一类指15000座位以上的体育场或3000座位以上的体育馆，二类指不足15000座位的体育场或不足3000座位的体育馆；

6. 多功能的综合性大中型公共建筑，停车场车位按各单位标准总和80%计算。

居住区配套停车位要求为：普通居住区按照三环路以内3辆/10户，三环路以外5辆/10户；公寓按照1辆/户；别墅区按照2辆/户。

由于制定时间较早，该《通则》规定的各类建筑物的停车场配建标准都相对较低，如《通则》规定三环内0.3个/户、三环外0.5个/户的配建标准，与目前城六区0.86辆/户的机动车拥有率相比，缺口较大，应及时进行合理调整，满足基本停车需求。此外《通则》建筑类别分类较少，很多大型建筑如博物馆、学校、交通场站等没有对停车位标准进行明确规定，应补充建筑类型，并适当进行详细区分。

2. 天津市

目前，天津市停车配建标准是按照《天津市建设项目配建停车场(库)标准》(DB 29-6-2010)(以下简称《标准》)执行的，该《标准》是在《天津市建设项目配建停车场(库)标准》(DB 29-6-2004)的基础上，进行修订、编制的。该《标准》将配建指标分为住宅类建设项目、办公类建设项目、商业类建设项目、旅馆类建设项目、餐饮、娱乐类建设项目、医院类建设项目、博览类建设项目、游览类建设项目、体育场(馆)类建设项目、学校类建设项目、影剧院类建设项目、公交枢纽类建设项目等，共计12大类、43小类。该《标准》规定的停车位均为最低配建标准。

表9-5为住宅类建设项目配建停车车位指标表。根据住宅建筑面积，该表中将住宅类型分为四类，且对廉租住房配建指标进行了额外规定。

住宅类建设项目配建停车车位指标表　　　　　　　　　　表 9-5

建筑面积（m²/户）	机动车位（车位/户）	非机动车位（辆/户）
≥150	1.5	1.0
≥90；<150	1.0	1.5
≥60；<90	0.7	1.8
<60	0.5	2.0

注：廉租住房配建机动车停车位不少于0.2个车位/户，非机动车停车位不少于2.0辆/户。

表9-6为办公类建设项目配建停车车位指标表，根据使用对象分为行政办公和其他办公两类，并根据地理位置的不同（中心城区内环线以内和中心城区内环线以外），对机动车位配建指标进行分别规定。

办公类建设项目配建停车车位指标表　　　　　　　　　　表 9-6

项目		机动车位（车位/100m² 建筑面积）	非机动车位（辆/100m² 建筑面积）
行政办公	中心城区内环线以内	1.0	1.5
	中心城区内环线以外	1.5	1.5
其他办公	中心城区内环线以内	0.8	1.0
	中心城区内环线以外	1.2	1.0

注：1. 工厂办公区其配建停车设施可在工厂用地范围内统一集中设置；
　　2. 滨海新区核心区于家堡和响螺湾地区参照中心城区内环线以内地区执行。

表9-7为商业类建设项目配建停车车位指标表，该表将商业类建设项目分为普通商业、大型超市和综合市场、批发市场三类，并根据地理位置的不同（中心城区内环线以内和中心城区内环线以外），对机动车位配建指标进行分别规定。

商业类建设项目配建停车车位指标表　　　　　　　　　　表 9-7

项目		机动车位（车位/100m² 建筑面积）	非机动车位（辆/100m² 建筑面积）
普通商业	中心城区内环线以内	0.6	2.0
	中心城区内环线以外	0.8	2.0
超市（大于1万 m²）	中心城区内环线以内	1.0	3.0
	中心城区内环线以外	1.5	3.0
综合市场、批发市场	中心城区内环线以内	1.0	3.0
	中心城区内环线以外	1.5	3.0

注：1. 上述建筑面积含建设项目地下商业部分建筑面积；
　　2. 滨海新区核心区于家堡和响螺湾地区参照中心城区内环线以内地区执行。

除了对基本机动车位和非机动车位指标进行了规定，该《标准》还对个别建设项目类型进行了装卸车位、出租车候客区、救护车位、大型客车停车位等进行了详细规定。

随着经济的发展，天津市的机动车拥有量持续快速增长，至2008年全市小汽车保有量由2004年的34.2万增长到2008年的87万，4年间增长一倍以上，原标准中部分指标已不能完全适应未来发展的需要。与2004年版标准相比，该《标准》在建设项目分类、非机动车配建标准及出租车和装卸车车位配建标准等方面进行了修订，且对不同地区提出差别化的停车配建标准,从而更好地适应未来城市的发展。

3. 上海市

1996年上海市颁布了《建筑工程交通设计及停车库(场)设置标准》DBJ 08-7-2006,对饭店、办公、商业、展览馆等的机动车停车库(场)指标进行了规定。近年来,随着上海市社会经济的快速发展,机动车拥有量不断增加,该标准已不能满足机动车发展对停车位的要求。特别是在停车需求高峰,建筑物周围交通质量、环境质量下降;而在这些场所非机动车的停车量呈现不同程度的下降趋势。由上海市公安局交通警察总队、同济大学和上海市城市交通管理局主编、上海市建设和交通委员会批准的《建筑工程交通设计及停车库(场)设置标准》(以下简称《标准》)中对停车配建指标进行了新的规定,该《标准》自2006年3月1日开始实施。

《标准》中将建筑物类型划分为宾馆、饭店、娱乐、办公楼、商业场所、体育场馆、影(剧)院、展览馆、医院、游览场所、住宅、道路交通枢纽、轨道交通车站、客运机场、公交枢纽等14个大类,29个小类,且给出的均是配建指标下限。

表9-8为住宅机动车和非机动车停车位指标,《标准》根据建筑面积的不同,将住宅分为三类:平均每套建筑面积>150m² 为一类;100m²≤平均每套建筑面积≤150m² 为二类;平均每套建筑面积<100m² 为三类。由表9-8可见,上海市机动车停车位指标随建筑面积的减小而减小,且越靠近内环越小;非机动车停车位指标则相反。

住宅机动车和非机动车停车位指标 表9-8

项目		机动车			非机动车		
		内环线以内	内外环线之间	外环线以外	内环线以内	内外环线之间	外环线以外
一类	停车位/平均每套	≥0.8	≥1.0	≥1.1	≥0.8	≥0.5	≥0.5
二类	停车位/平均每套	≥0.5	≥0.6	≥0.7	≥1.0	≥0.9	≥0.9
三类	停车位/平均每套	≥0.3	≥0.4	≥0.5	≥1.2	≥1.1	≥1.1

表9-9为商业场所停车位指标,可见内环线以内的机动车配建指标小于内环线以外,超级市场的配建指标大于商业建筑,而非机动车配建指标只有内部与外部之间存在差异,环线内外及建筑类型上并无差别。

商业场所停车位指标 表9-9

项目			机动车	非机动车	
				内部	外部
停车位/每100m² 建筑面积	商业	内环线以内	0.3	0.75	1.2
		内环线以外	0.5	0.75	1.2
	超级市场	内环线以内	0.8	0.75	1.2
		内环线以外	1.2	0.75	1.2

注:1. 建筑面积小于500m² 的小型商店、便利店可不配建停车位;
2. 对商业建筑面积无法标定的,按营业面积加30%计。

与其他城市不同,上海市将交通场站类型进行了详细划分,分别给出不同的停车位指标。表9-10为轨道交通车站停车位指标,表9-11为公交枢纽停车位指标。

轨道交通车站停车位指标 表 9-10

项 目		机 动 车		非机动车
一般站	停车位/远期高峰小时每百位旅客	—	—	10.0
换乘站	停车位/远期高峰小时每百位旅客	中环线以外	0.2	7.0
枢纽站	停车位/远期高峰小时每百位旅客	中环线以外	0.3	4.0

注：1. 换乘站：有两条轨道交通通过的车站；
2. 枢纽站：3 条及 3 条以上轨道交通通过的车站；
3. 中环线以内，轨道交通站不设配建机动车停车场；
4. 每个轨道交通车站均应设非机动车停车库(场)。

公交枢纽停车位指标 表 9-11

项目		机动车		非机动车	
				内部	外来
首末站	停车位/高峰日每百位旅客	中环线以外	0.1	见注 2	4.0

注：1. 3 条以上常规公交线路或 1～2 条快速公交线路即构成公交枢纽；
2. 内部非机动车停车数按职工总人数的 30% 计算；
3. 出租车泊位不小于高峰日每百位旅客 0.2 个。

4. 重庆市

2006 年，重庆市规划局发布了《建设项目配建停车位标准细则》（以下简称《细则》），从而加强建设项目配建停车位的规划管理工作。该《细则》将规划管理区域划分如下：一区为渝中半岛地区(以控规编码为界)；二区为主城一区以外都市区以内地区。建筑类别分为普通住宅、廉租房、公园、商业、办公、医院等 11 大类，13 小类。虽然该《细则》中建筑类别整体划分并不详细，但值得指出的是将住宅用地划分的较为详细，这对其他城市的配建指标制定具有借鉴意义。表 9-12 为该《细则》规定的建设项目配建停车位标准。

建设项目配建停车位标准表 表 9-12

序号	类别		单位	一区	二区	备注
1	普通住宅		车位/100m² 建筑面积	0.34	0.6	
2	经济适用房、拆迁安置房、征地安置房		车位/100m² 建筑面积	0.34	0.34	
3	廉租房		车位/100m² 建筑面积	0.2	0.2	
4	商业、办公、医院		车位/100m² 建筑面积	0.5	0.7	
5	餐饮、娱乐		车位/100m² 建筑面积	1.0	1.5	
6	中小学校		车位/100m² 建筑面积	0.2	0.2	按照扣除教学用房后的面积计算
7	大中专院校		车位/100m² 建筑面积	0.5	0.5	
8	公园		车位/100m² 建筑面积	0.5	0.7	
			车位/100m² 公园用地	0.02	0.05	
9	体育场馆	大型体育场馆	车位/100 个座位	3.0	4.0	
		其他体育场馆(不包括设在大专院校或中小学内的体育场馆)	车位/100 个座位	2.0	2.5	

续表

序号	类别		单位	一区	二区	备注
10	交通枢纽类(火车站、汽车站、客运码头、机场、轨道站等)		车位/100名设计旅客容量	2.0	3.0	
11	工业建筑	办公、宿舍	车位/100m² 建筑面积	0.2	0.2	
		厂房、仓库	车位/100m² 建筑面积	0.1	0.1	

注：1. 本表中停车位均指小型汽车的停车位；
2. 大型体育场馆是指大于1.5万座的体育场或大于4千座的体育馆。

此外，该《细则》还考虑到公共厕所的停车位配建标准，其第十一条规定：临道路设置的公共厕所应配建2个临时停车位，体现了人性化设计。

5. 广州市

2001年广州市开展了《广州市建筑物的停车配建指标研究》，对推进停车设施的建设起到了很大的作用。自2002年7月试行以来，广州市的配建停车位数量有了较大幅度的增加。随着广州城市交通发展环境的深刻变化，尤其是全市小汽车保有量的快速增长，城市面临的停车供需矛盾日益突出，给广州整体交通环境的改善带来很大压力，与此同时，现行指标在试行过程中也暴露了一些问题。为此，受市建委和市规划局委托，广州市交通规划研究所于2006年7月至2007年4月组织完成了《广州市停车配建指标实施检讨》，进一步优化了停车配建指标体系，保持停车配建指标与城市不断发展的需要相适应，更好的指导新形势下停车设施的建设。

在《广州市停车配建指标实施检讨》中将广州市分为两个区进行停车配建管理：A区范围为广园路以南、华南路天河区段和广州大道海珠区段以西与新窖南路以北的地区以及芳村大道的如意坊大桥至鹤洞大桥段以东地区和黄埔区的广深铁路以南、茅岗路以东、石化路以西、港前路以北的城市副中心地区，番禺区中心城区中区，即市桥街东、西环路及市桥水道的围合区域，花都区新华镇老城区，即京广铁路以东、松园以南、茶元南路、体育路、天贵路以西，新街河以北的地区（即城市规划密度1区）；B区范围为除A区以外的规划建设地区（即城市规划密度2区），如图9-1所示。A区指标分别规定了上限与下限，B区指标除少数幅度值（配建指标范围）外，均为配建指标下限。一般来说，B区的配建车位指标会超过A区。表9-13为广州市建设项目配建停车位指标。

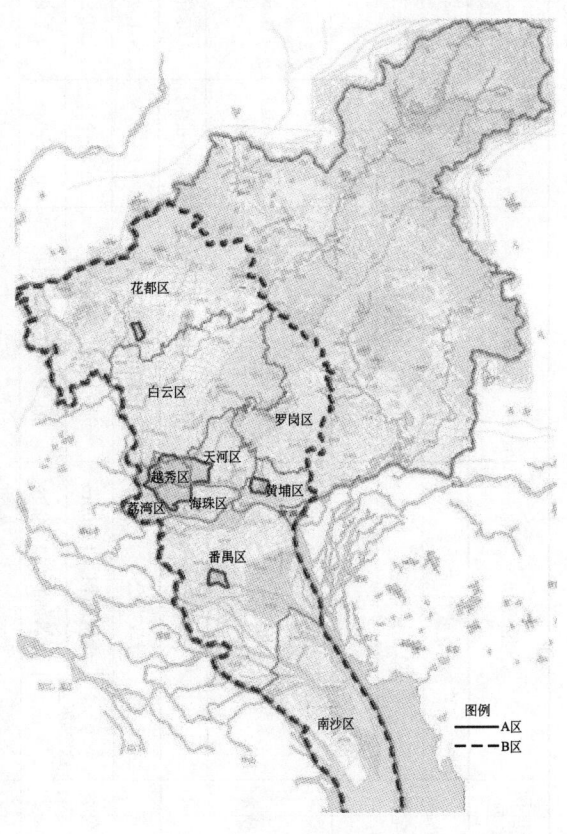

图9-1 广州市停车配建指标分区范围示意图

表 9-13 广州市建设项目配建停车位指标

建筑物类型	分类（等级）		计算单位	机动车 A区	机动车 B区	非机动车	其他类型停车泊位
住宅类	独立式住宅		泊/户	1.0~1.2	1.5	—	
	单元式住宅		泊/100m² 建筑面积	0.5~0.8	0.7~1.0	1	• 每10000m² 建筑面积应设置1个出租车上落客泊位
	宿舍		泊/100m² 建筑面积	0.2~0.3	0.4	2	
宾馆类	酒店、宾馆		泊/100m² 建筑面积	0.25~0.4	0.5	0.25	• 每10000m² 建筑面积应设置1个装卸货泊位； • 每10000m² 建筑面积应设置1个出租车上落客泊位； • 每10000m² 建筑面积应设置1个旅游巴士落客泊位
	招待所		泊/100m² 建筑面积	0.1~0.12	0.15	0.25	• 应设置1个出租车上落客泊位
办公类	行政办公		泊/100m² 建筑面积	0.6~0.8	1.2	1	• 每10000m² 建筑面积应设置1个装卸货泊位； • 每10000m² 建筑面积应设置1个出租车上落客泊位
	商务办公	建筑面积>15000m²	泊/100m² 建筑面积	0.5~0.6	0.9	1	
		建筑面积≤15000m²	泊/100m² 建筑面积	0.6~0.7	1.0	1	
商业类	商场、配套商业设施		泊/100m² 建筑面积	0.4~0.5	0.8	1.5	• 每5000m² 建筑面积应设置1个装卸货泊位； • 每5000m² 建筑面积应设置1个出租车上落客泊位
	批发交易市场		泊/100m² 建筑面积	0.8~1.2	1.5	1.5	• 每2000m² 建筑面积应设置1个装卸货泊位； • 每5000m² 建筑面积应设置1个出租车上落客泊位
	大型仓储式超市		泊/100m² 建筑面积	1.0~1.5	2.5	1.5	• 每3000m² 建筑面积应设置1个装卸货泊位； • 每5000m² 建筑面积应设置1个出租车上落客泊位
	独立餐饮、娱乐设施		泊/100m² 建筑面积	1.0~1.5	2.5	1.5	• 每3000m² 建筑面积应设置1个装卸货泊位； • 每1000m² 建筑面积应设置1个出租车上落客泊位
文化类	影剧院		泊/100座位	3~5	5	5	• 每200个座位应设置1个出租车上落客泊位
	会议中心		泊/100座位	3~5	10	5	• 每200个座位应设置1个出租车上落客泊位； • 每500个座位应设置1个旅游巴士停车位

续表

建筑物类型	分类（等级）	计算单位	机动车 A区	机动车 B区	非机动车	其他类型停车泊位
文化类	博物馆、图书馆	泊/100m²建筑面积	0.3~0.4	0.8	3	• 每5000m²建筑面积应设置1个装卸货泊位； • 每3000m²建筑面积应设置1个出租车上落客泊位； • 每5000m²建筑面积应设置1个旅游巴士停车位
文化类	展览馆	泊/100m²建筑面积	0.4~0.6	0.8	2	• 每5000m²建筑面积应设置1个装卸货泊位； • 每2000m²建筑面积应设置1个出租车上落客泊位； • 每3000m²建筑面积应设置1个旅游巴士停车位
体育类 体育场馆	大型（2万座以上的体育场，3000座以上的体育馆）	泊/100座位	—	6	10	• 每500个座位应设置1个出租车上落客泊位； • 每1000个座位应设置1个旅游巴士停车位
体育类 体育场馆	小型（2万座以下的体育场，3000座以下的体育馆）	泊/100座位	4~5	6	15	
医院类	综合医院、专科医院	泊/100m²建筑面积	0.5~0.7	0.8	3	• 每10000m²建筑面积应设置1个装卸货泊位； • 每5000m²建筑面积应设置1个出租车上落客泊位； • 每10000m²建筑面积应设置1个救护车
医院类	独立诊所	泊/100m²建筑面积	0.6~0.8	1.0	3	• 每2000m²建筑面积应设置1个出租车上落客泊位
医院类	疗养院	泊/100m²建筑面积	0.3~0.5	0.5	3	• 每10000m²建筑面积应设置1个装卸货泊位； • 每10000m²建筑面积应设置1个出租车上落客泊位
学校类	小学	泊/100m²建筑面积	0.1~0.5	0.15	3	• 每3000m²建筑面积（A区）或2000m²建筑面积（B区）应设置1个出租车上落客泊位； 小学应设置1~3个学校巴士上落客车位； • 应设置3~5个接送学生临时车位
学校类	中学	泊/100m²建筑面积	0.1~0.5	0.15	8	
学校类	大、中专院校	泊/100m²建筑面积	0.5~0.8	0.8	5	• 每10000m²建筑面积应设置1个出租车上落客泊位； • 每10000m²建筑面积应设置1个学校巴士上落客车位

147

续表

建筑物类型	分类（等级）		计算单位	机动车 A区	机动车 B区	非机动车	其他类型停车泊位
游览类	文物古迹、主题公园		泊/1000m² 占地面积	4~8	12~15	30	• 每10000m² 占地面积应设置1个出租车上落客泊位； • 每10000m² 占地面积应设置1个旅游巴士上落客泊位
	一般性城市公园、风景区		泊/1000m² 占地面积	1~2	4~6	20	• 每20000m² 占地面积应设置1个出租车上落客泊位； • 每10000m² 占地面积应设置1个旅游巴士上落客泊位
交通枢纽类	汽车站		泊/1000名设计旅客容量	2~3	4	5	每400名设计旅客容量设置1个出租车上落客泊位
	客运码头		泊/1000名设计旅客容量	5~8	8	8	
	轨道交通车站	一般站	泊/100名远期高峰小时旅客	—	0.2	6~8	设置1~2个出租车上落客泊位
		换乘站		—	0.3	3~5	
		枢纽站		—	0.4	4~6	
工业仓储类	工业厂房		泊/100m² 建筑面积	0.2~0.3	0.3	1	（或）每100名职工应设置20个非机动车位
	仓储设施		泊/100m² 建筑面积		0.4~0.6	1	

注：1. 凡新建、改建、扩建的建筑面积大于500m²的建筑物，必须按照本标准配建停车场；
2. 超过50个泊位的公共建筑配套停车场，按停车位总数的1%~2%设置残疾人专用停车位；
3. 停车配建指标实行分区域管理，A区范围广州大道天河段和广州大道海珠区段以西与新滘南路以北地区以及芳村大道的如意坊至鹤洞大桥至鹤洞大桥段以东地区和黄埔区的广深铁路以西，茅岗路以西，石化路以西，港前路以北的城市前中心地区，即市桥水道的闸口段以西，即城市规划密度中心地区，新街河、天贵路、松园以东，新华路、体育路、索元南路、新街南路，京广铁路以东，松园以东，新街区规划密度1区），番禺区北部新华路以北地区（即城市规划密度1区）；B区范围为除A区以外的规划建设地区（即城市规划密度2区）。A区指标分别规定了上限与下限。B区指标除少数城建指标外，均为配建指标下限；
4. 住宅、办公项目用地范围内的商场、餐饮、娱乐等配套商业面积（不包含住宿）计算配建停车位数量；
5. 新建学校按全部教学行政用房的建筑面积计算配建停车位数量，改扩建学校新增教学行政用房的建筑面积计算配套停车数量；
6. 展览馆、体育场馆、交通枢纽及其他交通影响较大的建设项目的停车位数量应根据专项规划设计或交通研究决定配建车位；
7. 在控制阶段应根据停车配建指标提供的指引对区域内的停车需求及专项研究开展地区的停车需求专项研究决定各项目实际应配建的停车位数量；
8. 表中其他类型车辆泊位与小汽车泊位的换算系数见表9-14，考虑具体情况应根据具体条件灵活设置，停放率等因素，"错峰"停放等因素，或通过开展地区停车需求的专项研究开展地区停车需求的专项研究决定各项目实际应配建的停车位数量；
9. 各种类型其他车辆泊位与小汽车泊位的换算系数见表9-14，每个自行车位停车面积为1.5m²。

各种类型车辆泊位换算系数　　　　　　　　　　　　　　　　　　　　表 9-14

车型	微型车	小型车	中型车	大型车	铰链车
换算系数	0.7	1.0	2.0	2.5	3.5

资料来源：《停车场规划设计规则（试行）》（公安部和建设部联合颁布，1988）。

与其他城市不同，广州市拥有高达40多万辆摩托车，因此《广州市建筑物的停车配建指标研究》还专门制定了摩托车停车位指标，见表9-15。

广州建设项目摩托车停车位指标　　　　　　　　　　　　　　　　　　表 9-15

建筑物类型	分类（等级）		单位	摩托车
住宅类	独立式住宅		泊/户	—
	单元式住宅		泊/100m² 建筑面积	0.50
	宿舍		泊/100m² 建筑面积	0.25
宾馆类	酒店、宾馆		泊/100m² 建筑面积	0.25
	招待所		泊/100m² 建筑面积	0.25
办公类	行政办公		泊/100m² 建筑面积	1
	商务办公	建筑面积＞15000m²	泊/100m² 建筑面积	1
		建筑面积≤15000m²	泊/100m² 建筑面积	1
商业类	商场、配套商业设施		泊/100m² 建筑面积	0.3
	批发交易市场		泊/100m² 建筑面积	0.3
	大型仓储式超市		泊/100m² 建筑面积	0.3
	独立餐饮、娱乐设施		泊/100m² 建筑面积	0.3
文化类	影剧院		泊/100 座位	10
	会议中心		泊/100 座位	10
	博物馆、图书馆		泊/100m² 建筑面积	1
	展览馆		泊/100m² 建筑面积	1
体育类	体育场馆	大型（2万座以上的体育场，3000座以上的体育馆）	泊/100 座位	10
		小型（2万座以下的体育场，3000座以下的体育馆）	泊/100 座位	10
游览类	文物古迹、主题公园		泊/1000m² 建筑面积	50
	一般性城市公园、风景区		泊/1000m² 建筑面积	12
学校类	小学		泊/100m² 建筑面积	—
	中学		泊/100m² 建筑面积	—
	大、中专院校		泊/100m² 建筑面积	—
医院类	综合医院、专科医院		泊/100m² 建筑面积	2
	独立诊所		泊/100m² 建筑面积	2
	疗养院		泊/100m² 建筑面积	1
交通枢纽类	汽车站		泊/1000名设计旅客容量	2
	客运码头		泊/1000名设计旅客容量	10
工业仓储类	工业厂房		泊/100m² 建筑面积	0.25
	仓储设施		泊/100m² 建筑面积	0.25

注：1. 表中摩托车停车位指标为指导性指标，适用于广州市区未禁摩地区；
　　2. 摩托车停车位和自行车停车位合并设置时，每个摩托车停车位面积为 2.5m²；
　　3. 摩托车地下停车库的设计技术条件应尽可能符合相关建筑设计规范对小汽车通行的要求，满足未来年将摩托车停车位改建为小汽车停车位的需要。

可见，该研究所提出的建议配建停车位指标与原标准相比具有先进性。首先在停车位类型方面，除了原有的小汽车停车位和自行车停车位外，新增了装卸货车停车位、出租车上落客停车位，以及旅游巴士、救护车、摩托车等类型的停车位配建标准，尤其是在国内城市中率先提出了残疾人专用停车位指标。此外，在建筑物分类方面也增加了若干建筑物类型，如会展中心、图书馆、博物馆等。而且对某些建筑物类型按其使用特性和停车需求特性的不同作详细分类，如商业场所分为商场、大型仓储式超市、批发交易市场、农贸市场等。

6. 南京市

2010年，南京市规划局发布了《南京市建筑物配建停车设施设置标准和准则》（以下简称《标准和准则》），对停车场配建指标进行了规定。根据南京市用地发展和交通条件，该《标准和准则》将市区范围划分为三类停车分区：

一类区：旧区，长江-大桥南堡-京沪铁路-红山路-龙蟠路-北安门北街-明城墙-中山门-护城河-大明路-宁铜铁路-中山南路-集合村路-凤台路-秦淮河-长江围合的区域；

六合雄州老城（方州路-招兵河-滁河-八百河围合区域）、江宁东山老城（文靖路-G104-天印大道-秦淮河围合区域）、浦口珠江老城（312国道-团结路-城西路-公园北路-龙华路围合区域）可参照一类区执行；

二类区：指主城范围内除一类区以外的其他地区。主城范围指长江以南、绕城公路以内的区域；

三类区：指市区范围内除一类区、二类区以外的其他地区。

表9-16为机动车标准车位配建表。该《标准和准则》同样按照表9-16的建筑物类型分类标准制定了非机动车标准车位配建指标。只是在一类区中没有上限指标，规定的都是下限指标。

机动车标准车位配建表　　　　表9-16

建筑物类型		计算单位	机动车指标			
			一类区		二类区	三类区
			下限	上限	下限	下限
住宅	别墅、独立式住宅或建筑面积≥200m²	车位/户	1.2	1.5	1.5	1.5
	商品房与酒店式公寓 建筑面积≤90m²	车位/户	0.4	0.5	0.8	1.0
	商品房与酒店式公寓 90m²<建筑面积≤140m²	车位/户	0.7	1.0	1.0	1.1
	商品房与酒店式公寓 140m²<建筑面积≤200m²	车位/户	1.0	1.2	1.2	1.3
	商品房与酒店式公寓 未分户	车位/100m²建筑面积	0.7	1.0	1.0	1.1
	经济适用房 建筑面积≤90	车位/户	0.4			
	廉租住房、政策性租赁住房、集体宿舍	车位/100m²建筑面积	0.3	0.4	0.4	0.4
	饭店、宾馆、培训中心	车位/客房	0.3	0.4	0.4	0.4
办公	行政办公	车位/100m²建筑面积	1.5	1.8	1.8	1.8
	其他办公	车位/100m²建筑面积	0.6	1.0	1.0	1.1
	生产研发、科研设计	车位/100m²建筑面积	0.6	1.0	1.1	1.2

续表

建筑物类型		计算单位	机动车指标			
			一类区		二类区	三类区
			下限	上限	下限	下限
餐饮娱乐	独立餐饮娱乐	车位/100m² 建筑面积	2.0	2.5	2.5	3.0
	附属配套餐饮娱乐	按独立餐饮、娱乐指标的80%执行				
商业	商业设施*	车位/100m² 建筑面积	0.5	0.8	0.8	0.7
	大型超市*	车位/100m² 建筑面积	0.6	1.1	1.1	1.3
	配套商业设施(小型超市、便利店、专卖店)	车位/100m² 建筑面积	0.25	0.4	0.4	0.6
	专业、批发市场	车位/100m² 建筑面积	0.5	0.9	0.9	1.0
医院	综合医院、专科医院	车位/100m² 建筑面积	0.5	0.7	0.7	1.0
	社区卫生防疫设施	车位/100m² 建筑面积	0.2	0.3	0.3	0.5
	独立门诊	车位/100m² 建筑面积	2.0	2.0	2.0	2.0
	影剧院*	车位/100 座位	1.5	3.0	3.0	3.0
	博物馆、图书馆*	车位/100m² 建筑面积	0.4	0.6	0.6	0.6
	展览馆、会议中心*	车位/100m² 建筑面积	0.4	0.6	0.6	0.8
	体育场馆*	车位/100 座位	2.0	3.0	3.0	4.0
学校	中小学、幼儿园	车位/100 师生	0.5	1.0	1.0	1.0
	中专、大专、职校	车位/100 师生	2.0	3.0	3.0	4.0
	综合性大学	车位/100 师生	4.0	6.0	6.0	7.0
游览场所	主题公园*	车位/公顷占地面积	1.5	8.0	8.0	10.0
	一般性公园、风景区*	车位/公顷占地面积	1.0	2.0	2.0	4.0
工业	厂房	车位/100m² 建筑面积	—		0.4	0.4
	仓储	车位/100m² 建筑面积	—		0.4	0.4
交通枢纽	汽车站*	车位/年平均日每百位旅客	—		2.0	2.0
	火车站*		—		2.0	2.0
轨道交通车站	轨道一般站*	车位/100 名远期高峰小时旅客	—			
	轨道换乘站*		—			0.3
	轨道枢纽站*		—			0.4

注：1. 表中标注*的建筑类型为特殊类型建筑；
2. 住宅建筑面积≤70m²的户型，其配建指标可按未分户型计算；经济适用房建筑面积>90m²的户型按照商品房指标执行；
3. 建筑物附属配套餐饮娱乐设施可按照独立指标的80%执行，但不再使用混合建筑车位折减；
4. 轨道交通车站中的轨道换乘站指有两条轨道交通通过的车站，轨道枢纽站指3条及3条以上轨道交通通过的车站。

此外，该《标准和准则》规定了机动车特殊停车位配建指标，如表9-17所示，与其他城市相比，该规定较为详细。

机动车特殊停车位配建指标　　　　表9-17

建筑类型	计算单位	装卸车位	出租车位	大巴车位	无障碍车位
住宅	车位/10000m² 建筑面积	—	0.5	—	每100车位设置一个
宾馆	车位/100客房	每100客房设置1个，超过3个时，每增加200客房，增设1个	每100客房设置1.5个，超过3个时，每增加100客房，增设1个	0.5	
办公	车位/10000m² 建筑面积	—	1.5	—	
商业	车位/10000m² 建筑面积	每5000m²建筑面积设置1个；超过3个时，每增加10000m²增设1个；超过6个时，每增加15000m²增设1个	每10000m²建筑面积设置3个；超过9个时，每增加15000m²增设1个	1.5	
餐饮娱乐	车位/1000m² 建筑面积	1.0(娱乐免设)	每1000m²建筑面积设置2个；超过6个时，每增加3000m²增设1个	—	
生产研发、科研设计	车位/10000m² 建筑面积	—	1.5	一类区：— 二类区：0.5 三类区：1.5	
医院	车位/100个床位	按需设救护车位	1.5	—	
独立门诊	车位/诊室	按需设救护车位	0.25	—	

7. 杭州市

2009年，为加强杭州市对建筑工程机动车配建停车设施的规划管理，使停车设施的设计和建设符合车辆停放需求，实现城市动静态交通运行协调、平衡发展，杭州市建设委员会等制定了《杭州市城市建筑工程机动车停车位配建标准实施细则(试行)》(以下简称《实施细则》)。该《实施细则》在浙江省《城市建筑工程停车场(库)设置规则和配建标准》的基础上，为适应杭州市的机动车停车需求特点，增加了建筑工程的分区，进一步细化和完善了建筑工程分类及相应的停车配建指标。

该《实施细则》将杭州市区分为三个级别：i为老城核心区；ii为除i区之外的老城区(上城区、下城区、江干区、拱墅区、西湖区、滨江区)；iii为萧山区、余杭区。如图9-2所示。

同时，该《实施细则》将建筑工程分为住宅、办公楼、商业建筑、餐饮、娱乐建筑、旅馆、体育设施、影(剧)院、图书馆、博物馆、科技馆、展览馆、医院、学校、游览场所、工业建筑等13大类，39小类，且给出的停车位指标均为下限指标。如表9-18所示为住宅停车位指标，表9-19为商业建筑停车位指标。

此外，该《实施细则》同样规定了建筑特殊机动车停车位配建指标，包括装卸车位、出租车位、大客车位和无障碍车位四种类型，如表9-20所示。

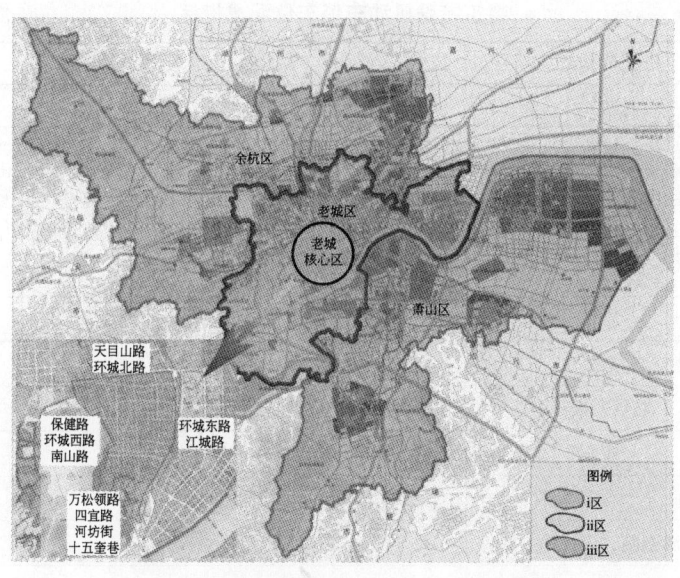

图 9-2 杭州市停车指标区域分区示意图

住宅停车位指标　　　　　　　　　　　　　　　　　　　　表 9-18

项　　目		停车位/户		
		i	ii	iii
商品房	户建筑面积＞200m² 或别墅	1.2	1.5	1.5
	140m²＜户建筑面积≤200m²	1.2	1.2	1.2
	90m²＜户建筑面积≤140m²	1.0	1.0	1.0
	60m²＜户建筑面积≤90m²	0.7	0.8	0.8
	户建筑面积≤60m²	0.4	0.4	0.4
拆迁安置房	户建筑面积＞90m²	1.0	1.0	1.0
	户建筑面积≤90m²	0.5	0.5	0.5
经济适用房	70m²＜户建筑面积≤90m²	0.4	0.4	0.4
	户建筑面积≤70m²	0.3	0.3	0.3
经济租赁房（两个夹心层）	户建筑面积≤70m²	0.3	0.3	0.3
经济租赁房（两项公寓）	户建筑面积≤50m²	0.2	0.2	0.2

注：经济适用房户建筑面积＞90m² 的，停车位指标按商品房执行。

商业建筑停车位指标　　　　　　　　　　　　　　　　　　表 9-19

项目	停车位/100m² 建筑面积		
	i	ii	iii
建筑面积＜1000m² 的商业建筑	0.3	0.5	0.5
1000m²≤建筑面积＜10000m² 的商业建筑	0.6	0.8	1.0
建筑面积≥10000m² 的商业建筑	0.8	1.0	1.2
社区配套农贸市场	0.4	0.4	0.4
专业市场、批发市场	0.8	0.8	1.0

建筑特殊机动车停车位配建指标　　　　　　　　表 9-20

车位类型	建筑类型	停车位配建指标
装卸车位	办公	每 30000m² 建筑面积设置 1 个,最高 3 个
	旅馆	每 100 个客房设置 1 个,超过 3 个时,每增加 200 个客房,增设 1 个
	大型商场、大型超市、批发交易市场	每 5000m² 建筑面积设置 1 个;超过 3 个时,每增加 10000m²,增设 1 个;超过 6 个时,每增加 15000m²,增设 1 个
	工业厂房、仓库	按照具体生产条件确定
出租车车位	旅馆	每 100 个客房设置 1 个
	办公	每 10000m² 建筑面积设置 1 个
	餐饮、娱乐	每 3000m² 建筑面积设置 1 个
	商业	每 3000m² 建筑面积设置 1 个
	医院	每 5000m² 建筑面积设置 1 个
	影剧院、会议中心	每 300 个座位设置 1 个
	博物馆、图书馆、展览馆	每 5000m² 建筑面积设置 1 个
	体育场馆	每 1000 个座位设置 1 个
	学校	学生接送车位可设置成出租车车位(临时上下客停车位)形式
大客车车位	旅馆	每 50 个客房设置 1 个
	学校	1000 个师生以下的学校至少设置 2 个学校大客车车位,1000 个师生以上的学校至少设置 3 个学校大客车车位,大专院校至少设置 3 个
	博物馆、图书馆、展览馆	每 5000m² 建筑面积设置 1 个
	体育场馆、会议中心	每 1000 个座位设置 1 个
	游览场所	每 10000m² 游览面积设置 1 个
无障碍停车位		当停车位数小于等于 50 辆时,无障碍停车位不应少于 2 个,不足 25 时可设 1 个; 当停车位数大于 50 辆且小于等于 300 辆时,无障碍停车位不应少于 5 个; 当停车位数大于 300 辆且小于等于 500 辆时,无障碍停车位不应少于 8 个; 当停车位数大于 500 辆时,无障碍停车位不应少于总停车位数的 2%

注:除装卸车位外,其他特殊停车位都计入配建停车位数。

8. 长春市

2003 年以来长春市私家车以每年 24%的速度增长,给交通设施带来巨大压力的同时,停车难的问题尤其是商业繁华路段的停车泊位紧张的情况更加突出。当时采用的《停车场规划设计规则》(试行)中对各类建筑物配建停车场指标的规定,制定时间较早,指标偏低,已不能满足城市停车需求。为此,2004 年 9 月由长春市城市科学研究会和市政府决策咨询委员会城建环保组牵头,建委、交警、规划部门共同完成了《长春市静态交通问题研究》,提出了《长春市建筑物配建停车场(库)标准》(以下简称《标准》)。该《标准》将建筑物类型划分为 8 大类,20 小类,分别制定了机动车和非机动车停车位最低配建标准。除商业场所和办公类建筑外,该《标准》对其他类建筑在整个市区范围内采用相同的配建标准,未进行详细的区域划分。表 9-21 为长春市建筑物配建停车场(库)标准。

长春市建筑物配建停车场(库)标准　　　　　　　　　　表 9-21

建筑物类型		计算单位	配建标准(不低于)	
性质	分类		机动车	非机动车
住宅(含单身公寓等)	别墅	车位/户	1~2	1
	未划分户面积	车位/100m² 建筑面积	0.5	1~1.5
	>100m²(户建筑面积)	车位/户	0.6	1.4
	>100m²(户建筑面积)	车位/户	0.4	1~1.6
	经济适用房	车位/户	0.3	1.5
饭店宾馆、培训中心、酒店式公寓等	未划分功能面积	车位/100m² 建筑面积	0.6	1.5
	饭店、宾馆客房	车位/客房	0.3	1
	饭店、宾馆配套餐饮、娱乐	车位/100m² 建筑面积	2	4
商业场所	中心地区以内	车位/100m² 建筑面积	0.4	5
	其他地区	车位/100m² 建筑面积	0.6	5
博览建筑	博物馆、图书馆	车位/100m² 建筑面积	0.2	5
	展览馆	车位/100m² 建筑面积	0.4	5
医院	医院	车位/100m² 建筑面积	0.4	4
	独立门诊	车位/100m² 建筑面积	1.5	4
办公	行政办公	车位/100m² 建筑面积	1.5	3
	其他办公中心地区以内	车位/100m² 建筑面积	0.4	3
	其他地区	车位/100m² 建筑面积	0.6	3
学校	中小学校	车位/100 师生	0.4	中学 70,小学 20
	高等学校	车位/100 师生	2	40
其他建筑	仓储式超市、综合市场、大卖场、批发交易市场、农贸市场;体育场馆、影剧院、游览场地、公园和市民广场;交通建筑、城市交通枢纽等或大于 10000m² 的其他类建筑		根据建设项目的交通影响评价分析规划确定配建停车泊位数	

注：1. 配建停车指标必须保证不少于 15% 地面停车泊位数(不含住宅);
　　2. 中心地区是指青冈路、台北大街、铁北四路、东荣大街、远达大街、东盛大街、仙台大街、卫星路、前进大街、宽平大路、普阳街、青年路围合的区域。

9. 沈阳市

2009 年，沈阳市规划和国土资源局发布了《沈阳市建筑物配建停车设施设置标准与准则及交通影响评价规定》，对市区范围内建筑物配建停车设施标准进行了规定。2011 年沈阳市规划和国土资源局再次发布了《沈阳市建筑物机动车停车位配建标准规定(试行)》，对建筑物配建停车设施标准进行了修订，并于 2011 年 8 月 1 日起施行。与 2009 年的规定相比，2011 年修订的标准中在建筑物分类方面有所修改，将原来的 11 大类、31 小类修改为 12 大类、35 小类，在分区方面将原来的两个分区(二环内及金廊地区、其他地区)改为三个分区(二环内、二环至三环、三环外)。表 9-22 为 2011 年实施的沈阳市建筑物机动车停车位设置标准。

沈阳市建筑物机动车停车位标准 表9-22

建筑物	分类(等级)		单位	二环内	二环至三环	三环外
住宅	商品住宅	建筑面积≤80m²	车位/户	0.4	0.4	0.4
		80m²<建筑面积≤100m²	车位/户	0.6	0.8	0.8
		100m²<建筑面积≤150m²	车位/户	0.8	1	1
		建筑面积>150m²	车位/户	1	1.2	1.2
	低密度住宅		车位/户	1.5	—	—
	经济适用房、廉租房		车位/户	0.3	—	—
办公	行政办公		车位/100m²建筑面积	0.6	0.8	1
	商务办公	建筑面积>50000m²	车位/100m²建筑面积	0.5	0.6	0.7
		15000m²<建筑面积≤50000m²		0.6	0.7	0.8
		建筑面积≤15000m²		0.7	0.8	0.9
商业	商业	大型商场	车位/100m²建筑面积	0.6	0.8	1
		大型超市、仓储型超市	车位/100m²建筑面积	0.7	1	1.2
		批发交易市场	车位/100m²建筑面积	0.6	0.9	1.1
		配套商业设施	车位/100m²建筑面积	0.3	0.4	0.4
餐饮	饭店、酒家		车位/100m²建筑面积	1.5	2	2
宾馆	酒店、宾馆		车位/客房	0.4	0.4	0.4
酒店式公寓	公寓	建筑面积≤50m²	车位/户	0.2	0.3	0.3
		50m²<建筑面积≤80m²	车位/户	0.4	0.4	0.4
医院	综合医院		车位/100m²建筑面积	0.6	0.8	1
	独立门诊		车位/100m²建筑面积	1	1.5	2
文化公共设施	影剧院、会议中心		车位/100座	4	5	6
	博物馆、图书馆		车位/100m²建筑面积	0.6	0.7	0.8
	展览馆		车位/100m²建筑面积	0.8	1	1.2
	体育馆		车位/100座	3	4	6
	配套体育设施(篮球、羽毛球馆)		车位/100m²建筑面积	0.6	0.8	1
游览场所	风景公园		车位/万m²	—	1.5	2.5
	城市公园		车位/万m²	4	8	12
学校	中小学、幼儿园		车位/100师生	0.5	1.5	2
	中专、职校		车位/100师生	1	2.5	3
	大专院校		车位/100师生	1.5	5	6
交通枢纽	汽车站		车位/千名旅客	3	3	4
	火车站		车位/千名旅客	3	3	4
	机场		车位/千名旅客	—	—	40
工业	厂房		车位/100m²建筑面积	—	0.2	0.3
	仓储区		车位/100m²建筑面积	—	0.05	0.05

10. 哈尔滨市

2009年，哈尔滨市城乡规划局等6个部门共同发布了《哈尔滨市建设项目配建停车场(库)和公共停车场(库)规划建设管理暂行规定》(以下简称《暂行规定》)，作为哈尔滨市城市规划区范围内建筑物停车场配建标准。该《暂行规定》将建筑物类型分为住宅类、商业类、办公类、文化教育类、厂房仓库类、餐饮娱乐类、旅馆类、医院类、交通枢纽9大类、36小类。在《暂行规定》中除了对商业类、厂房仓库类建筑物规定了机动车和装卸泊位标准外，其他建筑类型都只对一般机动车泊位标准进行了规定，没有考虑出租车车位、残疾人车位等特殊车位的设置标准。表 9-23 为住宅类建筑物停车场配建标准，表 9-24 为商业类建筑物停车场配建标准。

住宅类建筑物停车场配建标准　　　　　表 9-23

建筑物类型	类别	单位	配建停车场(库)泊位数
住宅类建筑物	别墅①	泊位/户	2.0
	高级住宅②	泊位/户	1.0
	一般住宅③	泊位/户	0.5～1.0

① 别墅是指独门独院、两至三层楼形式，占地面积较大，容积率很低的住宅。包括独栋别墅、联排别墅、双拼别墅、叠拼别墅等；
② 高级住宅指城市三环路内高层住宅和户均建筑面积大于等于 90m² 的多层住宅；
③ 一般住宅指三环路内户均建筑面积小于 90m² 的多层住宅、经济适用住房、廉租房、享受政府特殊政策的住宅和三环路以外住宅。

商业类建筑物停车场配建标准　　　　　表 9-24

建筑物类型	类别	单位	配建停车场(库)泊位数	
			机动车	装卸
商业类建筑物	市、区级商业中心	泊位/100m² 建筑面积	0.5～1.0	0.02
	其他地区商业中心	泊位/100m² 建筑面积	0.7～1.2	0.02
	普通零售	泊位/100m² 建筑面积	0.5～1.0	0.02
	独立超市	泊位/100m² 建筑面积	4.0	0.03
	蔬菜农贸市场	泊位/100m² 建筑面积	0.5～1.0	0.03
	批发市场	泊位/100m² 建筑面积	1.0～2.0	0.03

注：装卸是指货车的装卸泊位，按大型车单车停放面积考虑，不进行当量换算。

11. 南昌市

2011 年，南昌市城乡规划局发布了《南昌市建设项目停车配建标准》(以下简称《标准》)，该标准是目前全国范围内最新制定的停放车配建标准，适用范围为南昌市中心城范围(赣江以东为昌南城，包括旧城中心区、城东片区、瑶湖片区、城南片区、朝阳片区五个片区；赣江以西为昌北城，包括红谷滩中心区、红角洲片区、蛟桥片区三个片区)，规划范围 330km²，适用年限截止到 2015 年。该《标准》还将南昌城区分为三类区域，其中，洪都大道、沿江大道、抚河路、洪城路、解放西路围合范围为一类区域，红谷滩中央商务区范围为二类区域，除一、二类区域外的其他区域为三类区域。该《标准》将建设项目类型分为 8 大类、19 小类，且所给出的均是应配建停车位的最低标准。一类区域中机动车配建指标最高的是汽车站等交通枢纽和公园等游览场所，为 15 个车位/100m²，最低为图书馆等文体设施，为 0.3 个车位/100m²。表 9-25 为南昌市建设项目停车配建标准。

南昌市建设项目停车配建标准　　　　　表 9-25

	建设项目类型	机动车、非机动车配建计算单位	机动车配建指标			非机动车配建指标		
			一类区域	二类区域	三类区域	一类区域	二类区域	三类区域
居住	普通商品房、农民公寓、拆迁还建房	车位/100m²	0.7	0.8	0.8	1	0.5	0.5
	保障性住房	车位/100m²	0.5	—	0.5	1.5	—	1

续表

建设项目类型		机动车、非机动车配建计算单位	机动车配建指标			非机动车配建指标		
			一类区域	二类区域	三类区域	一类区域	二类区域	三类区域
办公	行政办公	车位/100m²	0.8	0.7	1.0	1.5	1	1
	其他办公	车位/100m²	0.6	0.6	0.8	2	1.5	1.5
商业	大型商场、购物中心、超市(≥5000m²)	车位/100m²	0.8	0.6	1.0	2	1.5	1.5
	普通商业设施(<5000m²)	车位/100m²	0.6	0.5	0.7	2	1.5	1.5
	市场	车位/100m²	0.5	0.5	0.6	2	1.5	1.5
	餐饮、娱乐	车位/100m²	2	1	2.5	3	2	2
	旅馆业	车位/客房	0.4	0.4	0.4	0.5	0.5	0.5
医院	综合医院、专科医院	车位/100m²	0.7	0.6	0.9	2.5	1.5	1.5
	区以下医院、社区医疗设施	车位/100m²	0.4	0.5	0.6	2.5	1.5	1.5
文体设施	体育场	车位/100座	3	3.5	4	15	12	10
	影剧院	车位/100座	4	4.5	5	12	10	8
	图书馆、博物馆	车位/100m²	0.3	0.4	0.5	2.5	1.5	1.5
	展览馆	车位/100m²	0.6	0.6	0.8	3.5	2.5	2.5
学校	大中专院校	车位/100学生	2	2.5	3	40	40	40
	中小学、幼儿园	车位/100学生	1.2	1.5	2	中学40 小学、幼儿园15	中学40 小学、幼儿园15	中学40 小学、幼儿园15
交通枢纽	汽车站	车位/千旅客设计量	15	—	25	15	—	20
游览场所	公园	车位/每公顷用地	15	18	20	12	12	12

注：1. 一类区域指洪都大道、沿江大道、抚河路、洪城路、解放西路围合的范围，二类区域指红谷滩中央商务区，三类区域指除一、二类区域外的其他区域；
2. 上述数据均为建设项目应配建停车位的最低标准。本表中的机动车车位均指标准车位；
3. 容积率大于5.0的建设项目机动车车位配建最低标准由南昌市城乡规划管理部门专项论证确定；
4. 居住类建设项目采用住宅建筑面积作为停车配建标准的计算单位，住宅建筑面积由套内建筑面积和分摊的共有建筑面积组成；
5. 综合性建设项目的停车配建标准应按各组成部分的建筑性质和规模分别计算并统加；
6. 银行营业网点、证券大厅等建筑类型，其停车配建标准可套用本标准的其他办公类型；
7. 不举办大中型比赛，仅作为市民运动的体育场所，其停车配建标准可套用本标准的普通商业设施类；
8. 不提供批发销售，仅供市民零散购买的农贸市场及生鲜市场，其机动车停车配建标准可适当降低，但不应低于本标准的80%。露天性质的上述场所可采用用地面积或构筑物面积作为配建计算单位；
9. 寄宿性的中学，其机动车停车标准可适当降低，但不应低于本标准的50%；
10. 各工业类建设项目停车差别较大，本标准中不作统一规定。工业类建设项目停车配建标准应根据其作业类型及作业流程另行确定。工业类建设项目中办公建筑的机动车停车配建标准可参考其他办公类确定；
11. 火车站、港口及机场等建设项目的停车配建标准建议在具体设计时依据交通影响评价确定；
12. 一类、三类区域内的建设项目，满足下列条件，其机动车停车配建标准可进行折减，具体条件及折减量如下：
(1) 全部用地在距已确定的地铁站点出入口500m范围内，大于等于3.0容积率的居住类建设项目，若在一类区域内可减少15%的车位供应量，若在三类区域内可减少10%的车位供应量；
(2) 全部用地在距已确定的地铁站点出入口500m范围内，大于等于3.0容积率的其他建设项目，若在一类区域内可减少20%的车位供应量，若在三类区域内可减少15%的车位供应量；
(3) 部分用地在距已确定的地铁站点出入口500m范围内，大于等于3.0容积率的建设项目，根据已确定的地铁站点500米范围内用地与总用地的比例及上述折减量，共同得出最终可减少的车位供应量；
13. 本建设项目停车泊位配建标准包含特殊停车配建车位；
14. 本标准解释权归南昌市城乡规划管理部门。

此外，根据建设项目不同的使用性质，该《标准》还规定了特殊停车配建车位建议值，包括装卸货车车位、巴士车位及救护车车位等，见表9-26。该《标准》还考虑到残疾人停车需求，建议各建设项目应在距建筑入口及车库最近的停车位置设置一定量的残疾人车位。

特殊停车配建车位建议值 表9-26

车位类型	建设项目类型	推荐配建指标
装卸货车车位	旅馆业	每150～200个客房设置1个
	餐饮、娱乐	每3000～5000m² 建筑面积设置1个
	办公	每10000m² 建筑面积设置1个，最高4个
	大型商场、购物中心、超市	每5000～7500m² 建筑面积设置1个
	市场	每3000～5000m² 建筑面积设置1个
	综合医院、专科医院	设置1～3个
	图书馆、博物馆、展览馆	设置1～3个
巴士车位	旅馆业	每200～300个客房设置1个
	学校	1000个学生以上的学校至少1～3个，大专院校至少3个
	博物馆、图书馆、展览馆	至少1～2个
	体育场	至少1～5个
救护车车位	综合医院、专科医院	每100～200个床位设置1个

12. 长沙市

2005年，长沙市规划管理局出台了《长沙市建筑工程配建停车场（库）规划设置规则》（以下简称《规则》），对长沙市各类建筑工程配建停车位指标进行了修订。该《规则》将建筑类型分为15大类、34小类，见表9-27。此外，该《规则》第十八条、第十九条和第二十条分别对装卸车位、出租车位和救护车位的配建标准进行了详细规定。如第十八条第一项规定：旅馆建筑每10000m² 建筑面积设置1个装卸车位，不足10000m² 的按1个装卸车位设置。当装卸车位超过3个时，每增加20000m² 建筑面积设置1个装卸车位。

长沙市各类建筑工程配建停车位指标 表9-27

建筑类型		计算单位	机动车	非机动车
旅馆	涉外宾馆	车位/客房	0.35	0.5
	其他旅馆	车位/客房	0.25	0.5
办公③	商业办公（写字楼）	车位/100m² 建筑面积	0.6	2.0
	县级及县级以上政府机关办公	车位/100m² 建筑面积	0.8	3.0
	县级以下政府机关办公	车位/100m² 建筑面积	0.7	3.0
	一般办公	车位/100m² 建筑面积	0.5	3.0
商业场所	Ⅰ类区商业中心①	车位/100m² 建筑面积	0.6	6.0
	其他地区商业中心	车位/100m² 建筑面积	0.8	5.0
	普通零售	车位/100m² 建筑面积	0.4	5.0
	餐饮	车位/100m² 建筑面积	1.5	6.0
	娱乐	车位/100m² 建筑面积	1.0	5.0

续表

建筑类型		计算单位	机动车	非机动车
市场	批发交易市场④	车位/100m² 建筑面积	0.6	3.0
	超市	车位/100m² 建筑面积	1.0	6.0
医院	市级及市级以上医院	车位/100m² 建筑面积	0.8	3.0
	其他医院	车位/100m² 建筑面积	0.6	4.0
	博物馆、图书馆	车位/100m² 建筑面积	0.3	4.0
	展览馆	车位/100m² 建筑面积	0.5	4.0
体育场馆	一类体育场馆⑤	车位/100 座	3.5	25.0
	二类体育场馆⑤	车位/100 座	2.5	25.0
影剧院	电影院	车位/100 座	2.5	35.0
	剧院	车位/100 座	3.5	28.0
游览场所	自然风景公园	车位/万 m² 占地面积	1.2	6.0
	其他公园	车位/100m² 占地面积	0.2	1.0
交通建筑⑥	火车站	车位/高峰日每100名旅客	2.5	5.0
	客运码头		2.2	3.0
	客运机场		4.0	2.0
	汽车站		2.5	5.0
学校	初中	车位/班	1.0	40.0
	高中	车位/班	1.0	50.0
	成人教育	车位/班	2.0	35.0
住宅	别墅②	车位/户	1.5（Ⅰ类区） 2.0（Ⅱ类区）	—
	一类住宅⑦	车位/100m² 建筑面积	0.5（Ⅰ类区） 0.7（Ⅱ类区）	1.5
	二类住宅⑦	车位/100m² 建筑面积	0.3（Ⅰ类区） 0.5（Ⅱ类区）	1.0
	商住综合楼⑧	车位/100m² 建筑面积	0.8（Ⅰ类区） 1.0（Ⅱ类区）	4.0
	工业厂房	车位/100名职工人数	—	50.0

① Ⅰ类区：指湘江以东、319国道以南、二环线以西、以北所围合的范围；
② Ⅱ类区：指Ⅰ类区以外的城市规划区范围；
③ 工厂办公（包括生产办公、综合楼等），其配建停车设施可在工厂用地范围内统一集中设置。建筑面积在20000m²以上的办公类建筑每增加10000m² 建筑面积，增加部分的配建指标折减10%，但最高不得超过50%的折减率；
④ 批发交易市场是指生产资料市场和以批发为主的其他交易市场；
⑤ 一类体育场馆指大于15000座的体育场或大于4000座的体育馆；二类体育场馆指小于15000座的体育场或小于4000座的体育馆；
⑥ 交通类建筑的配建停车指标仅供参考。具体设计时根据停车需求分析的结果来确定；
⑦ 一类住宅指户面积大于等于100m²的非独立式住宅，二类住宅指户面积小于100m²的非独立式住宅（包含户面积小于100m²的公寓式住宅）；
⑧ 商住综合楼的配建停车指标也可按商业与住宅分别计算后累计确定。

13. 香港

香港自20世纪60年代开始经济不断发展，城市发展的压力也不断增加，需要对香港日后的土地用途和人口分布模式进行全面检讨。因此，政府在1965年开始编制《土地利用计划书》，《计划书》于1971年完成，并获当时的土地发展规划委员会采纳，后于1972年获当时的行政局通过。随着社会的发展，该《计划书》经过多次修订和更名，于1982年易名为《香港规划标准与准则》（以下简称《标准与准则》），并沿用至今。制定《香港规划标准与准则》的目的是提供一些基本指引，从而确保在规划过程中，政府可以保留足够的土地进行社会和经济发展，以及提供合适的公众设施配合市民的需要。该《标准与准则》中第八章内部运输设施的第7节对泊车设施进行了详细规定，将街道以外泊车位分为私人泊车位和公众泊车位两大类。私人泊车位是为所在的发展项目特定需要而设，只限于该发展项目的拥有人和获授权的使用者使用，即配建停车位；公众泊车位则可供公众使用，为停车场所在的地区提供服务。

该《标准与准则》将建筑物类型划分为住宅、社区设施、商业设施和工业设施4大类、29小类。表9-28为住宅类建筑的泊车设施标准。

住宅类建筑的泊车设施标准　　　　　　　　　表9-28

建筑类别	所需泊车位数目			备注	所需上落客货设施数目
	标准				标准
1. 资助房屋	私家车：			见注1.(1)、(2)和2.(1)	在每幢住宅大厦周围为公共服务车辆辟设至少1个上落客货处
	通用泊车标准(GPS)		按比例每6至9个单位辟设1个泊车位		
	需求调整比率(R_1)	所有资助房屋	0.23		
	地点远近调整比率(R_2)	在火车站500m半径范围内（见注(2)）	0.85		
		在火车站500m半径范围外（见注(2)）	1		
	泊车位所需数目=GPS×R_1×R_2				
	轻型货车：按比例每200至600个单位辟设1个轻型货车泊车位；中型货车：没有固定标准。可善用屋邨附连的商业中心所划设的上落客货处作通宵停泊用				
2. 私人房屋	私家车：			见注1.(1)、(2)和3.(1)、(2)	按比例每800个单位或余数不足此数者，就在有关发展的用地范围内辟设至少1个货车上落客货处，但每幢住宅大厦也起码要有1个此等上落客货处，或以有关当局所定的要求为准；同时应该在每幢大厦周围为公共服务车辆辟设上落客货处
	通用泊车标准(GPS)		按比例每6至9个单位辟设1个泊车位		
	需求调整比率(R_1)	单位面积（总楼面面积） <40m²	0.6		
		40~69.9m²	1		
		70~99.9m²	2.5		
		100~159.9m²	5		
		>159.9m²	9		
	地点远近调整比率(R_2)	在火车站500m半径范围内（见注(2)）	0.85		
		在火车站500m半径范围外（见注释(2)）	1		
	泊车位所需数目=GPS×R_1×R_2				

续表

建筑类别	所需泊车位数目		所需上落客货设施数目
	标准	备注	标准
3. 乡村屋宇	每幢标准大小(65m²)的新界豁免管制屋宇可辟设泊车位至多1个，而泊车位总数的10%～15%可供货车通宵停泊用	一般辟设在乡村范围内的公用停车处	—

注：1. 所有住宅
（1）运输署会根据每区普遍的泊车位供求情况，在通用泊车标准的规限下为各区制定区内泊车标准，并会不时予以检讨。
（2）如果有关发展的所在地范围超过50%位于火车站500m半径范围内，则应该容许住宅泊车位的供应量减少15%。计算火车站的500m半径范围，应该从火车站的中心点起计，而不必考虑地形如何起伏。
2. 资助房屋
（1）在根据单位数目来计算所需的私家车和轻型货车泊车位总数时，无须计及(单人/双人)单位。
3. 私人房屋
（1）如果有关发展的单位面积超过159.9m²，则表上所列的标准只属基本要求。运输署会按个别情况，考虑要求辟设更多泊车位和上落客货处。
（2）在访客泊车位方面，私人住宅发展内每幢超过75个单位的大厦，均须比建议的标准多辟设1～5个访客泊车位，或以当局所定的要求为准。至于其他住宅发展，运输署会按个别情况建议所需的访客泊车位数目。

除了对各建筑类型基本泊车位和上落客货设施和规定，该《标准与准则》还对残疾人士泊车位的数量及其设置位置及尺寸都进行了明确规定。住宅建筑、商业设施、工业和商贸建筑、社区建筑及其他建筑的残疾人士泊车位规定如表9-29所示。

残疾人士泊车位数量(单位：个) 表9-29

地段内的泊车位总数	所规定的畅通易达泊车位数目	地段内的泊车位总数	所规定的畅通易达泊车位数目
1～50	1	251～350	4
51～150	2	351～450	5
151～250	3	450以上	6

二、国外大城市停车配建指标
1. 美国

美国停车配建标准主要来源于ITE(交通工程师协会)出版的《停车生成》(Parking Generation)，《停车生成》是全美各地停车设施配建标准的基础。经过三次修订，2010年ITE出版了《停车生成》第四版。与第三版相比，新版的《停车生成》加大了居住区的停车位供给，一些类型的居住项目甚至提高了30%以上；而社区休闲中心、中学和超市的停车位配建指标都有了明显下降。停车位配建指标的及时再版反映了停车位需求的不断发展变化，如表9-30所示。新版的《停车生成》加大了居住区的停车位供给，一些类型的居住项目甚至提高了30%以上；而社区休闲中心、中学和超市的停车位配建指标都有了明显下降。

ITE《停车生成》第四版与第三版的变化 表 9-30

用地类型	停车位单位	第三版	第四版	变化率（%）
工业园区	车位/1000 平方英尺总楼面面积	1.85	1.85	0.0
低层/中层公寓	车位/住宅单位	1.46	1.94	32.9
联排别墅	车位/住宅单位	1.68	1.52	−9.5
联立式高级成人住房	车位/住宅单位	0.50	0.66	32.0
旅馆	车位/客房	1.14	1.08	−5.3
多功能电影院	车位/座位	—	0.20	—
康体俱乐部	车位/1000 平方英尺总楼面面积	8.27	8.46	2.3
社区娱乐中心	车位/1000 平方英尺总楼面面积	5.82	5.03	−13.6
高级中学	车位/学生	0.29	0.25	−13.8
教堂（周日）	车位/座位	0.21	0.25	19.0
白天看护中心	车位/1000 平方英尺总楼面面积	3.70	3.70	0.0
医院	车位/床位	7.63	7.35	−3.7
护理中心	车位/1000 平方英尺总楼面面积	1.53	1.50	−2.0
办公楼	车位/1000 平方英尺总楼面面积	3.44	3.45	0.3
口腔医疗办公建筑	车位/1000 平方英尺总楼面面积	4.30	4.27	−0.7
独立类折扣商店（12 月）	车位/1000 平方英尺总可出租面积	4.09	4.09	0.0
购物中心（12 月）	车位/1000 平方英尺总可出租面积	5.06	5.05	−0.2
超市	车位/1000 平方英尺总楼面面积	5.45	5.05	−7.3
驶入类银行	车位/1000 平方英尺总楼面面积	4.62	5.67	22.7
有座位餐厅（高周转）	车位/1000 平方英尺总楼面面积	16.10	16.30	1.2
驶入类快餐厅	车位/1000 平方英尺总楼面面积	14.81	15.13	2.2

2005 年美国的一项研究表明，在旧金山、奥克兰、波特兰、西雅图城市中心区的商业开发中，城市管理部门已经不再要求配建任何路外停车设施；而洛杉矶也大大降低了城市中心区停车位的配建标准。

表 9-31 为美国部分城市的最高停车位配建标准。但是从表 9-31 的对比来看，最高停车位的限制并不大。

美国部分城市的最高停车位配建指标 表 9-31

城市	办公（停车位/1000 平方英尺）	居住（停车位/户）	零售（停车位/1000 平方英尺）	餐饮（停车位/1000 平方英尺）
华盛顿州贝尔维尤市中心	2.0~2.7	0~2.0	3.3~5.0	0~15
马萨诸塞州剑桥	1.0~2.5	1	1.25~4.0	1/2.5~1/15（座位）
俄勒冈州波特兰	2.0~3.4	1	2.0~5.1	4.0~15.9
加利福尼亚州萨克拉门托	2.0~3.6	0~1.5	2.5~4.0	1/3（座位）
加利福尼亚州圣迭戈	5.0	2.5	6.5	25.0
加利福尼亚州旧金山	7%楼面面积	1~2	1	5.0

2. 英国伦敦市

伦敦已从过去的规定停车配建最低标准，转为规定建筑物配建最高限额标准，以严格限制中心区停车位增长和区外居住者使用停车位。2008年出版的"伦敦计划"指出控制停车位供给水平及路面及路外停车的关系可以降低交通拥堵，鼓励公共交通的使用，并给出了停车标准。该标准规定的就业停车场上限标准如表9-32所示。

非经营性就业小汽车停车场标准　　　　　　　　　　　　　　　　　表9-32

地　区	标　准	地　区	标　准
中央伦敦	1.0车位/1000～1500m²	外伦敦	1.0车位/100～600m²
内伦敦	1.0车位/600～1000m²		

"伦敦计划"指出在设置住宅用的停车位时应考虑公共交通的可达性，其最大的停车位标准如表9-33所示。

最大的住宅用停车场标准　　　　　　　　　　　　　　　　　　　　表9-33

住房类型	4个及以上床位	3个床位	1～2个床位
停车位	2～1.5个/户	1.5～1个/户	1或少于1个/户

在中心城和零售业停车场标准方面，该计划规定在公交可达性水平较高的地方应限制零售业小汽车停车位的供给，因为在购物中心一般都有较高的公共交通可达性水平。由于市中心或地方中心及他们的邻近区域的公共交通可达性不同，为了避免同一中心出现不同的停车标准，提出了停车场设置的最高标准（如表9-34所示）。值得注意的是，在市中心区域，公共交通可达性等级为6时，不应设置停车场，但是可以为残疾人设置必要的停车位。

市中心或地方中心区域小汽车停车场标准　　　　　　　　　　　　　　表9-34

用地类型	公交可达性水平(PTAL)			
	6(市中心区域)	6(内伦敦和外伦敦区域)至5	4至2	1
小食品店(小于500m²)	—	1.0车位/75m²	1.0车位/50～35m²	1.0车位/30m²
食品超市（小于2500m²）	—	1.0车位/45～30m²	1.0车位/30～20m²	1.0车位/18m²
食品大型超市（大于2500m²）	—	1.0车位/38～25m²	1.0车位/25～18m²	1.0车位/15m²
非食品商店	—	1.0车位/60～40m²	1.0车位/50～30m²	1.0车位/15m²
花园中心	—	1.0车位/65～45m²	1.0车位/45～30m²	1.0车位/25m²
市中心或购物中心	—	1.0车位/75～50m²	1.0车位/50～35m²	1.0车位/30m²

伦敦还给出了自行车位配建标准，他们认为确保自行车停车位的供给，可能会吸引潜在的自行车使用者，如对于新建项目，以一定雇员数、床位数、建筑面积或影剧院的座位数等为指标建立自行车位配建标准，如表9-35所示。

新建项目自行车位配建标准　　　　　　　　　　　　　　　表 9-35

用地分类	建筑物类型		自行车位标准
A1	商店	食品商店	城外 1/350m² * 市中心/局部购物中心 1/125m² *
		非食品商店	城外 1/500m² * 市中心/局部购物中心 1/300m² *
		花园中心	1/300m² *
A2	金融和专业服务	办公、商业和专业	1/125m² *
A3	餐饮	俱乐部、酒吧	1/100m² *
		快餐外卖	1/50m² *
		饭店、咖啡店	1/20 雇员＋1/20 客人
B1a B1b B1c	商业	办公楼	1/250m² *
		轻工业	1/250m² *
		研发类	1/250m² *
B2～B7	一般工业	—	1/500m² *
B8	仓储、物流	仓库	1/500m² *
C1	宾馆	宾馆	1/10 个员工
		自成一格的旅馆	1/4 床位
C2	住宅服务设施	医院	1/5 个员工＋1/10 个访客
		学生宿舍	1/2 个学生
		托儿所、护理中心、敬老院	1/3 个员工
C3	住宅	公寓	1/单元
		住宅	1/1 或 2 个床位，2/3 个及以上床位
		收容所	1/450m²
D1	非住宅设施	小学	1/10 个员工或学生
		中学	1/10 个员工或学生
		大学	1/8 个员工或学生
		图书馆	1/10 个员工＋1/10 个访客
		健康中心、诊所	1/50 个员工＋1/5 个访客
D2	集会和休闲场所	影剧院	1/20 个员工＋1/50 个访客座位
		休闲、运动中心、游泳馆	1/10 个员工＋1/20 个高峰期访客
交通运输	铁路场站	A 中央伦敦总站	1/600 个旅客
		B1 区换乘站	1/1000 个旅客
		C 战略换乘站	1/600 个旅客
		D 行政区换乘站	1/200 个旅客
		E 地区换乘站	根据具体情况而定
		F1 区非换乘站	1/200 个旅客
		G 线路中间或最后 3 站	1/50 个旅客
		H 其他	根据具体情况而定
交通运输	公交站	—	1/50 高峰期旅客

注：* 表示最少需要配置 2 个车位。

3. 加拿大多伦多市

加拿大多伦多市对停车配建指标的制定同样考虑到分区设置，此外，还对访客停车位指标进行了专门的制定，如表 9-36 所示。

住宅类停车配建标准　　　　　　　　　　　　　　　　　表 9-36

区位	住宅标准(适用于私人汽车)								访客停车位(最低和最高)
	单身公寓		1 个床位		2 个床位		3 个及以上床位		
	最低	最高	最低	最高	最低	最高	最低	最高	
城市核心区	0.20	0.30	0.40	0.60	0.50	0.75	0.70	1.05	0.10
市中心和中心海滨	0.20	0.30	0.40	0.60	0.60	0.90	0.80	1.20	0.10
中心和地铁周边街道	0.40	0.60	0.50	0.75	0.70	1.05	0.90	1.20	0.10
其他街道(路面交通便利)	0.50	0.75	0.60	0.90	0.70	1.05	0.90	1.35	0.15
城市其他地区	0.80	—	0.90	—	1.00	—	1.20	—	0.20

多伦多市对各区的残疾人泊位专门进行了规定(表 9-37)，体现了"以人为本"的设计理念。

多伦多市各区残疾人停车配建标准　　　　　　　　　　表 9-37

停车泊位总量	残疾人停车泊位(单位：个)					
	多伦多	伯灵顿	圭尔夫	米尔顿	米西索加	列治文山
25	1	1	1	1	1	4
50	2	1	1	1	2	4
100	4	3	2	3	3	4
200	6	6	2	6	6	4
300	8	10	3	10	10	6

4. 日本

在配建停车场方面，1963 年日本建设省制定了《标准停车场条例》，为各地方公共团体制定配建停车场提供了参考依据，其配建标准根据各地的实际情况，具有一定的弹性。1979 年建设省对条例做了修改，降低了需设置配建停车场的建筑物面积下限，以解决中小型建筑物所产生的停车需求。

5. 新加坡

新加坡国土面积 620km²，土地资源十分有限。因此，新加坡实行了对车辆拥有、使用和停车需求的全面控制政策。在停车政策上，其指导思想是：不将过多的市中心昂贵土地用作低利润(机会成本极高)的停车场。而停车场的提供不能仅满足停车需求本身，而应视为整体交通管制计划中的一项措施。在市中心不建容量过大的停车场地，避免导致更多的轿车进入原本已拥挤的市中心区。

新加坡 CBD(市中心区)人口高度集中，其建筑物配建标准虽制定的不高，但执行的十分严格。按法令规定，建筑物未按标准设置配建停车位的，一律补缴不足之停车位缺乏数建设差额费。建筑物配建标准中，商业和办公设施按所处不同分区采用不同的配建指标，中心区远远低于非中心区，如办公区在中心城区每 400m² 建筑面积设一个车位，在非中心城区则每 200m² 建筑面积设一个车位，二者相差一倍。不同区位的建设差额费也不同：中心区每泊位 600 新币，外中心区 250 新币。主管部门严格控制泊位移作他用，否则可以极重罚金。新加坡的配建标准总体水平不高，所有标准均为一固定值，即只规定了建筑配建停车位的下限值。此外，新加坡还引用了日本的"购车自备车位"政策，规定有车必有位。因此，在这个面积狭小且人口密度很高的城市国家里，基本上不存在停车难的问题。《新加坡建筑物配建停车场标准》制定了各种建筑类型的停车配建标准

第三节 停车配建指标分区及配建指标

一、停车配建指标分区

一般来说，城市是一个综合体，它由多个行政分区或功能分区组成，各个分区由于地理位置或功能定位的不同，导致其停车生成或需求量必然不同，在制定停车配建指标之前应当对城市进行分区处理，采取停车指标区域差别化策略。制定停车分区，必须在城市规划数据分析的基础上，对不同街区的规划路网条件、建设量等数据进行分析，得出较为可靠的数据基础，然后进行分级，并制定相应的停车标准。与停车配置政策相关的规划数据主要包括：区位因素、建设强度、道路条件三个方面。

通过前文对国内大城市停车配建指标的介绍可以得到表 9-38，即不同城市机动车位配建分区标准。由该表可见目前国内大部分城市都意识到城市停车配建分区的重要性，采取了分区差别化政策制定停车位配建指标。

国内不同城市机动车位配建分区标准　　　　表 9-38

城市	分 区 标 准	分区数	备注
北京市	三环路	2	部分
天津市	中心城内环线	2	部分
上海市	内环线、中环线、外环线	5	全部
重庆市	渝中半岛内外	2	全部
广州市	城市规划密度	2	全部
南京市	旧区、主城、其他	3	全部
杭州市	老城核心区、老城核心区之外的老城区、其他	3	全部
长春市	—	—	—
沈阳市	二环、三环	3	全部
哈尔滨市			
南昌市	洪都大道、沿江大道、抚河路、洪城路、解放西路围合范围为一类区域；红谷滩中央商务区范围为二类区域；其他	3	全部
长沙市	湘江以东、319 国道以南、二环线以西、以北所围合的范围；其他	2	部分

凌浩认为我国绝大多数城市布局形态都是从集中型的单中心型城市发展起来的，城市呈"大饼"状向外辐射，随着距市中心区距离的增加，土地开发强度呈现出围绕中心的圈层式递减趋势。因此可考虑将城区划分成中心城区、外围城区、交通枢纽区等。中心城区的特点是极高的土地利用强度与过高的停车需求相对应，建筑物的停车需求不能被直接满足，停车需求与供给之间的矛盾将长期在该区域内存在。外围城区是指为适应城市发展需

要，以老城区为基础或发射点向四周扩展形成的区域，该地区的建筑物类型比老城区要多（如大学、工业区等），其土地利用强度较小，停车成本也有所降低，停车需求可以直接获得满足。交通枢纽区主要指停车换乘地、火车站等，这些地区的面积不大，但在区域间起着衔接作用，通过停车换乘来减少中心地区的交通和停车压力。由于该地区的公共交通比较发达，该区域及其邻近建筑物的停车需求也因公共交通的分流而得以减小。

叶增等对北京市建筑物停车配建分区进行了研究，他们认为差别化停车分区应考虑以下四方面的因素：

(1) 区域差别的土地利用性质与强度。

北京市由内向外，人口就业密度总体上逐步降低，土地利用表现出明显的强中心形态，城市呈"大饼"状向外辐射，城市功能向核心区和几个城市中心集中，对城市交通产生极大的影响。而随着距市中心区距离的增加，土地开发强度也呈现围绕中心的圈层式递减趋势。

(2) 区域差别的历史文化背景与交通环境允许容量。

二环内旧城区是历史文化名城保护的核心区，历史文化保护街区和分散文物保护区及建设控制区的总面积为 2617 万 m^2，占旧城总面积的 42%。随着城市建设用地以平均每年增加 10.73 km^2 的速度不断扩张，特别是其中黄金地段地价的不断上涨，导致了这一地区土地利用结构以及开发强度向不利于缓解交通紧张的方向发展，并与交通环境最大允许容量的矛盾日益突出。

(3) 区域差别的交通设施供应水平和交通运行状况特征。

总体上，二环以内旧城区路网密度高，达到 8.1 km/km^2；但由于仅占市区面积 5.9% 的旧城交通出行量达到市区出行总量的 25%，导致平均路网负荷度达到 0.9 以上，主次干道交通负荷高达 0.94；二环路以内的机动车交通量已占全市区机动车交通量的 42%；主要干路的高峰时段平均行程速度仅 15～18km/h；市中心道路平均速度甚至低于 10km/h。

从客流强度比较分析可见，旧城区为 11.4 万人次/km^2，是近郊区的 3.6 倍；旧城区机动车生成强度为 0.21 万车次/km^2，是近郊区的 3 倍。根据规划，旧城区、CBD、中关村中心区等城市中心区交通设施供给以公共客运为主，对小汽车使用进行有弹性的限制管理，郊区新城与边缘集团区为小汽车交通提供适度支持。

(4) 区域差别的路网容量。

根据预测，如果不加以严格限制，到 2010 年，二环以内路网平均负荷度高达 0.98，平均车速为 10.89km/h；二环到四环路网平均负荷度达到 0.88，平均车速为 12.39km/h；四环以外路网平均负荷度仅为 0.5，平均车速为 18.69km/h。即使在采取综合需求管理措施的前提下，旧城区、城市中心区乃至四环以内地区交通饱和度也将达到 0.91 和 0.70 左右。

综合考虑以上因素及国内外成功经验，叶增等将北京市划分成三类区域，如表 9-39 所示。

北京市配建停车分区方案　　　　　　　　　　　　　表 9-39

分区	范围	配建停车分区的指标修订指导思想
一类区	二环路以内地区、中关村高科技园区核心区、中央商务区（CBD）	在现状交通条件下，以保持地区活力、保障地区交通运行合理水平为前提，通过停车需求管理，控制停车设施的规模与数量，大力发展公共交通，合理引导该地区路网交通方式构成，鼓励人们乘坐公共交通，努力保持本地区低水平的停车供需平衡

续表

分区	范围	配建停车分区的指标修订指导思想
二类区	一类区范围以外四环路以内地区、中关村高科技园区（核心区以外）、奥林匹克中心区、临空经济区、新城核心区（中心区）	适应目前机动车发展趋势，同时增加各种公共交通设施，引导该地区交通方式构成的多元化，近期继续提高停车设施供应水平，远期采取适度的需求管理措施，使停车设施需求规模保持在合理水平，基本满足本地区停车供需平衡
三类区	二类区范围以外的城六区、新城核心区（中心区）之外的新城区域	充分预计城市未来发展态势和机动车未来发展态势，采取宽松的停车政策和较高的配建指标，满足停车供需平衡，适应未来城市外围地区较高的机动化出行水平，带动城市新区的发展

梁伟等则认为规划总建筑面积与规划城市道路面积的比值（建路比），可以较好地反映出城市建设强度与道路设施承载力之间的量化关系。参照这一指标，结合北京城市交通的具体状况和其他特殊限定因素，可将城市的各个街区划分出 5 个等级，每个等级分别确定停车指标分级调整系数（K）。按照《北京市区中心地区控制性详细规划》的编制方案，首先对北京市中心城区进行街区划分，街区规模为 $3km^2$ 左右。这种划分工作对宏观把握城市不同区域的建设指标和数据的研究分析创造了条件。在一个街区范围内，土地的建设强度和规划道路状况相对确定，通过比较分析可以较为合理地进行街区的停车位控制分级。他们给出了调整系数 K 的取值，见表 9-40。

调整系数 K 取值 表 9-40

分级调整系数	Ⅰ级	Ⅱ级	Ⅲ级	Ⅳ级	Ⅴ级
K	1	0.8	0.65	0.5	0.35

二、停车配建指标用地分类/分级

周鹤龙等介绍了广州市停车配建指标的用地分类研究方法，对北京市及其他城市都有指导意义。他们的研究方法主要分为以下几个步骤：

（1）了解城市整体用地功能分布，确定分类研究重点。以城市就业人数比例较大的用地类型为研究重点；

（2）根据用地分类研究的需要，开展建筑物停车需求调查。调查主要用地的停放特征，调查点需满足以下要求：建筑物用地类型（使用性质）单一；停车位为本建筑物专用；停车位数量充足，需求不被压制；调查点的背景资料可以获得；选取点必须具有代表性（避免极端情形）；

（3）选取不同的基数单位，分析比较各类用地的停车需求率。选择计算停车需求率的基数单位时，主要考虑变量的独立性与数据的可得性，如建筑面积、户数、床位数、客房数、座位数、学生数、设计旅客容量或用地面积、职工数等；

（4）以各类型用地的停放特征和停放需求率大小为主要依据，考虑实际操作的可行性，确定配建指标的分类标准。对同一大类性质的用地，以相近的停放特征和停放需求率为主要依据，对部分用地作相应的合并、分解；

（5）根据停车需求率拟合曲线，寻找每一类用地的分类（级）界定标准。以不同的基数单位为 X 轴（通常为建筑面积），对应的停放需求率为 Y 轴，生成相应的停放需求率曲线，根据曲线的态势(通常必须为 n 次多项式,$n \geqslant 3$),并参照其他城市分类标准及数据的可把握性,选取恰当的分级界定标准。

三、停车配建指标

综上所述,停车配建指标的建立应包括以下几个部分:

(1) 建筑物分类/分级;
(2) 城市分区;
(3) 停车位类型(一般机动车位、非机动车位、特殊机动车位);
(4) 公交可达性水平;
(5) 停车位指标上下限。

就北京而言,其停车配建指标的建立可参考表 9-41 和表 9-42。其分区标准可参考表 9-39。

北京市建设项目机动车及非机动车停车位配建标准　　　　表 9-41

建筑物	分类(等级)		单位	机动车			非机动车
				一类区*	二类区*	三类区*	
住宅	建筑面积≤80m²		车位/户	0.8	1.0	1.0	1
	80m²＜建筑面积≤150m²		车位/户	1.0	1.2	1.5	1
	建筑面积＞150m²		车位/户	1.2	1.5	2.0	1
	别墅、独立式住宅		车位/户	1.5	2.0	2.5	2
办公	行政办公		车位/100m² 建筑面积	0.6	0.8	1.0	3
	商务办公	建筑面积＞50000m²	车位/100m² 建筑面积	0.5	0.6	0.7	2
		15000m²＜建筑面积≤50000m²		0.6	0.7	0.8	3
		建筑面积≤15000m²		0.7	0.8	0.9	3
商业	大型商场		车位/100m² 建筑面积	0.6	0.8	1.0	3
	大型超市、仓储型超市		车位/100m² 建筑面积	0.7	1.0	1.2	4
	批发交易市场		车位/100m² 建筑面积	0.6	0.9	1.1	3
	独立餐饮、休闲娱乐		车位/100m² 建筑面积	1.0	1.5	2.0	3
宾馆	中高档酒店、宾馆		车位/100m² 建筑面积	0.3	0.35	0.4	3
	普通旅店、招待所		车位/100m² 建筑面积	0.2	0.25	0.3	3
医院	门诊部、诊所		车位/100m² 建筑面积	1.0	1.5	2.0	5
	住院部		车位/100m² 建筑面积	0.6	0.8	1.0	3
	疗养院		车位/100m² 建筑面积	0.4	0.6	0.8	3
文化公共设施	影剧院、会议中心		车位/100 座	3.0	5.0	6.0	5
	博物馆、图书馆		车位/100m² 建筑面积	0.6	0.7	0.8	5
	展览馆		车位/100m² 建筑面积	0.8	1.0	1.2	4
	体育馆	大型(2万座以上的体育场,3000座以上的体育馆)	车位/100 座	1.0	3.0	6.0	5
		小型(2万座以下的体育场,3000座以下的体育馆)	车位/100 座	2.0	4.0	6.0	5

续表

建筑物	分类(等级)	单位	机动车			非机动车
			一类区*	二类区*	三类区*	
游览场所	文物古迹、城市公园	车位/100m² 用地面积	0.3	0.6	0.9	3
	主题公园、游乐园	车位/100m² 用地面积	0.2	0.4	0.8	2
学校	小学、幼儿园	车位/100 师生	0.5	1.5	2.0	3
	中学	车位/100 师生	1.0	2.5	3.0	50
	大、中专院校	车位/100 师生	1.5	5.0	6.0	60
交通枢纽	轨道交通车站	泊/100 名远期高峰小时旅客	—	0.5	2.0	6
	汽车站	车位/千名旅客	3.0	3.0	4.0	20
	火车站	车位/千名旅客	3.0	3.0	4.0	20
	机场	车位/千名旅客	—	—	40.0	20
工业	厂房	车位/100m² 建筑面积	—	0.2	0.3	1
	仓储区	车位/100m² 建筑面积	—	0.05	0.05	1

注：*一类区为机动车停车位上限，二、三类区为停车位下限。

北京市建筑物特殊停车位配建指标 表9-42

车位类型	建筑类型	停车位配建指标
装卸车位	办公	每30000m² 建筑面积设置1个，最高3个
	宾馆	每100个客房设置1个，超过3个时，每增加200个客房，增设1个
	大型商场、大型超市、批发交易市场	每5000m² 建筑面积设置1个；超过3个时，每增加10000m²，增设1个；超过6个时，每增加15000m²，增设1个
	工业厂房、仓储区	按照具体生产条件确定
出租车车位	宾馆	每100个客房设置1个
	办公	每10000m² 建筑面积设置1个
	餐饮、娱乐	每3000m² 建筑面积设置1个
	商业	每3000m² 建筑面积设置1个
	医院	每5000m² 建筑面积设置1个
	影剧院、会议中心	每300个座位设置1个
	博物馆、图书馆、展览馆	每5000m² 建筑面积设置1个
	体育场馆	每1000个座位设置1个
	学校	学生接送车位可设置成出租车车位(临时上下客停车位)形式
大客车车位	宾馆	每50个客房设置1个
	学校	1000个师生以下的学校至少设置2个学校大客车车位，1000个师生以上的学校至少设置3个学校大客车车位，大专院校至少设置3个
	博物馆、图书馆、展览馆	每5000m² 建筑面积设置1个
	体育场馆、会议中心	每1000个座位设置1个
	游览场所	每10000m² 游览面积设置1个

续表

车位类型	建筑类型	停车位配建指标
救护车车位	医院	每100个床位设置1个
无障碍停车位		当停车位数小于等于50辆时，无障碍停车位不应少于2个，不足25辆时可设1个； 当停车位数大于50辆且小于等于300辆时，无障碍停车位不应少于5个； 当停车位数大于300辆且小于等于500辆时，无障碍停车位不应少于8个； 当停车位数大于500辆时，无障碍停车位不应少于总停车位数的2%

停车配建指标中除去交通枢纽类建筑以外，关于一般机动车位的规定还应根据公交可达性水平进行折减修订，折减系数可参考表9-43。

公交可达性水平折减系数　　　　　　　　　　表9-43

公交可达性水平	6(最好)	5	4	3	2	1(最差)
折减系数	0.9	0.6	0.4	0.2	0.1	0

附表1 停车场基本情况调查表(停车场负责人)

填表人：　　　　　　　　　职务：　　　　　　　　　联系电话：

建筑物名称		建筑面积	万 m²
停车场地址		现有停车场面积	m²
运营单位		规划停车场面积	m²
管理单位		建筑年代	年
1. 建筑物性质	①社会公共　②办公　③商业　④学校　⑤文化体育设施　⑥工业　⑦交通枢纽 ⑧游览场所　⑨医院		
2. ①若建筑物为体育馆，影剧院，则体育馆，影剧院有_____座位； ②若建筑物为交通枢纽，则高峰日旅客_____人/天；			
3. 停车场类型	①地下　②地面(不包括路边)　③路边　④机械　⑤立体　　(可多选)		
4. 停车泊位数	①地上_____个 ②地下_____个	5. 自用泊位数	个
6. 工作日停车场的停车高峰时段		7. 节假日停车场的停车高峰时段	
8. 停车高峰1小时内停车场累计停车数量	辆	9. 停车低峰1小时内停车场累计停车数量	辆
10. 收费方式	①人工记录收费　②刷卡收费　③无		
11. 收费价格			
12. 停车高峰时刻排队进入停车场的车辆数	辆	13. 停车高峰时刻排队离开停车场的车辆数	辆
14. 场内停车引导类型	①人工引导　②电子引导　③无		
15. 服务对象	①建筑物内工作人员　②社会人员　　　(可多选)		
16. 附近公交站点到停车场的步行时间	①0~5分钟　②5~10分钟　③10~20分钟　④>20分钟		
17. 停车场所有入口数 　　每个入口的车道数	①1　②2　③3　④4　⑤5　⑥>5 ①1　②2　③3　④4　⑤5　⑥>5		
18. 停车场所有出口数 　　每个出口的车道数	①1　②2　③3　④4　⑤5　⑥>5 ①1　②2　③3　④4　⑤5　⑥>5		
19. 您认为该停车场存在的问题(可多选)	①停车位供不应求　②停车秩序混乱　③停车场管理落后　④停车地点离目的地太远　⑤停车感觉不安全　⑥进出停车位道路设计不合理　⑦其他_____		

请在相应的选项里划"√"

附表2 停车场基本情况调查表(现场调查人员)

调查时间	年 月 日 时 分		①停车时间高峰 ②停车时间平峰	
调查人			建筑年代	年
建筑物名称			建筑面积	万 m²
停车场具体位置			停车场占地面积	m²
运营单位		管理单位		
1. 停车场类型	①地下 ②地面(不包括路边) ③路边 ④机械 ⑤立体 (可多选)			
2. 性质	①社会公共 ②办公 ③商业 ④学校 ⑤文化体育设施 ⑥工业 ⑦交通枢纽 ⑧游览场所 ⑨医院			
3. 停车泊位数	①地上 _____ 个 ②地下 _____ 个			
4. 调查时刻停车场实际停车数量	辆			
5. 收费方式	①人工记录收费 ②刷卡收费 ③无			
6. 收费价格				
7. 平均排队进入停车场的车辆数	辆			
8. 平均排队离开停车场的车辆数	辆			
9. 场内停车引导类型	①人工引导 ②电子引导 ③无			
10. 服务对象	①建筑物内工作人员 ②社会人员 (可多选)			
11. 公交与建筑物的便捷程度	①0~5分钟 ②5~10分钟 ③10~20分钟 ④>20分钟			
12. 停车场入口数 每个入口的车道数	①1 ②2 ③3 ④4 ⑤5 ⑥>5 ①1 ②2 ③3 ④4 ⑤5 ⑥>5			
13. 停车场出口数 每个出口的车道数	①1 ②2 ③3 ④4 ⑤5 ⑥>5 ①1 ②2 ③3 ④4 ⑤5 ⑥>5			

附表3 停车场停车行为问卷调查表

调查时间： 年 月 日 时 分 天气：
调查地点： 区 停车场 调查人：
停车场类型：①社会公共 ②办公 ③商业 ④学校 ⑤文化体育设施 ⑥工业 ⑦交通枢纽 ⑧游览场所 ⑨医院
各位停车场使用者：
为了帮助您更好的使用现有停车设施，提高现有停车场的服务水平，我们现在对您的停车情况进行问卷调查。为了让我们更好地为您服务，请在下列您认为合适的选项上打勾。此次调查数据保证不会给您带来任何麻烦。谢谢您的合作！

问题	选项
1. 您本次停车的主要目的	①购物 ②餐饮 ③娱乐休闲 ④工作 ⑤探亲访友 ⑥回家 ⑦上学 ⑧旅游 ⑨看病 ⑩换乘 ⑪其他
2. 您预计本次停车时间	①1小时以内 ②1～2小时 ③2～3小时 ④3～4小时 ⑤4～6小时 ⑥6小时以上
3. 您此次的停车费用支付者	①个人 ②单位报销 ③免费
4. 您此次选择本停车场理由（可多选）	①距离目的地最近 ②收费便宜 ③停车方便 ④入库等待时间短 ⑤换乘方便 ⑥其他_____
5. 您认为该停车场的停车价格	①过高 ②合理 ③便宜
6. 您从进入停车场到找到车位停好车所用时间	①≤5分钟 ②5～10分钟 ③10～20分钟 ④>20分钟
7. 您在此停车场停车时遇到哪些问题（可多选）	①停车位供不应求 ②停车秩序混乱 ③停车场管理落后 ④停车地点离目的地太远 ⑤停车感觉不安全 ⑥进出停车位道路设计不合理 ⑦其他_____
8. 您本次出行出发地	①城六区（朝海丰石东西） ②其他（ ）区县
9. 停车场距离您目的地的大致距离	①0分钟 ②≤5分钟 ③5～10分钟 ④10～20分钟 ⑤>20分钟
10. 您此次停车有无工作人员的引导	①有 ②无
11. 您的性别	①男 ②女

参 考 文 献

[1] Weinberger R., Kaehny J., Rufo M. U. S. Parking Polices: An Overview of Management Strategies. Institute for Transportation and Development Policy, 2010.
[2] 张秀媛,董苏华,蔡华民等. 城市停车规划与管理[M]. 北京:中国建筑工业出版社,2006.
[3] Donald C. Shoup. The High Cost of Free Parking. American Planning Association, 2005.
[4] 公安部,建设部. 停车场规划设计规则(试行),1988,10.
[5] 北京市规划委员会. 北京地区建设工程规划设计通则(试用稿),2003,3.
[6] 天津市城乡建设和交通管理委员会. 天津市建设项目配建停车场(库)标准(DB 29-6—2010),2010,3.
[7] 上海市建设和交通委员会. 建筑工程交通设计及停车库(场)设置标准(DGJ 08-7—2006),2006,3.
[8] 重庆市规划局. 建设项目配建停车位标准细则(渝规发[2006]168号),2006,12.
[9] 广州市交通规划研究所等. 广州市停车配建指标实施检讨,2007,11.
[10] 南京市规划局. 南京市建筑物配建停车设施设置标准与准则,2010,12.
[11] 杭州市建设委员会等. 杭州市城市建筑工程机动车停车位配建标准实施细则(试行),2009,6.
[12] 长春市规划局. 长春市建筑物配建停车场(库)标准(长规发[2005]75号),2005,8.
[13] 沈阳市规划和国土资源局. 沈阳市建筑物配建停车设施设置标准与准则及交通影响评价规定,2009,1.
[14] 哈尔滨市城乡规划局等. 哈尔滨市建设项目配建停车场(库)和公共停车场(库)规划建设管理暂行规定,2009,11.
[15] 南昌市城乡规划局. 南昌市建设项目停车配建标准,2011,11.
[16] 长沙市规划管理局. 长沙市建筑工程配建停车场(库)规划设置规则,2005,5.
[17] Simon Cooper. Measuring public Transport Accessibility Levels[R]. Sub Matter 5b Parking Strategy, February 2003.
[18] Mayor of London. Cycle Parking Standards (TfL proposed guidelines),2009,5.
[19] 邹贞元,徐亚国,安实等. 城市静态交通管理理论与应用[M]. 广州:广州出版社,2000,9.
[20] 凌浩. 城市机动车停车位配建指标及相关政策研究[D]. 南京:东南大学,2006.
[21] 叶增,刘常平,桂宁. 北京建筑配建停车差别化研究[J]. 交通运输系统工程与信息,2009,9(6):47-51.
[22] 梁伟,段进宇. 控制性详细规划中停车位控制研究——以北京市中心城为例[J]. 城市规划,2006,30(5):32-37.
[23] 周鹤龙,周志华,王波. 大城市停车配建指标之用地分类(级)研究[J]. 公路交通科技,2004,21(4):80-82,89.
[24] 贺崇明. 城市停车规划研究与应用[M]. 北京:中国建筑工业出版社,2006,06.
[25] 薛志成. 日本东京的停车管理[J]. 现代交通管理,1997,6.
[26] 陈冰,刘胜利. 英国停车管理简介[J]. 道路交通与安全,2004,2.
[27] 关宏志,任军,姚胜永. 发达国家机动化早中期的城市停车对策[J]. 城市规划,2002,10.